本书受国家自然科学基金面上项目"企业网络权力的形成机理、配置效率及其对合作行为的影响研究"（71872014）资助。

中国企业网络权力研究

Research on The Interfirm Network Power of China

孙国强 等著

中国财经出版传媒集团

经济科学出版社

Economic Science Press

图书在版编目（CIP）数据

中国企业网络权力研究/孙国强等著．－－北京：
经济科学出版社，2022.11
ISBN 978－7－5218－4330－9

Ⅰ.①中…　Ⅱ.①孙…　Ⅲ.①企业管理－网络营销－
研究　Ⅳ.①F274－39

中国版本图书馆 CIP 数据核字（2022）第 219709 号

责任编辑：陈赫男
责任校对：王肖楠
责任印制：范　艳

中国企业网络权力研究

孙国强　等著

经济科学出版社出版、发行　新华书店经销
社址：北京市海淀区阜成路甲 28 号　邮编：100142
总编部电话：010－88191217　发行部电话：010－88191522
网址：www. esp. com. cn
电子邮箱：esp@ esp. com. cn
天猫网店：经济科学出版社旗舰店
网址：http：//jjkxcbs. tmall. com
北京季蜂印刷有限公司印装
710×1000　16 开　14.5 印张　250000 字
2022 年 11 月第 1 版　2022 年 11 月第 1 次印刷
ISBN 978－7－5218－4330－9　定价：58.00 元
（图书出现印装问题，本社负责调换。电话：010－88191510）
（版权所有　侵权必究　打击盗版　举报热线：010－88191661
QQ：2242791300　营销中心电话：010－88191537
电子邮箱：dbts@ esp. com. cn）

前　　言

在合作共赢、共享经济的大背景下，中国市场化改革中，企业之间基于资源依赖的互利合作实践成为新常态。因此，鼓励参与，同侪驱动，以信任与合作为基本特征的网络型组织日趋活跃。然而，在具体实践中却出现一些理论上尚不能很好解答的新问题，其中企业网络权力配置失衡、不当、低效以及对合作行为的影响问题尤为突出。

关于企业网络权力的研究在国外已形成丰富的研究成果，但西方的研究建立在发达国家企业合作实践基础之上，深受西方传统文化的影响。由于中西方在传统文化、经济体制、法律法规等方面的巨大差异，决定了中国企业网络权力具有其特殊性。因此，西方成熟的企业网络权力理论无法解决中国企业合作实践中遇到的诸多问题，需要我们结合中国实际，从中国现实出发，深入挖掘蕴藏在企业之间的潜在价值，提出具有中国特色的企业网络权力理论，直面企业跨边界合作中的争权夺利、权力游戏等现象，正确引导与治理合作行为，以促进企业网络健康运行，实现经济高质量发展。

网络权力配置直接决定着企业网络的运行效果与治理绩效。如何合理配置权力，实现从本地生产网络向全球价值网络延伸，已成为网络治理实践不可回避的重要课题。本书以结构决定权力、权力影响合作行为为逻辑主线，按照宏微互融、构型复合、多案例交叉的三维分析方案进行分析，首先，以合作节点与网络整体为分析单元进行跨层研究，探索节点权力的来源、决定要素与网络权力配置格局及效率。其次，从结构与行为相结合的视角展开复合式研究，分析权力配置对合作行为的影响机制及合作行为的引导与治理。同时，充分考虑处于转型期的我国不同网络模式的差异性，交叉进行探索性多案例研究。上述研究系统解答了网络权力的形成机理、配置效率以及对合作行为的影响、行为引导与治理4个连锁问题。本书既可提供基于中国情景的论据，以检验网络权力理论在中国的适应性，也可解决中国企业网络能力不强、动力不足、路径迷茫等实质性问题，对处于转型期的我国企业网络实践具有重要的应用价值。

根据理论与实践的双重驱动，本书设计了 4 个主要研究内容：企业网络权力的形成机理研究、企业网络权力的配置格局与配置效率评价研究、企业网络权力配置对合作行为的影响研究、企业网络合作行为的引导与治理研究，试图回答以下几个问题：企业网络权力如何形成？配置效率如何？权力配置会对合作行为产生怎样的影响？合作行为如何治理？本书得到了国家自然科学基金项目资助，也是该项目的主要研究成果。

本书的具体分工如下：孙国强教授负责总体设计与进度控制，张宝建教授、史萍萍博士、徐俪凤硕士、王越硕士负责权力形成机理研究，吉迎东副教授、潘晶晶硕士、窦捷硕士负责权力配置格局与配置效率评价研究，石文萍博士、贾昌进博士、于燕琴硕士、郭荣旺硕士负责权力配置对合作行为影响研究，王欢博士、李腾博士、窦倩倩硕士、胡小雨硕士、杨晶硕士负责合作行为的引导与治理研究。最后由董惠霞副教授整理排版，由孙国强教授统稿。

本书在完成过程中受国家自然科学基金资助，诸多企业协助开展实地调研与问卷调查，也参阅了大量前人研究成果，没有这些前期基础性支持不可能完成本研究，作者在此一并表示感谢。

本书尝试性地对中国企业网络权力问题进行探索性研究，虽然付出了巨大努力，但难免存在这样或那样的不足或缺陷，恳请读者批评指正。

孙国强

2022 年 8 月 23 日于龙城

目　　录

第一章

导　　论

第一节 问题的提出

华为与诸多经销商及供应商结成合作伙伴网络关系，这不仅是"开放＋合作"的共享平台，而且也是全链接服务生态网络，并出台了《华为合作伙伴行为准则》，目的是在满足各类合作伙伴不同需求、有针对性地提供资源与支撑的同时，约束规范合作行为。但是华为总裁任正非在合作伙伴大会上说：华为已感到前途茫茫，找不到方向，华为前进在迷航之中。这绝非危言耸听，除技术创新因素之外，合作网络中的权力配置合理性问题未能很好地解决也是重要因素。因此，华为需要妥协与宽容的"灰度管理"。

无独有偶。阿里巴巴与高盛、软银、雅虎等建立了风险投资合作网络关系，与中通、韵达、德邦等建立了物流合作网络关系，还建立了企业合作网络、品牌合作网络、贸易展览合作网络等。吕本富曾说：阿里现在所面临的挑战是，如何能够管理好如此之多的不同业务。换言之，合理配置网络权力才能保证合作之船乘风破浪。

除以核心企业为中心的网络之外，还有其他网络型组织的运作也出现过类似问题。例如，联盟网络的研究发现，联盟成功需要有卓越的组织与出色的管理，如果组织管理不当，就会招致失败。据统计，联盟网络有40%～70%不能令人满意。拥有网络固然重要，但还要知道如何利用网络。联盟网络治理的关键是，如何有效配置权力，防止恶意侵占资源，避免优势互抵的短板效应出现。又如，世界旅游小姐大赛是一个历时很长的多阶段大型商演活动，需要媒体、服装、酒店、摄像、旅游、通信等诸多相关企业提供支持，这些企业之间的业务合作形成一个巨大的支持网络，但由于彼此之间资源优势不同，导致权力配置失调，核心企业盛气凌人、颐指气使，而非核心企业违心屈从、貌合神离，使得支持网络陷入"三个和尚没水吃"的困境（孙国强等，2016）。

诸如此类，与网络权力配置相关的合作事件问题频发。企业之间为了实现"1＋1＞2"的协同效应，需要合理定位角色、分配权力，权力配置不当会阻碍或制约协同效应的有效发挥。因此，企业网络化合作过程中的权力配置问题，绝不是个别问题或偶发事件，而是我们不得不认真面对的现实问题，也是本书研究的科学问题，这一问题的解答不仅必要而且迫切。那么，市场以价格为基础配置资源，层级组织以权力权威为基础管理组织，企业网络组织作为介于二者之间的中间型组织，其权力是消失了还是淡化了？是变异了还是另有特色？权力配置效率如何评价？权力配置对合作行为产生哪些影响？如何引导与治理合作行为？对这些基本问题进行探索性解答，成为本书研究设计的逻辑主线。

第二节　研究意义

一、理论意义

（一）西方权力理论难以解决中国企业现实问题

中国经济发展奇迹令世人瞩目，共享经济背景下企业网络化合作空前活跃。然而，制度体制及相关政策交错复杂，合作过程中也出现了许多不曾遇到的新问题，如权力形成的内在机理、权力如何分享与配置、行为如何引导与治理等，这些问题的解决不能依靠西方的经典理论，需要我们从中国的实际出发，通过探索性案例研究和基于中国情景的实证研究，挖掘与归纳可以指导中国经济实践的新理论，尤其是共享经济下的组织形态与组织行为理论。因此，本书研究可以检验西方网络权力理论在中国的适用性，放宽制度、文化差异限制条件，延伸网络治理理论边界，为网络权力理论提供更多的基于中国情景的论据，特别是针对转型期新常态下资本市场结构弱、产权不明晰、制度落差大等特点，对处于经济转型期的我国企业网络，系统探索其权力来源、特征及面临的现实问题。

（二）国内企业网络理论研究滞后于企业合作实践的需要

如果说科斯回答了企业与市场的边界问题，那么由于网络组织是介于市场与层级之间的中间型组织，就成了区别于企业与市场的第三条道路选择。在转型经济情景中，网络型合作组织日益成为中国经济活动不可替代的新亮点，但理论的探索显然已滞后于实践发展的需要。因此，从中国管理实践中凝练有潜在应用价值的科学问题，实证性地探索网络合作背景下企业之间的行为关系，直面具有本土化特征与规律的企业合作实践，解决中国企业价值创造能力不强、动力不足、路径迷茫等实质性问题，形成有中国特色的能真正指导中国企业合作实践的新理论，成为理论工作者不可回避的重要课题。

（三）网络权力研究需要理论创新

从理论上讲，正是由于网络组织各节点在网络中地位差别或者权力不对等而引导和影响着它们的经济和社会行为，才会进而影响网络组织的运行绩效和治理效果。那么，权力在网络组织中是怎样形成的？决定因素是什么？配置效率怎样？这些问题的回答将会为网络组织有效治理提供有力的理论保证。权力作为决定网络组织运行的重要因素，影响着网络组织的运行绩效和治理效果，科学配置将提升权力运行效率。网络治理并非完全建立在信任基础上的自主治理，而是受到参与者之间权力关系的制约。研究网络治理的关键在于分析网络权力的来源、特征、配置及其影响机理（景秀艳，2008）。因此，在网络合作背景下，从微观层次上探索节点权力分享，从宏观层次上分析权力配置效率及其对中国企业网络合作行为的影响，可以拓展网络治理研究领域，多层面丰富网络治理的理论内容。

二、实践价值

（一）中国企业网络治理实践的需要

在中国企业市场经济地位逐渐确立的条件下，企业积极寻找合作伙伴，通过优势互补实现独自无法实现的商业机会，已经成为常态化的商业模式。在经济结构调整、高质量增长、创新驱动与去产能、去库存、去杠杆的大背景下，中国企业面临着巨大的转型升级的变革压力，只有通过基于核心能力的资源外取策略，才能适应不断变化的新环境。通过收集新闻报道和参与企业管理咨询，我们发现许多企业之间的合作以失败而告终，失败的原因并非合作取胜的战略选择出现问题，而是权力配置失调、失衡、失当导致争权夺利，最终走向分崩离析。因此，中国企业网络治理实践迫切需要创新性地研究网络权力配置及其对合作行为的影响。

（二）网络权力配置直接影响合作行为

在现实经济实践中，节点行为受到权力配置格局的直接影响，节点的竞争力和市场地位直接决定其在整个网络中的角色与作用。网络权力影响合作关系的形成与合作深度，权力大的企业出于自身利益的维护可能会阻碍深入合作，也可能通过提供技术与支持赢得尊重并增加行为默契（Dacin，2007）。在网络组织中不同节点之间的比较优势存在差异，进而导致话语权不同，占有绝对优势的节点处于整个网络的核心位置，显然具有很大的发言权和影响力，而对于那些处于网络边缘或者彼此联系不太紧密的节点而言，其话语权就十分有限。因此，网络权力的配置存在差序格局，而这种差序格局势必会影响网络组织的运行绩效和治理效果（孙国强等，2014）。

（三）合作行为的引导需要顶层设计

如何引导合作企业行为，实现从本地生产网络向全球价值网络的延伸，并推动中国企业网络由全球价值链的低端向高端跃升，开辟中国企业网络价值创造的新路径，这已超出了以往政府管理经济实践的范围，需要站在全球价值网络的高度重新进行顶层设计。一方面，企业集群网络、供应链网络、物流网络、技术创新网络等不同模式的网络组织均提供了充分的证据；另一方面，中国实业界的实践也提供了充足的佐证，像能够领跑世界的中国高铁之类的产业少之又少，而更多的产业处于全球价值链的低端，需要重新设计嵌入全球价值链网络中的中国企业的权力分享与角色定位。

第三节 研究目标

网络权力作为企业网络化合作实践中优势互补、资源共享的重要基础，在网络治理中一直发挥着重要功能，尤其是在中国。面对日益激烈的国内外市场竞争，合作共赢成为经济实践的新亮点，如何合理配置权力，实现竞合互融，进而推动地方生产网络向全球价值网络的转型升级，成为网络治理亟待解决的课题。本书基于这一事实，以中国情景下的网络权力为研究对象，将企业跨边界合作实践置于经济转型大背景下，综合考察网络权力的来源与决定要素、权力配置格局与效率、权力配置对合作行为的影响、合作行为的引导与治理，为中国传统产业健康发展与新兴产业快速成长奠定理论基础并提供可行性指导。具体研究目标如下：

（1）梳理网络权力的已有研究成果，厘清处于经济转型期的我国企业网络的权力特点，从资源依赖论与结构嵌入论相结合的视角阐释权力的形成、特征与决定要素，尝试性地完善具有中国特色的网络权力理论，希冀在国际网络权力理论中占有一席之地。

（2）探索权力配置格局与配置效率以及对合作企业行为的影响机制，为合作企业的行为诠释、预判、引导与治理提供科学依据，为网络合作背景下的中国企业的合作行为提供可操作性建议与方向性导引，努力与国际前沿接轨。

（3）完善企业网络合作商业模式，遏制合作中滥用市场支配地位行为，为政府的政策制定、企业的合作策略选择提供有针对性的参考，推动企业间合作网络的健康发展与协调效应的充分发挥，以回应一线实践的迫切需求。

第四节 研究思路与方法

一、研究思路

本书以企业间合作网络权力配置为切入点，前推到节点权力的来源、特征与决定因素，后延到权力配置对合作行为的影响机制，并注重研究成果的合理借鉴。由此，本书以权力形成机理、权力配置效率、权力配置对合作行为的影响、合作行为的引导与治理的研究思路为主线展开。首先，基于资源依赖论与结构嵌入论，对前人的研究成果进行归纳整理，在此基础上分析合作节点权力的来源与特征，并运用赫克曼（Heckman）两阶段模型定量分析权力决定因素。其次，引入中心度指标构建网络权力配置格局模型，对网络权力配置进行量化识别，并运用数据包络分析（DEA）模型对权力配置效率进行客观评价。最后，针对权力配置对合作企业的行为影响以及合作行为的引导与治理进行推演。图 1-1 所示的技术路线更清楚地呈现出本书的研究思路。

二、研究方法

（一）文献分析与比较研究方法

本书利用丰富的文献资料与数据库系统（如 Ebsco 数据库、Proqest ABL 数据库、SDOS 数据库、IEL 数据库以及 CNKI 数据库等）进行大量相关文献收集、整理、归纳与分析。注重从资源依赖理论、社会网络理论等多角度分析研究文献，发现既有研究的不足，对网络权力的形成条件、特征特点、决定因素进行归纳总结，提炼出概念性模型，为后续的计量模型构建与实证分析奠定基础。重点解决研究模块 1、研究模块 3 和研究模块 4 所面临的问题。

本书注重不同网络模式之间的差异与网络中的权力差序格局。通过选择经济发展水平不同地域的案例及不同产业背景下的案例进行比较，以解决可比性问题；通过开发具有相同含义的概念、指标与变量展开分析，以解决等值性问题；通过比较寻找彼此的优劣与异同，并对相同之处进行归纳，相异之处进行分类，以检验西方网络权力理论在中国的适用性，弥补网络权力研究的系统性缺陷。重点解决研究模块 2 所面临的问题。

（二）社会网络分析方法

借鉴社会网络分析方法中与网络结构维度相关的 4 个中心度指标（度数中心度、中间中心度、接近中心度、特征向量中心度）以及结构洞指标

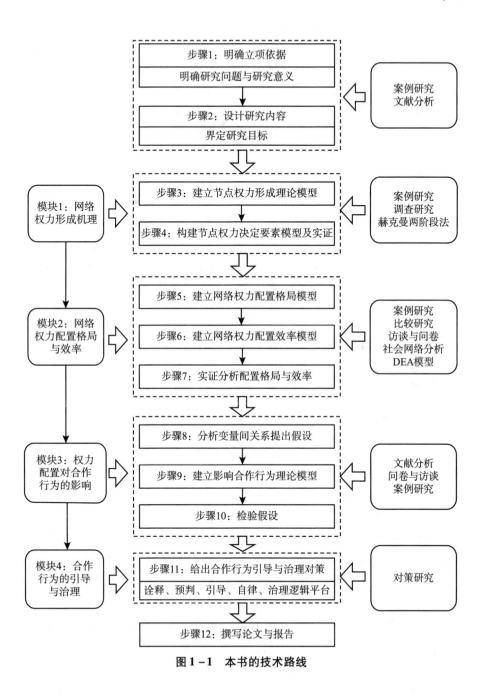

图1-1　本书的技术路线

刻画网络权力，构建网络权力配置格局分析模型，通过文献整理与分析，提炼网络权力的内生变量、关键解释变量及情景控制变量，量化识别网络节点权力。运用 UCINET 6.0 分析软件测量权力决定要素的结构洞指标。结合典型的具有网络合作特征的案例综合判定网络权力的决定因素。重点解决研究模块 2 中的权力决定要素的文献梳理与观测变量归纳，以及研究模块 3 中的 DEA 模型的初始投入变量的量表开发与测量。

中心度模型具体如下：

度数中心度：$C_{AD}(i)/(n-1)$；

中间中心度：$2C_{ABi}/(n^2-3n+2)$；

接近中心度：$C_{APi}^{-1}/(n-1)$；

特征向量中心度：$\lambda_{max} = max(\lambda_1, \lambda_2, \lambda_3, \Lambda, \lambda_n)$；

其中，λ 是 $\eta \cdot \omega = \omega \cdot \lambda$ 的特征值，η 是网络节点之间的关系矩阵，ω 是一个 $n \times n$ 矩阵，其各列是矩阵 η 的 n 个特征向量。

结构洞模型：$constrinti = \sum_j [p_{ij} + \sum_q p_{iq}p_{qj}]^2$，$q \neq i, j$

其中，constrinti 是企业 i 与组织 j 之间通过所有组织 q 的非直接关系的加总。由于限制度（结构洞束）是一个逆向测量，本书使用 1-constrinti 来测量结构洞。

（三）探索性多案例研究方法

企业网络权力配置是一个复杂的动态过程，其理论构建是一个全新的构思领域，不同类型的企业网络又不尽相同。因此，本书使用探索性多案例研究方法来构建相应理论，事先对研究问题建立严格的分析框架（Tellis，1997），从而解决已有文献不能解决的问题。考虑到企业网络权力配置是一个新涌现的问题，基于探索结论科学化与合理性的考量，参照多案例样本选择标准，本书选择了多个典型的企业网络案例。

依据网络组织结构的基本属性，按照可比性与等值性的原则要求，遵循以下考虑进行案例复制：其一，系统结构基本相同或相似，即点的集成与线的连接；其二，经济实践中较为常见的企业合作网络，如集群网络、集团网络、创新网络等；其三，前期调研有基础、有积累，如在太原高新区、太原不锈钢工业园区等地进行调研。

借助先期调研的基础，利用与太原高新区软件开发企业建立起的稳定合作关系，选择具有典型网络合作特征的典型案例分别展开调查：一是在先期获得 5 家跟踪企业历史性数据的基础上，现场考察案例企业，获取第一手资料；二是采用高层管理团队成员个别面谈、召集中层管理人员深度访谈等方式，获得网络权力的多方面信息（记录、录音），尤其是获得访谈中始料未及的研究启示，从而帮助研究人员对问题进行深入而有探索性的研究；三是依据研究问题选择恰当量表（经文献整理、关键事件访谈、焦点讨论等确定核心构念并编写测量条目），设计调查问卷，为保障问卷效度与信度，反复进行小规模试调查与量表修订，直到达到推荐值为止。利用问卷调查样本企业有关网络权力、企业合作行为的截面数据（答卷人为涉及企业的中高层管理人员），并通过文案资料的收集与印证，以形成完整的证据链条。此方法贯穿于研究模块 1～模块 4 的数据获取与实证分析中。

（四）Heckman 两阶段模型方法

鉴于权力是一个复合变量，无法通过观测直接获得，根据研究需要，通过对一系列指标进行因子分析获得，从而使权力测度为多维的连续变量。在节点权力决定因素的深入分析中，本书利用赫克曼两阶段模型法在结构决定权力的背景下对合作企业的权力分配选择与权力分配程度进行实证研究，从定量的角度对网络权力的决定因素与网络权力的形成机理做出量的回答。首先，根据研究需要确定节点权力的观测变量、不可观测变量与样本特征变量，构建所选案例分配选择模型（参与分配与否）。其次，利用样本观测数据，建立网络权力分配程度的回归模型。最后，对所选案例进行调查（访谈与问卷）以获取第一手数据，并运用模型进行分类分析。通过赫克曼两步法分析结果与现实观察的比对，进而核定哪些观测变量与特征变量归为决定因素。重点解决模块 1 中的网络权力决定要素定量分析问题。

（五）DEA 模型方法

依据既有文献，进一步细化网络权力配置有效性的衡量指标，并建立一级指标体系（初始投入变量与最终产出变量），在一级指标体系下细分成二级指标体系（由潜变量细化到显变量），根据需要更深层次地细分为三级指标体系（问卷及访谈中的问题）。运用相对有效性评价方法构建网络权力配置的 DEA 分析模型（见图 1－2），根据 DEA 对样本数的基本要求（不少于输入输出变量数的 2 倍），选择类似网络中治理绩效相对显著的权力配置结果为前沿面，对研究对象的权力配置效率进行客观评价，并对样本网络权力形成阶段、作用阶段各要素进行分析，利用 MAXdea 软件输入各要素两阶段的投入与产出，得出每个指标的松弛变量和目标值，以及各要素需要改进的幅度大小，找出权力配置效率的提升路径，为网络权力配置优化提供更加全面、准确的决策支持信息。重点解决研究模块 2 中的网络权力配置效率评价问题。

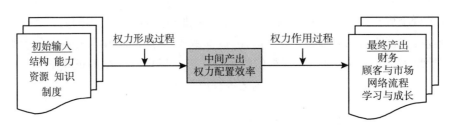

图 1 - 2　DEA 分析模型

第五节　创新之处

本书在研究问题的提取方面，立足于国内外最新发展动态，尤其是结合中国经济实践的客观需要，提炼出阻碍与抑制网络型组织健康运行的权力配置问题，由此展开深入探讨。

具体特色与创新如下：

（1）创新地从资源依赖论与结构嵌入论相结合的视角，通过基于中国情形的探索性多案例研究，探索中国企业网络权力的形成机理，并运用赫克曼两阶段模型对权力决定要素做出量的回答，在一定程度上弥补了具有本土特色的网络权力理论缺口，尝试性解决西方网络权力理论对我国企业合作现实解释力不足的问题。

（2）创新地将企业网络权力配置拓展到对合作行为的影响机制，迎合企业网络研究从宏观结构向微观行为转移的演进趋势，紧扣企业网络发展的现实问题，直面网络权力配置的延伸影响，聚焦网络权力配置对合作行为的影响机制，为合作行为的引导与治理尝试性地提出基于治理逻辑平台的应对策略，努力与国际前沿接轨。

（3）创新性地从合作节点与网络整体两个层面探索网络权力形成与配置问题，从概念、范畴、要素、变量及其相互关系，以及假设与命题等论断集合方面，揭示网络权力配置对合作行为的影响机理，丰富了企业网络组织治理理论，试图在国际企业网络权力理论体系中占有一席之地，为"网络治理学"的学科体系建立奠定了必要基础。虽然网络权力这一概念被企业网络领域的学者广泛关注，但大多只是作为一种中介的讨论工具，尚未形成系统的知识体系。

（4）创新性地结合中国经济实践，通过探索性多案例研究，集合我国企业网络合作过程中的现实问题，从多个层面提出有针对性的解决对策，在一定程度上弥补了中国企业网络权力研究的系统性缺陷，回应了一线实践的迫切需求，为企业网络商业模式的完善做出了积极贡献。

第 二 章

国内外研究综述与研究框架设计

第一节 国内外研究综述

网络组织以信任与合作为基础产生协同，网络权力是个体嵌入网络之中所形成的优势资源与知识技术的耦合，并以个体在网络中的位置为表象的影响力（Emerson，1962）。纵观国内外文献，可从以下几个方面进行梳理。

一、网络权力的渊源：社会网络的阐释

社会网络研究可追溯到二战后的英国社会学家，他们以结构功能主义理论为基础，用网络结构描述和分析社会结构，探讨和总结一定社会群体中的人类的行为及其规律。权力是一个人类生活中经常使用的概念，凡是有序的组织活动都存在着权力问题。网络权力一词最早由埃默森（Emerson，1962）提出，主要应用于社会学和政治学领域。格鲁瓦尔（Grewal，2008）在研究全球化与多样化关系时把网络权力称为标准的权力（power of a standard），他认为全球协调的标准即为网络权力，包括两大要素：一是多人使用的标准更有价值；二是这种权力会导致替代性选择逐渐消失。卡斯特等（Castells et al.，2011）总结出四种网络权力：网络内的行为者对网络外的集体或个体行使的权力（networking power）、网络中协调社会互动所需规则的权力（network power）、网络中行为者对其他行为者行使的权力（networked power）、依据规划者的利益与价值设定具体网络的权力以及依据关键

行为者之间的联盟关系改变网络的权力（network-making power）。从渊源上看，网络权力最早起源于社会学领域的人际网络研究，即内嵌于社会网络中的个体拥有影响他人的权力。邓智团（2013）对网络权力的研究脉络进行了系统回顾。纵观社会网络权力文献，本书较为认同的观点有 3 种，即关系观、能力观和依赖观。

关系观认为网络权力是一种社会关系。随着权力主体从单个行为者向非人格社会的转变，权力不再仅仅被视为个人的意志或欲望，而是组织结构的产物。例如，福柯（Foucault，2000）将权力视为关系、网络和场，认为权力并不是一种从上到下的单向性的控制关系，而是一种相互交错的复杂网络，在此网络中有人被权力所控制，有人用权力去控制别人，而每个人又都充当着实施权力和受权力支配的双重角色。从本质上讲，这种权力来源于个体在社会网络中所处的位置。持此观点的学者认为，权力是一种社会位置及其占据者的结构属性。正如马丁（Martin，2000）所指出的，权力是某种关系的属性，而不是处于这种关系中的个体属性。社会嵌入理论的典型分析框架是格兰诺维特（Granovetter，1985）提出的关系嵌入与结构嵌入两个维度。关系嵌入研究集中于网络行动者间直接联系的二元关系，侧重于分析二元关系的强弱程度。结构嵌入研究集中于网络行动者间联系的多层次结构问题，它一方面强调网络的整体功能与结构，另一方面关注行动者在网络中的结构位置。

能力观认为网络权力是社会中的某些人对他人产生预期或预见效果的能力，或能拼合行为者以及联结知识和生产的能力（Bridge，1997）。尽管"能力"是权力的本源内涵，但学者们的观点也不尽一致。韦伯（Weber，1906）将网络权力定义为"在社会交往中一个行为者把自己的意志强加在其他行为者之上的能力"，此外还有召唤力、影响力、控制力之说。帕森斯等（Parsons，1988）在对韦伯的定义进行拓展后指出，权力是系统中的一个单位在其他单位的对立面上实现其目的的能力。布劳（Blau，1964）提出不对等性交换产生社会的权力差异和社会分层现象，他对权力的理解与韦伯（1906）基本一致，认为权力是"个人或群体通过威慑力量不顾反对而把其意志强加于他人的能力"。还有人认为，权力是消除一切障碍完成自己想做的事的能力（Krackhardt，1990），权力代表来自网络中某一位置排除其他位置的能力。与这几种观点不同，英国著名社会学家吉登斯（Giddens，1998）认为，权力就是行动者能够对一系列事件进行干预以改变事态进程的能力，其实是将权力视为一种协调和指挥能力，强调的是对工作任务的协调。

依赖观认为网络权力关系产生于相互依赖之中。社会中的行动者为了生存，需要将资源作为生存的手段和基础。但是由于地理位置不同、自然资源分布不均、行动者对社会资源的占有不平等，导致依赖程度高的行动者为了得到自身所需的资源而服从于依赖程度低的行动者。资源依赖理论强调组织权力，把组织视为一个政治行动者，认为组织的策略无不与组织试图获取资源、控制其他组织的权力行为有关（Pfeffer，1978）。根据资源依赖论，A对B的依赖等于B对A的权力，A对B的依赖与对B所控制目标的激励性投资成正比，与在A-B关系之外所获得的替代性目标成反比（Emerson，1962）。权力是社会中的个体或组织影响另一个体或组织的能力，它既指施动者对受动者进行命令和控制等实际行为，也指受动者对施动者的认可、敬慕和遵从等心理行为（Emerson，1972）。不同组织所拥有的资源呈现异质性特征，必然会造成组织间因资源禀赋不同而相互依赖，那些拥有对方关键资源的组织显然具有较高的权力。网络权力关系是一种复杂的隐性变化，反映的是企业网络关系逐渐从平衡到等级化，最后由核心企业带动网络整体升级的变化过程。越是对方急需而又难于替代的资源，越是能够形成对对方较大的权力。换言之，权力就是资源匮乏者对资源富有者的依赖。合作各方的权力分配取决于彼此依赖的程度，且由两个不同要素所决定：自有资源的吸引力与对方从其他组织获取资源的自由度（Ramsay，1996）。

综上所述，网络权力发端于社会学领域对社会现象的解释，这是网络权力的本源出处，而且在社会学与政治学领域得到先导性与开拓性研究，对企业之间跨边界合作实践具有明显的借鉴与指导作用，隐喻着企业网络权力理论雏形的显现。

二、网络权力的拓展：企业网络的应用

企业网络权力由社会网络权力演化而来，学术界对企业网络权力的研究始于对企业网络非均衡性特征的关注。20世纪80年代，经济学家将网络分析方法借鉴并应用于经济领域的研究，并逐渐形成了企业网络理论。

格兰诺维特（1985）研究表明，在一定条件下，具有等级差异的网络结构才能较好地协调网络内部各经济体之间的矛盾和冲突，但由于这种权力

在结构上存在较大的风险，很可能会因为缺乏有效的制约机制而导致错误的决策，因此会出现重大决策时只能依赖少数几个大的经济体的情况。由垂直关系而来的权力与服从、水平关系而来的信任与合作都在经济生活中发挥着巨大影响（Granovetter，2005）。当一个企业拥有其他网络成员作为生存前提的关键资源，即当某个企业取得对网络中的资源流向的支配权的时候，探讨这种类型企业对社会经济发展产生的深远作用显得非常重要。知识网络中心性与齿交网络（gear-exchange network）的入度中心性之间清晰有力的关系支持意见领袖存在的观点，且大多数意见领袖对衰退中的小网络并无多少认知（Crona & Bodin，2010）。资源依赖论与社会网络理论的结合为企业网络权力的出现创造了条件，格里菲等（Gereffi et al.，1999）将权力的概念引入企业网络分析中，侧重于权力在网络演化过程中的治理作用。穆达比等（Mudambi et al.，2014）通过收集来自欧洲7个国家的2107个外资子公司的数据，对跨国公司网络子公司权力来源展开研究。结果表明，相互依赖与依赖失衡对子公司网络权力来源具有很强的解释力，子公司通过功能获得权力，拥有技术权力可强化子公司在母公司网络中的决策权。芬恩等（Finne et al.，2015）以服务业的6个嵌入式企业为案例，从集成商、供应商与顾客3个层面探讨复杂网络中的企业如何获得权力。权力在一定组织群体中对其他单元的影响力一直是学者们热衷的研究对象，目前学者们多从网络治理角度对网络权力加以分析。例如，权力的非对称性可能会阻碍平衡决策，组织间互动频率与信任水平会影响权力的应用（Turker et al.，2014）；社会网络与子公司布局的空间、类型与效果存在关系（曹春方等，2015）；知识、情感与权力发挥双重环境功能，伙伴通过它们构造合作环境，反过来又重塑其本身（Nguyen & Janssens，2018）。

近年来，供应链网络权力成为学术界研究的热点问题之一。其中权力失衡现象引起极大关注，欧曾等（Ozen et al.，2016）研究了组织间嵌入关系中的相互依赖与权力失衡，发现制造商规模与零售商竞争战略决定彼此之间的依赖与嵌入关系，相互依赖可提升嵌入关系，权力失衡不一定妨碍这种关系的生成。马迪奇和亚莫亚（Madichie & Yamoah，2017）基于权力依赖与社会交换理论，分析欧洲马肉丑闻事件中食品供应链权力不对称与权力失衡现象，认为供应链中权力不对称导致了供应商败德决策。卡诺瓦利等（Carnovale et al.，2017）以合资企业的形成为分析对象，探讨网络结构如何影响供求关系中的权力平衡，发现网络结构是企业追求权力的机制，在新合资企业组建中，基于权力的结构化网络是主要的机理诠释。供应链网络中关于权力的讨论已从强制权力的运用转移到嵌入性合作与抑制机会主义行为的信任功能分析，权力与信任可以整合到供应链网络之中；权力与信任对跨供应链网络传播过程有影响，强制权力与非强制权力都会影响供应商决策。

综上所述，20 世纪 90 年代以来，企业网络理论不仅被经济学家运用于企业家行为和中小企业的研究，而且渗透到市场理论和组织理论研究领域。新政治经济学派主张企业是行为者治理的网络关系的集合，重视企业之间不对称的权力关系，并提出从权力关系的视角讨论生产网络，认为企业间关系的本质是权力依赖。

三、决定网络权力的基本论断

网络权力究竟由什么来决定是学术界关注的焦点之一，学者们从不同视角展开研究，形成了截然不同的观点。

结构决定论。结构决定论是学术界的主流观点，即网络结构或节点在网络中的位置决定合作企业的权力大小，以至于地位权力（position power）成为权力的代名词，这与社会网络权力研究中的关系观如出一辙。在网络组织中，一个处于网络中心地位的节点被认为可以享有更多更有效的资产流、信息流和权力流，而这些都将成为竞争优势的来源。占据良好网络位置的节点在收集与处理信息方面将更具优势，卓越的网络位置可以帮助企业更好地获取网络资源、探索有价值的信息，占据优势网络位置的企业在进行合作创新时具有先发优势（Zaheer & Bell，2005），网络中心位置不仅可以带来"接近"价值信息的优势，还可以为企业带来基于从属关系的优势，从而成为网络权力的"集中营"。从属性角度分析，权力不仅是权力主体的属性，而且还是一个关系系统中相互作用、相互联系的属性（Parsons et al.，1988）。权力来源于个体在社会网络中所处的位置，权力是一种社会位置及其占据者的结构属性，各网络节点凭借其在网络组织中所处的位置而获得大小不等的权力。位置决定了参与者在网络中的权力（Brass & Burkhardt，1993），这种因位置而产生的权力是源于成员间相互作用的结构特征，而不是"占有者的知识"（Yamagishi et al.，1988）。所以，从网络结构的角度分析，权力应该是网络中不同位置的属性（Emerson，1972），角色与地位决定权力的特性（Kahkonen，2014），对权力的更有意义的讨论应该站在网络位置而非参与主体角度（Parsons et al.，1988）。网络位置的主要变量是中心度与结构洞，中心度描述企业在网络中的战略位置，代表其在网络中占据更高地位来控制网络中的关键资源（Ibarra，1993），体现了对网络资源的控制力；结构洞反映网络节点与两个互不相连的节点都有联系的情况，其主要优势体现在对社会网络的信息优势（Ahuja，2000），信息优势能帮助企业从网络成员获取信息与资源，提升企业的资源获取、资源吸收与资源积累能力（骆大进等，2017）。因此，网络权力是网络节点间位置关系的函数。

资源决定论。稀缺性资源、不可替代性资源匮乏始终是企业可持续发展的致命短板，也是企业之间相互合作的驱动力量。一个组织对另一个组织的依赖程度与其对后者提供的资源或服务的需要成正比，而与可替代的其他组织提供相同的资源或服务的能力成反比（Hoskisson, et al.，1994）。一个行动者或组织机构利用某种方式控制了另一个行动者或组织机构所需要的资源，就有可能获取对另一个行动者或组织机构的权力。不同组织所拥有的资源呈现异质性特征必然会造成组织间因资源禀赋不同而相互依赖，那些拥有对方关键资源的组织显然具有较高的权力。在企业网络组建的最初阶段，成员之间各取所需，地位基本平等，网络权力也是对称的，但由于网络成员资源禀赋存在差异，与企业网络的构建、分化及空间扩张相结合，权力关系逐步变异，甚至导致权力失衡（power imbalance）。在企业网络中，资源共享是合作的基本条件。资源共享遵循大数定律（law of large numbers），即如果节点的数目很大，并且它们使用资源的要求都是突发式的随机产生，那么将全体节点看成一个整体时，这个节点整体对资源的使用要求就变得相当平滑和较为稳定，并且也是可以预测的。资源独占是企业特有的排他性资源，主要特征是有形性和异质性。总而言之，谁拥有稀缺性、异质性、关键性、不可替代性资源，谁就拥有更多、更大的权力。

知识决定论。知识是一种特定的资源，但由于在技术创新网络中的特殊性，知识权力成为学界讨论较多的一种权力。胡克（Hoek，2004）认为知识共享能够促进组织成员间的信息交流，通过构建知识共享路径，可以增进组织主体之间联系的紧密程度，促进网络节点间的知识转移，使具有知识能力优势的企业在占据主导权力的同时，引领其他组织成员提高知识吸收能力与知识运用能力。决策权是网络合作中节点拥有的关键权力之一，诸节点合作中谁拥有最终决策权？由谁行使决策权最有效率？最早对社会中各种知识予以关注的是哈耶克（Hayek），他在1945年发表的经典论文《知识在社会中的运用》中提出决策权必须与知识分布相匹配，即决策权应赋予拥有知识的人。哈耶克也区分了科学知识与"特定时间与地点环境下的知识"，前者是通用知识，后者是专用知识，两类知识的分布会对决策权的安排产生影响。詹森和梅克林（Jensen & Meckling，1976）继续了哈耶克的研究，他们提出了两种决策权配置的路径：一种是将知识传递给拥有决策权的人；另一种是把决策权配置给拥有知识的人。虽然他们并未否定第一种方式的可能性，但认为"如果转移知识的成本高于转移决策权的成本，那么知识的拥有者将……倾向于购买它们"。由此，通过决策权的买卖将决策权配置给拥有知识的人，可以提高决策的效率与科学性。有效的分权是为了实现最理想的合作，网络组织中的分散决策协调是对以往决策模式的超越，使专业化分工导致的知识的分裂（division of knowledge）以及相应的分散决策重新在网络整体的框架内整合到一起，是分散与集中的辩证统一，由此网络可能成为解决"集中化—分散化困境"（centralization-decentralization dilemma）的一种方法（Limerick，1992）。在技术创新网络研究中，知识权力、技术权力等相关概念相继出现，其中，党兴华、刘立（2014）探讨了企业知识价值、结构洞与网络权力的影响，并对知识权力的测度问题展开初步分析。作为网络结构非均衡性体现，技术权力被提出后，学者们又对其进行了拓展。

能力决定论。权力是一种被意识化了的能力，存在于权力对象的感知中，以至于会出现权力与权力运用的背离。网络节点能力是改善其网络位置和处理网络关系的能力，是网络节点通过识别网络价值与机会、塑造网络结构、开发维护与利用网络关系以获取稀缺资源和引导网络变化的动态能力（Bullinger et al.，2004）。因此，能力对网络节点的网络嵌入关系有着深刻的影响，进而决定着网络节点所拥有的权力。随着行动者在社会群体中阅历的增加，他们辨别社会群体和社会关系的社会能力也会不断进化，行动者对社会结构精准认知的能力关系到他们是网络的核心成员还是暂时的边界成员，网络节点对网络的精准认知会促进其朝着有利于自身的网络位置迈进，权力不仅属于那些占据中心位置的行动者，而且属于那些对他们所在的网络有精准认知的行动者（Krackhardt，1990）。费舍尔和夏里尼（Fischer & Sciarini，2015）分析了声誉权力（reputational power）的决定因素，并把有意因素（正式权力、参与强度、网络中心性）与无意因素（自我提升、误解偏见）区分开来。

上述文献中，对网络权力的来源、特征与决定因素的研究思辨性强而实证性弱，成果相对零乱而缺乏系统性，现有研究仍集中于对西方网络权力理论的推介上，对与我国现实相结合的网络权力研究还有待深入，尤其是对处于转型期新常态下的我国企业网络化合作现实，网络权力理论的适用性及影响力尚存有较大研究空间。

四、网络权力的测度与配置效率评价

早在 19 世纪 60 年代初，社会学领域就出现了简单的权力测度文献，主要是采用一些间接方法测量个体拥有的权力，如波斯比尔（Polsby，1963）区分 3 种与决策相关的权力指数：谁参与决策、谁获得或失去可能收益、谁在决策中起主导作用。其后，拉米和詹姆斯（Rami & James，1972）针对社会学、心理学和政治学相关权力的共性，总结出权力的 3 个属性：权力是两个个体之间的关系而不是单个个体的绝对属性、A 权力的大小与 A 影响 B 执行满足自身利益的能力有关、A 权力的大小与 A 愿意影响 B 的概率有关，并建立了两个个体之间的相对权力模型。在分销渠道研究中涌现出丰富的实证分析文献，如权力构成要素、权力控制方法、制造商与分销商之间的权力分配。然而，楚和曹（Chu & Cho，1994）却认为，由于受人的感知、观点、信念的影响，客观测度权力是不可能的。而后，埃默森（1996）通过两项实验研究检验权力与依赖的关系，并建立了概念模型，认为 a 对 b 的权力等于 b 对 a 的依赖（Pab = Dba），则存在两种情形，即平衡态（Pab = Dba，Pba = Dab；Pab = Pba，Dab = Dba）与非平衡态（Pab = Dba，Pba = Dab；Pab > Pba，Dba > Dab），非平衡态必然存在权力优势（power advantage，PA）（PAab = Pab − Pba）。拉姆塞（Ramsay，1996）拓展了前人的研究，寻求一种现实可行的方法去度量潜在权力、实际权力和相互转换的倾向，且不受主观因素影响，希望这种客观测量能够促进和改进合作绩效。结构决定论者麦克法根和坎内拉（McFadgen & Cannella，2004）利用 5 年的时间来构建网络关系矩阵，并计算合作成员网络结构的相关指标，由此刻画网络权力大小。党兴华、刘立（2014）依据渠道权力理论，通过对拉米和詹姆斯权力模型的改造，针对技术创新网络中的绝对知识权力与相对知识权力构建并推导权力测度模型，进而展开实证分析。朱丽等（2017）依据伯特（1992）的结构洞理论提出网络中结构洞的多少是网络权力较为契合的测量指标，进而运用有效规模（行动者个体网络规模减去网络冗余）衡量网络权力，该指标越大说明企业占据的结构洞越多，其权力就越大。

网络分析者是从"关系"的角度出发定量地界定权力，并给出多种关于社会权力的具体的指标化定义，即各种中心度（centrality）和中心势（centralization）指标。中心度是针对网络中节点而言的，中心势针对的则是网络图，即整体整合度或一致性。这是网络分析者在方法上的独特贡献。贝弗拉斯（Bavelas）对中心度进行了开创性研究，验证了"行动者越处于网络中心位置其影响力越大"的理论假设。中心度反映了网络节点在网络组织中的重要程度（Denooy，2005），描述了整个网络围绕一个中心的程度，中心度越高说明企业越接近于网络的核心位置，企业在网络中的地位越重要。具体体现在度中心度（degree centrality）、中间中心度（betweenness centrality）和接近中心度（closeness centrality）方面（Brass & Burkhardt，1993）。居于高度数、高接近性和高中间性的中心企业，由于与其他节点之间存在更多的联系，访问其他节点的路径相对较短，能够快速地到达其他节点来获取知识和接收信息，从而表现出显著的结构优势。另外一个不容忽视的中心度指标是特征向量中心度（eigenvector centrality），它是测度一个网络节点在多大程度上位于网络的核心位置，把与特定节点相联结的其他节点的中心性考虑进来进而度量一个节点的中心性。这些指标的开发为量化识别网络权力及其配制提供了便利。

根据刘军（2004）的整理，网络中心度与中心势的计量模型如表 2 - 1 所示。

表 2 - 1　　　　　　　　　网络中心度与中心势的计量模型

	度数中心性	中间中心性	接近中心性
中心度	$C_{AD}(i)/(n-1)$	$2C_{ABi}/(n^2-3n+2)$	$C_{APi}^{-1}/(n-1)$
中心势	$\dfrac{\sum_{i=1}^{n}(C_{RDmax}-C_{RDi})}{n-2}$	$\dfrac{\sum_{i=1}^{n}(C_{RBmax}-C_{RBi})}{n-1}$	$\dfrac{\sum_{i=1}^{n}(C'_{RCmax}-C'_{RCi})}{(n-2)(n-1)}\times(2n-3)$

特征向量中心性的计量模型为：

$$\lambda_{max}=\max\{\lambda_1,\lambda_2,\lambda_3,\cdots,\lambda_n\}$$

其中，λ 是 $\eta\cdot\omega=\omega\cdot\lambda$ 的特征值，η 是网络节点之间的关系矩阵，ω 是一个 $n\times n$ 矩阵，其各列是矩阵 η 的 n 个特征向量。

在变量度量中，概念化是操作化的前提与基础。琼斯和瑟奇（Jones & Search，2009）提出一个通过不同接近性来理解权力空间性（spatiality）的方法，主张采用包括物理的、文化的、虚拟的、组织的等多维角度来概念化接近性，而不同方式的接近性可塑造网络权力。衡量权力大小既要比较拥有资源的数量，还要比较拥有资源的质量。一般来说，可以通过资源的稀缺程度、重要性和可替代性等进行衡量，资源越稀缺、资源越重要、资源越不可替代，资源拥有者的权力越大。

根据博纳西奇（Bonacich，1987）的研究，网络权力指数的计量模型如下：

$$c_i = \sum_j r_{ij}(\alpha + \beta c_j)$$

其中，r_{ij} 是连接点 i 和点 j 之间关系的赋值（测地线距离或点度数）；c_j 是点 j 的中心度，即点 i 的中心度等于它与其他点的关系数目的总和，且用所有其他点的中心度进行加权；α、β 是两个修正参数，α 是一个标准化的常数，是一个附加的参数，它不影响相对中心度，若 $\beta = 0$，$\alpha = 1$，则 i 点的权力指数就为 i 点的度数；β 是一个衰减因素，β 值的大小体现了某节点的权力对其他节点的权力依赖程度。

博纳西奇（Bonacich，1987）提出网络权力大小可以用权力指数（power index）和权力序阶（power order）表示，前者可用基数表示，某节点与其他节点关联数目的总和并用所有节点的中心度进行加权；后者用序阶表示，如第一、第二，代表权力水平的大小排序。这一成果使网络权力的测评成为可能，但未能实现对网络权力总体配置效率的评价。刘立、党兴华（2015）从影响力与控制力两个维度通过问卷设计来测量网络权力。也有学者关注网络权力配置问题，例如，权力主体存在于权力关系极差的网络中的强有力的、能驱动网络的企业（Taylor，2000）。网络权力是网络行为者位置的体现，体现在价值链环节的占据与价值的分割行为之中（Smith，2003）。网络权力是基于权力及权力配置的组织之间的关系，它是行动主体在参与、互动、协调过程中相互博弈的结果，企业网络权力关系往往不对称，核心企业或者是领导型企业常常具有更大的资源获取能力。因此核心或者领导型企业的权力作用所体现的控制力更大，这使核心企业在网络交换中具有不可替代性，并有权决定网络其他企业的空间决策。网络组织作为由众多拥有不同资源的参与者通过一定的方式联结而成的松散联合体，相互依赖是参与者之间的基本特征，这意味着网络合作关系在很大程度上受权力分配结构的影响和修正。

数据包络分析（DEA）是评价可比性决策单元（DMU）相对有效性的一种工具，属于非参数统计估计方法，当DEA被用于研究多输入、多输出的生产函数理论时，由于不需要预先估计参数，因而在避免主观因素、简化算法、减少误差等方面具有明显优势。库铂等（Cooper et al.，2007）将DEA测度效率的模型分为4类：径向的和角度的、径向的和非角度的、非径向的和角度的、非径向的和非角度的。"径向的"意味着在评价效率时要求投入或产出同比例变动，而"角度的"意味着评价效率时需要做出基于投入（假设产出不变）或基于产出（假设投入不变）的选择。此方法在许多领域得到发展与应用，并在定量评价中收效颇丰。魏权龄等（1990）采用DEA方法对中国纺织工业系统内的177个大中型棉纺织企业的经济效益进行了评价。李红锦等（2011）运用DEA方法评价了珠江三角城市群效率。尽管李红锦等的研究涉及城市群，与企业间网络合作有相似之处，但是运用此方法研究网络权力配置效率方面只有孙国强、潘晶晶（2017）等为数不多的学者涉及。

综上所述，网络权力的配置格局及其效率评价成果寥寥，权力配置的方式、效率、结果等研究的系统性仍显不足，仅有的权力指数模型还难以刻画网络权力配置这一深刻命题。对网络组织表面繁荣之下所掩盖的深层次矛盾关注不够，对我国企业网络内部普遍存在的"权力游戏"现象未予以深入揭示。

五、网络权力配置对企业行为的影响

权力是网络交换和协商过程中的影响和控制能力，中心度与中介性（brokerage）决定地位，而地位意识强烈的企业则会运用其由地位所带来的权力去谋取利益（Sozen，2012）。权力的本质是通过激活资源的手段实现既定的目标（Dennis，1979）。权力较大的企业可以协调组织间关系，统一网络成员思想，有利于网络中共识、惯例的产生。例如，跨国公司往往在产业集群网络中设立相应的研发中心，希冀有效地借助当地的技术信息开发出高等级产品，从技术和生产上获得对整个产业网络的控制权（Hall & Petroulas，2008）。权力较大的企业一般拥有较强的实力，其行为模式往往被认为具有较高的效率，可以节约交易成本，被合作伙伴模仿，也会促进网络中惯例的形成。但是，有学者指出权力的运用是一把"双刃剑"（Ahituv & Carmi，2007），网络权力与网络惯例之间存在阈值效应，当网络中核心企业拥有绝对权力时，确实有助于避免冲突，协调网络运行，但是也可能令网络成员产生逆反、抵触心理，不利于网络惯例形成。在网络组织中，边缘节点有突破生产、技术、市场权力等级的强烈愿望，而核心节点则竭尽全力维持已有权力关系（Dicken，2007）。虽然依赖通常是双向的，但由于程度不同会造成权力失衡。因此，权力配置会对合作深度产生显著影响，权力失衡会严重阻碍深入合作，处于主导位置的行为者不愿与其他行为者建立合作关系，以保持其权力定位（Kahkonen，2014）。知识行动网络中的权力配置方式可以对知识获取水平与知识流动非对称程度产生影响（Munoz-Erickson & Cutts，2016）。在某种程度上，一个组织传播、限制、操纵知识的能力取决于有多少其他组织将其作为知识源而对它产生依赖，这是理解权力不对称（网络结构中行为者地位差异）的关键（Crona & Bodin，2010）。那么如何改变这种不平衡？埃默森（1962）提出两种思路、4种权力平衡机制。一是减少依赖的思路，包括减少对对方控制目标的激励性投资、寻找额外资源途径来实现这些目标；二是增加依赖的思路，包括增加对方对自己控制目标的激励性投资、让对方无法获得额外资源途径来实现这些目标。权力现象因市场失灵或路径依赖等的不同，会使不同地区的企业或产业发展出现差异。例如，劳尔等（Lall et al.，2001）认为市场失灵、路径依赖等问题会使权力治理过程中企业或产业的学习和升级过程延长和充满风险，需要国家和政府干预来应对这些市场失灵。又如，卡科宁（Kahkonen，2014）研究了合作网络中各节点之间的权力关系与合作关系，分析了网络权力对企业合作深度及合作行为的影响；摩根等（Morgan et al.，2016）分析网络中的创业导向、企业市场权力与机会主义行为之间的关系，认为创业导向与企业市场权力可分别导致机会主义行为，但二者联合相互作用则会减轻机会主义行为。

权力与其说是个体的特性还不如说是个体间关系的特性（Easley & Kleinberg，2011），但学术界似乎存在一种倾向，即网络权力就是核心企业拥有的一种特权，或理解为核心企业对其他企业合作行为的支配与控制。例如，在集群网络中，核心企业不仅对其他企业有影响力、控制力，而且在网络活动中能够起到支配、影响、控制其他企业行为的作用（Pettigrew，1972）；核心企业网络权力对配套企业合作行为产生影响（吴松强等，2017），核心企业网络权力获取与企业间领导力生成（吴昀桥等，2016），应充分重视对核心企业网络权力的运用（韩莹等，2016，2017），这在一定程度上忽视了非核心企业的应有权力。尽管如此，吴松强等（2017）通过实证研究认为，核心企业的网络权力与配套企业的合作行为正相关，关系资本对核心企业网络权力与合作行为有正向调节作用，这是国内为数不多的直接分析网络权力对合作行为影响的成果。也有学者另辟蹊径，分别从不同视角展开探讨，呈现出多元性与丰富性特征，如基于复杂知识网络视角研究动态关系强度下知识网络知识流动的涌现特性（王文平，2013），从社会网络视角探究大众生产的组织模式与网络机制（孟韬，2014），从网络共生合作机制的视角探讨组织行为（席酉民，2017），从股东网络特征的视角研究投资决策权的配置（马连福等，2017），基于信息要素的视角分析网络组织认知模式与战略博弈选择（彭正银、黄晓芬，2017）。

根据林兰、曾刚（2010）的梳理，从实证研究来看，学者们较多关注了发展中国家的外生型网络技术权力现象，朱利安尼等（Giuliani et al.，2005）在对拉丁美洲国家企业网络升级过程分析后指出，发展中国家的中小企业往往通过压缩工资和利润来维持企业网络的存在，而不是通过本地技术创新来实现网络的升级。究其原因，当地企业技术力量薄弱、在技术上受制于网络核心节点却是一个重要原因。技术领先企业有着强烈的兴趣去吸引、获得、使用创新技术，并将其牢牢地掌控在自己手中。哈里森（Harrison，1992）研究意大利的中小企业网络后认为，权力的演变可能存在3种不同的结果：被外部财团所控制成为财团的全球生产组织的一部分、发展壮大成为层级组织的大型企业、区域内部发展分化导致地方生产系统破碎而逐步衰落。也有学者另辟蹊径，以风险资本辛迪加为案例，研究权力与地位的误配对组织间关系效能的影响。例如，马等（Ma et al.，2013）的研究发现，二者匹配可提高组织间关系效能，以权力为导向的误配因保留了权力的合法性会增强正效应，以地位为导向的误配因无序互动会削弱正效应。奥东戈等（Odongo et al.，2017）以乌干达150个农业企业供应链网络为研究对象，分析供应链绩效（供应效率、服务质量、响应速度、链条平衡）中的权力作用，认为强制权力反向作用于绩效，而非强制权力正向作用于绩效。

在权力研究从宏观考察向微观运作过程转变的背景下，虽然学者们开始关注权力配置对合作企业行为的影响，但关于网络权力对企业行为的影响路径不够清晰，对企业微观行为影响宏观合作网络的跨层级研究也有所不足。在企业网络组织研究由"宏观结构"转向"微观行为"的大趋势下，现有研究仍显欠缺，尚未找出一条清晰的分析路径，行为引导乏策。进一步考察文献的缺乏，给本书研究带来了极大挑战，也为创新性研究提供了重要机遇。

六、国内外研究现状总评

综上所述，国内外学者对网络权力的内涵、要素、测度、配置以及合作行为等进行了较系统的研究，尤其是把社会网络理论引入企业网络研究之中，取得显著进展，形成了丰硕成果，但经过上述文献分析不难发现，仍留下一些值得深思的问题：

第一，企业之间协调配合促使成员跨越各自领域，使企业权力迅速扩展为网络权力，但是网络权力并非企业之间相互依赖合作背景下对传统企业权力的简单延续，而是呈现为一种与传统企业权力存在明显差异的权力新形式，既是合作中的权力配置与分享，也是网络结构属性的表象。因此，网络权力的研究不能止于对新现象的浅层描述，而应将网络权力置于权力研究的链条之中，深入揭示隐藏在现象背后的机理，从而在理论上对网络权力的特征和效果做出本质性解释。

第二，基于共享经济背景的我国企业网络化合作实践方兴未艾，面临诸多悬而未决而又迫切需要解决的新问题，西方的经典理论无法给出合理诠释，因为西方网络权力理论是基于欧美国家的经济实践进行提炼升华的结果，对中国企业网络的适用性并未得到检验，同时中国的传统关系文化与经济发展的制度安排与西方存在巨大差异。因此，在理论研究滞后于经济实践需要的情况下，企业网络这种新的商业模式如何完善，尚留下巨大的需要深入探索的空间，而企业网络权力的合理配置便是其中之一。

网络权力作为影响网络组织运行绩效和治理效果的重要因素，作为诠释和预判网络节点经济和社会行为的重要依据，只有深入探索其来源、特征与决定因素，客观评价其配置格局与配置效率，才能进一步分析由此引起的行为模式变化，并为网络转型升级提供新的洞察。

基于文献与现实双重驱动的结果，本书提炼出应该并值得深入探讨的四个问题：一是中国企业网络权力的形成机理是什么？二是中国企业网络权力配置格局与效率如何？三是中国企业网络权力配置对合作行为产生什么影响？四是中国企业合作行为如何引导与治理？

第二节 研究框架设计

社会网络学派从关系观的视角来探讨社会个体行为，为我们提供了一个解释个体行为的微观基础，认为个体行动都嵌入于社会网络结构之中，解释个体行为应当从具体的社会关系入手（Yamagishi et al.，1988）。从此角度来看，网络节点之间的经济关系和社会关系代表网络节点的嵌入水平，节点嵌入网络的程度和形式不同，其所处的网络位置就不同，进而带来网络权力的差异，结果导致网络节点在合作过程中的不同行为。以此分析逻辑为研究主线，结合文献分析，本书从合作节点与网络整体两个层面进行跨层次分析，选择具有代表性的企业集群网络、企业集团网络、技术创新网络展开探索性多案例研究，从结构（网络结构、配置格局）与行为（行为影响、行为引导与治理）相结合的角度进行复合式研究。以企业网络权力配置为核心科学问题，向前延伸探索权力的形成机理，向后拓展分析对合作行为的影响以及合作行为的引导与治理。由此设计了四个研究模块：中国企业网络权力的形成机理、中国企业网络权力配置格局及其效率评价、中国企业网络权力配置对企业合作行为的影响、中国企业网络合作行为的引导与治理等，如图 2 - 1 所示。

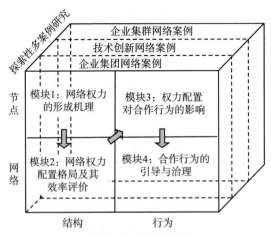

图 2 - 1　研究框架

第三章

中国企业网络权力的形成机理研究

第一节　网络节点权力的来源与特征

综合比较分析学术界提出的结构决定论、能力决定论、资源决定论、知识决定论等不同观点，依据资源依赖理论与结构嵌入理论，承袭理论界的主流观点，提炼出基于资源依赖而建立的多元互动的结构图景，以诠释在网络合作大背景下合作节点的权力形成途径。权力的划分因视角而定，从不同视角可划分出不同的权力类型。本书在辨识网络合作背景下节点属性的基础上，通过中外文献梳理与归纳，总结出结构权力（由关系、地位所决定的权力）、知识权力（由技术、知识所决定的权力）、资源权力（由稀缺性、不可替代性、关键性资源所决定的权力）、能力权力（由影响力、认知力、道德与信任所决定的权力）。运用社会网络分析工具的度数中心度、中间中心度、接近中心度、特征向量中心度以及中国传统关系文化与组织承诺文化背景下的结构洞指标（Xiao & Tsui, 2007）刻画节点权力，以系统解释权力的形成、表现、特征等理论要素，如图3－1所示。

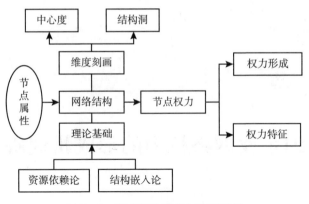

图 3 – 1 节点权力形成与特征模型

第二节 网络节点权力的决定因素提取

理论分析结合实地调研与实证，提取网络权力的主要决定因素。首先，基于国内外文献对网络权力的决定因素进行理论分析，多角度归纳具体影响因素。其次，选择太原高新区软件开发技术创新网络、太原不锈钢工业全区企业网络为案例进行调查（观察、访谈与问卷）。最后，利用样本观测数据，建立节点权力影响可能性模型与影响程度模型进行分析，并将赫克曼两步法分析结果与现实观察进行比对，进而把核定结果与现实相吻合的观测变量与特征变量归为决定因素，由此框定除网络结构之外决定权力的核心要素。

一、影响可能性模型构建

利用所有的观测数据，分析各因素是否对企业网络权力有影响，采用二值 Probit 模型进行分析：

$$\mathrm{Probit}(\mathrm{NPSEL}_{it}) = \alpha_0 + \alpha_1 \mathrm{SE\_C}_{it} + \alpha_2 \mathrm{SE\_S}_{it} + \alpha_3 \mathrm{RE\_Q}_{it} + \alpha_4 \mathrm{RE\_N}_{it} + \alpha_5 \mathrm{KE\_K}_{it}$$
$$+ \alpha_6 \mathrm{KE\_I}_{it} + \alpha_7 \mathrm{KE\_C}_{it} + \alpha_8 \mathrm{CE\_V}_{it} + \alpha_9 \mathrm{CE\_E}_{it} + \alpha_{10} \mathrm{CE\_M}_{it}$$
$$+ \alpha_{11} \mathrm{IE\_Q}_{it} + \varepsilon_1$$

其中，$\mathrm{Probit}(\mathrm{NPSEL}_{it})$ 表示第 i 个样本选择是否影响网络权力的概率，

以此来考察企业网络的决定要素。如果因素可以影响到网络权力，则 $NPSEL_{it} = 1$；否则 $NPSEL_{it} = 0$。解释变量借鉴刘立和党兴华（2014）、夏等（Xia et al.，2014）以及孙国强（2014）的研究成果，结构要素（SE）采用中心性（SE_C）和结构洞（SE_S）两个指标来衡量；资源要素（RE）采用企业所拥有的资源的质量（RE_Q）和数量（RE_N）来衡量；知识要素（KE）采用企业所拥有的知识的关键性（KE_K）、不可替代性（KE_I）以及稀缺性（KE_C）3 个方面来衡量；能力要素（CE）包含愿景能力（CE_V）、构建能力（CE_E）和影响能力（CE_M）3 个属性；制度要素（IE）反映中国企业（国有企业及混合所有制企业）对政府的依赖程度以及政府在网络合作中的权力，采用企业股权结构中国有股所占比例（IE_Q）为测量指标。ε_1 是误差项。

二、变量测度

根据专家访谈及对企业实地调查，最终确定量表的考核条目。变量的具体含义及测量方法如表 3 – 1 所示。

表 3 – 1　　　　　　　　　网络权力决定因素实证分析变量说明

变量	含义	变量类型	测量方法
$NPSEL_{it}$	影响可能性	因变量	对网络权力影响大于 0 的赋值为 1，否则为 0
NP_{it}	影响程度	因变量	采用李克特 5 级量表测量
SE_C	结构中心性	自变量	采用李克特 5 级量表测量
SE_S	结构洞	自变量	采用李克特 5 级量表测量，并运用 UCINET 6.0 软件计算各节点约束值，1 与各约束值的差值表示对应节点的结构洞
RE_Q	资源质量	自变量	采用李克特 5 级量表测量
RE_N	资源数量	自变量	采用李克特 5 级量表测量
KE_K	知识关键性	自变量	采用李克特 5 级量表测量
KE_I	知识不可替代性	自变量	采用李克特 5 级量表测量
KE_C	知识稀缺性	自变量	采用李克特 5 级量表测量
CE_V	网络愿景能力	自变量	采用李克特 5 级量表测量

续表

变量	含义	变量类型	测量方法
CE_E	网络构建能力	自变量	采用李克特5级量表测量
CE_M	网络影响能力	自变量	采用李克特5级量表测量
IE_Q	制度要素	自变量	采用国有股所占比重测量
ε_1	—	误差项	—
ε_2	—	误差项	—

三、影响程度模型

通过利用选择样本做以下公式的最小二乘法（OLS）回归估计，即利用 NPSEL = 1 的观测数据分析决定因素对网络权力的影响程度：

$$NP_{it} = \alpha_0 + \alpha_1 SE\_C_{it} + \alpha_2 SE\_S_{it} + \alpha_3 RE\_Q_{it} + \alpha_4 RE\_N_{it} + \alpha_5 KE\_K_{it}$$
$$+ \alpha_6 KE\_I_{it} + \alpha_7 KE\_C_{it} + \alpha_8 CE\_V_{it} + \alpha_9 CE\_E_{it} + \alpha_{10} CE\_M_{it}$$
$$+ \alpha_{11} IE\_Q_{it} + \varepsilon_2$$

其中，被解释变量是 NP 表示网络权力的大小，解释变量与第一阶段相同。需要说明的是此模型中显著性水平偏低的要素在实证分析时将被删除。

第三节 企业网络权力决定因素的实证分析

一、问卷设计与数据收集

（一）问卷设计

为了保证测量数据的效度以及信度，本书尽可能采用国内外已有文献中使用过的量表，进而根据本书的实际情况以及调研目的进行适当的调整。在问卷正式发放前，小范围地进行了测试，结合试测者给出的意见和反馈进行了修改。本书对问卷的测量题项采用了李克特5级量表，1~5 表示了问卷填写者对题项的认同程度，1 表示"完全不同意"，5 表示"非常同意"。

1. 结构因素的测量

本书采用提名生成法获取结构因素结构洞的相关数据，也就是通过设计问卷题项询问被调查企业"近5年与贵企业进行密切合作的企业有哪些?"并要求填写3~5家企业。结构因素中心性的初始测度题项主要参考张巍和党兴华（2011）设计的测度量表，共由5条题项组成，如表3-2所示。

表3-2　　　　　　　　　　　结构因素的测度量表

变量	指标	测量题项
结构因素	中心性	本企业在合作网络中所处位置的中心程度
		本企业比其他网络成员获得商业信息的便捷程度
		本企业的网络中心性位置使企业在合作中处于主动地位
		本企业的网络中心性位置能够提高企业的信任度
		本企业的网络中心性位置为企业带来的正面效应程度

2. 知识因素的测量

知识因素的初始测度题项主要参考黄（Wong，2008）以及刘立、党兴华（2014）设计的测度量表，共由6条题项组成，如表3-3所示。

表3-3　　　　　　　　　　　知识因素的测度量表

变量	指标	测量题项
知识因素	关键性	网络中知识（包括专利、技术等）对于本企业重要性的程度
		网络中获得的知识（包括专利、技术等）改善企业发展前景的程度
	不可替代性	本企业通过合作之外的其他途径获得知识（包括专利、技术等）将付出的代价程度
		合作中获得的知识（包括专利、技术等）对本企业的专有性程度
	稀缺性	本企业和其他网络成员知识（包括专利、技术等）的合作程度
		如果没有本企业的帮助，合作伙伴获得知识（包括专利、技术等）的困难程度

3. 资源因素的测量

资源因素的初始测度题项主要参考魏旭光（2014）设计的测度量表，共由2条题项组成，如表3-4所示。

表3-4 资源因素的测度量表

变量	指标	测量题项
资源因素	质量	本企业所占有资源（包括物质资源和人力资源）的质量程度
	数量	本企业所占有资源（包括物质资源和人力资源）的数量程度

4. 能力因素的测量

能力因素的初始测度题项主要参考苏（Su，2009）、彭纳（Bonner，2005）、刘（Liu，2008）、彭（Peng，2000）、鲁夫（Ruef，2002）以及任胜钢（2014）设计的测度量表，共由7条题项组成，如表3-5所示。

表3-5 能力因素的测度量表

变量	指标	测量题项
能力因素	愿景能力	本企业重视合作关系在商业活动中作用的程度
		其他网络成员认同本企业战略选择的程度
	构建能力	本企业能根据需要制定发展关系网络目标的程度
		本企业通过各种途径收集有关潜在合作伙伴信息的程度（例如展览会、行业会议、数据库、出版物、互联网等）
		本企业与合作伙伴进行沟通的程度（如会议、电话、聚餐、健身等）
	管理能力	本企业改进和优化与合作伙伴关系的程度
		本企业有效整合多元合作伙伴之间的技能的程度

5. 网络权力的测量

网络权力的初始测度题项主要参考刘立、党兴华（2014）设计的测度量表，共由2条题项组成，如表3-6所示。

表3-6 网络权力的测度量表

变量	测量题项
网络权力	本企业影响和控制合作伙伴的业务操作的程度
	本企业影响合作伙伴的企业市场竞争力的程度

（二）数据收集

本书研究涉及企业层面，所需变量数据无法从公开数据和资料中获取，所以本书采用发放调查问卷的方式对数据进行收集。考虑到问卷数据收集的便捷性以及研究对象在网络中的影响力，本书以太钢不锈钢产业园区为主要对象展开实证研究。太钢不锈钢产业园区建区以来，踊跃加快创建企业集群，并构成了三大代表性的支柱企业集群：一是不锈钢加工企业集群，包括太钢不锈钢无缝钢管以及大明不锈钢深加工中心等企业；二是现代制造企业集群，包括太原锅炉以及东杰智能物流装备等企业；三是现代物流企业集群，包括润恒农副产品物流园、华润医药山西现代物流中心以及国药集团山西物流中心等企业。问卷的发放及回收在 2020 年 7～10 月进行。

为保证调查企业对问卷的正确理解以及问卷的回收率，在正式发放问卷前，事先与企业高层管理人员以及企业园区管委会人员联络，通过走访确认可进行调研后再安排问卷调研。在调研中，向企业被调查人员强调了本课题的意义以及重要性，并保证对企业的回答会保密处理，仅用于课题研究。共发放问卷 180 份，回收问卷 147 份，回收率为 81.7%。通过对问卷信息的完善和剔除，最终确定有效问卷 108 份，有效回收率为 73.5%。

二、信度与效度检验

调查问卷是通过量表来体现它的评价体系，对问卷中量表的编制与选用直接决定了问卷收集结果的可用性以及可信性。内在信度分析与外在信度分析构成了问卷的信度分析。内在信度主要评价一组测量题项是否在测量同一个概念，涉及的题项彼此间是否有着较强的内在一致性。当存在较高的内在一致性时，说明测量题项的意义越大，评价结构就有越强的可信度。外在信度考察在不同时间点对同样的被调查者展开重复调查时，呈现的评价结果是否存在一致性。如果多次评价结果展现较高的相关性，就验证了测量题项的内容以及概念是清晰的，因此此时的评价结果同样是可信的。信度分析有多种方法，最常用的有 Alpha 信度、分半信度等，这些方法都是先计算信度系数，再分析信度系数。

目前最常用信度分析方法是 α 信度系数法，通常情况下主要考虑测量题项彼此间的内在一致性是否很高，即量表的内在信度。通常认为，α 信度系数应该大于 0 小于 1，α 信度系数大于 0.9 时，表示量表具有较好的信度；α 信度系数在 0.8 ~ 0.9 区间内，体现出量表有可以接受的信度，问卷设计合理；α 信度系数在 0.7 ~ 0.8 区间内，代表着量表内存在需要修改的题项，问卷需要修改后重新发放；α 信度系数小于 0.7 时，表示量表内有些项目设置不合理，需要抛弃。借助于 SPSS 18.0 统计软件对变量展开探索性因子分析，结果显示 Cronbach's α 系数为 0.984，在 0.9 以上，表示此问卷量表的信度良好，具有较高的内在一致性。

在收集问卷之后，对所收集的数据展开效度分析是必不可少的一个过程。KMO 的值大于 0.9 时，表明对数据展开因子分析的可操作性极高；KMO 的值在 0.8 ~ 0.9 区间内，表示对数据进行因子分析的可操作性稍差一些；KMO 的值在 0.7 ~ 0.8 区间内，表示数据只是适合展开因子分析；KMO 的值在 0.6 ~ 0.7 区间内，表示尚可进行因子分析；KMO 的值小于 0.5 时，应放弃做因子分析。借助于 SPSS 18.0 统计软件显示 KMO 值为 0.933，并且本书问卷所用题项大多是借鉴已有研究中所用量表，在问卷最终确认前，预测并修改了部分测量题项的内容及提法，因此该问卷在内容效度上也满足构建效度的基本条件。从显示的检验结果可以看出，调查问卷的信度和效度良好。本书研究所涉及变量的信度和效度如表 3 – 7 所示。

表 3 – 7　　　　　　　　　　变量的信度和效度

变量	Cronbach's α		KMO	
结构因素	0.958		0.866	
知识因素	0.849		0.921	
资源因素	0.931	0.984	0.500	0.933
能力因素	0.961		0.919	
网络权力	0.947		0.500	

资料来源：根据统计软件分析而得。

三、样本数据分析

（一）结构洞指数分析

为确定企业的结构洞测量值，根据构成集群网络的 108 家企业之间合作关系的存在与否进行 0 - 1 编码，企业间不存在合作关系时编为 0，1 代表企业间有合作关系。通过编码可得到一个 108 × 108 的 0 - 1 矩阵，通过对称化处理，运用 UCINET 6.0 软件计算各企业的约束值，计算 1 与各约束值的差值表示对应企业的结构洞值。

　　UCINET 中进行结构洞分析的菜单路径为 Network > Ego Networks > Structural Holes。表 3 - 8 是分析的结果。

表 3 - 8　　　　　　　　　　结构洞指标体系

序号	Degree	Eff Size	Efficiency	Constraint	Hierarchy
1	- 0.125	1.000	0.500	1.125	0.000
2	- 0.125	1.000	0.500	1.125	0.000
3	- 0.125	1.000	0.500	1.125	0.000
4	0.497	1.231	0.176	0.503	0.027
5	0.497	1.231	0.176	0.503	0.027
6	0.497	1.231	0.176	0.503	0.027
7	0.604	3.000	0.375	0.396	0.043
8	0.497	1.231	0.176	0.503	0.027
9	0.727	8.118	0.676	0.273	0.069
10	0.497	1.231	0.176	0.503	0.027
11	0.497	1.231	0.176	0.503	0.027
12	0.604	4.000	0.667	0.396	0.054
13	0.234	1.000	0.250	0.766	0.000
14	0.234	1.000	0.250	0.766	0.000
15	0.234	1.000	0.250	0.766	0.000
16	0.234	1.000	0.250	0.766	0.000
17	0.568	2.714	0.388	0.432	0.025
18	0.440	1.000	0.167	0.560	0.000
19	0.440	1.000	0.167	0.560	0.000
20	0.440	1.000	0.167	0.560	0.000
21	0.440	1.000	0.167	0.560	0.000

续表

序号	Degree	Eff Size	Efficiency	Constraint	Hierarchy
22	0.440	1.000	0.167	0.560	0.000
23	0.568	2.714	0.388	0.432	0.025
24	0.234	1.000	0.250	0.766	0.000
25	0.826	1.000	0.045	0.174	0.000
26	0.839	2.913	0.127	0.161	0.005
27	0.826	1.000	0.045	0.174	0.000
28	0.826	1.000	0.045	0.174	0.000
29	0.826	1.000	0.045	0.174	0.000
30	0.826	1.000	0.045	0.174	0.000
31	0.826	1.000	0.045	0.174	0.000
32	0.826	1.000	0.045	0.174	0.000
33	0.826	1.000	0.045	0.174	0.000
34	0.826	1.000	0.045	0.174	0.000
35	0.826	1.000	0.045	0.174	0.000
36	0.826	1.000	0.045	0.174	0.000
37	0.826	1.000	0.045	0.174	0.000
38	0.826	1.000	0.045	0.174	0.000
39	0.826	1.000	0.045	0.174	0.000
40	0.826	1.000	0.045	0.174	0.000
41	0.826	1.000	0.045	0.174	0.000
42	0.826	1.000	0.045	0.174	0.000
43	0.826	1.000	0.045	0.174	0.000
44	0.826	1.000	0.045	0.174	0.000
45	0.826	1.000	0.045	0.174	0.000
46	0.826	1.000	0.045	0.174	0.000
47	0.839	2.913	0.127	0.161	0.005
48	0.234	1.000	0.250	0.766	0.000
49	0.417	2.500	0.625	0.583	0.047

序号	Degree	Eff Size	Efficiency	Constraint	Hierarchy
50	0.074	1.000	0.333	0.926	0.000
51	0.074	1.000	0.333	0.926	0.000
52	0.417	2.500	0.625	0.583	0.047
53	0.470	2.600	0.520	0.530	0.037
54	0.234	1.000	0.250	0.766	0.000
55	0.234	1.000	0.250	0.766	0.000
56	0.234	1.000	0.250	0.766	0.000
57	0.568	2.714	0.388	0.432	0.025
58	0.440	1.000	0.167	0.560	0.000
59	0.440	1.000	0.167	0.560	0.000
60	0.440	1.000	0.167	0.560	0.000
61	0.440	1.000	0.167	0.560	0.000
62	0.440	1.000	0.167	0.560	0.000
63	0.440	1.000	0.167	0.560	0.000
64	0.658	4.600	0.460	0.342	0.021
65	0.507	1.000	0.143	0.493	0.000
66	0.507	1.000	0.143	0.493	0.000
67	0.507	1.000	0.143	0.493	0.000
68	0.507	1.000	0.143	0.493	0.000
69	0.507	1.000	0.143	0.493	0.000
70	0.507	1.000	0.143	0.493	0.000
71	0.658	4.600	0.460	0.342	0.021
72	0.234	1.000	0.250	0.766	0.000
73	0.889	1.000	0.029	0.111	0.000
74	0.889	1.000	0.029	0.111	0.000
75	0.889	1.000	0.029	0.111	0.000
76	0.889	1.000	0.029	0.111	0.000
77	0.889	1.000	0.029	0.111	0.000

序号	Degree	Eff Size	Efficiency	Constraint	Hierarchy
78	0.889	1.000	0.029	0.111	0.000
79	0.889	1.000	0.029	0.111	0.000
80	0.889	1.000	0.029	0.111	0.000
81	0.889	1.000	0.029	0.111	0.000
82	0.889	1.000	0.029	0.111	0.000
83	0.889	1.000	0.029	0.111	0.000
84	0.889	1.000	0.029	0.111	0.000
85	0.889	1.000	0.029	0.111	0.000
86	0.889	1.000	0.029	0.111	0.000
87	0.889	1.000	0.029	0.111	0.000
88	0.889	1.000	0.029	0.111	0.000
89	0.889	1.000	0.029	0.111	0.000
90	0.889	1.000	0.029	0.111	0.000
91	0.889	1.000	0.029	0.111	0.000
92	0.889	1.000	0.029	0.111	0.000
93	0.889	1.000	0.029	0.111	0.000
94	0.889	1.000	0.029	0.111	0.000
95	0.889	1.000	0.029	0.111	0.000
96	0.889	1.000	0.029	0.111	0.000
97	0.889	1.000	0.029	0.111	0.000
98	0.889	1.000	0.029	0.111	0.000
99	0.889	1.000	0.029	0.111	0.000
100	0.889	1.000	0.029	0.111	0.000
101	0.889	1.000	0.029	0.111	0.000
102	0.889	1.000	0.029	0.111	0.000
103	0.889	1.000	0.029	0.111	0.000
104	0.889	1.000	0.029	0.111	0.000
105	0.889	1.000	0.029	0.111	0.000

续表

序号	Degree	Eff Size	Efficiency	Constraint	Hierarchy
106	0.889	1.000	0.029	0.111	0.000
107	0.889	1.000	0.029	0.111	0.000
108	0.889	1.000	0.029	0.111	0.000

资料来源：根据 UEINET 分析软件而得。

　　根据伯特（1992）提出的结构洞理论，对结构洞的计算采用 4 个相关指标，分别是有效规模（Eff Size）、效率（Efficiency）、限制度（Constraint）以及等级度（Hierarchy）。表 3-8 中第 3 列给出了 108 家企业的有效规模，企业的有效规模越大，代表企业网络重复程度越小，一般来说，存在结构洞的可能性也越大；第 4 列数据为效率，网络中企业个体的效率越高，说明该企业对网络中其他个体行为的影响程度越大；第 5 列数据为限制度，限制度越低的企业，拥有的结构洞数量越多；第 6 列数据为等级度，等级度越低的企业在网络中越处于核心地位。为方便下一步的分析，本书计算 1 与各限制度的差值作为结构洞指数，经过处理后的结构洞指数显示在表 3-8 的第 2 列。

（二）样本数据描述性统计分析

　　本书采用 SPSS 18.0 对所获取的数据进行描述性统计分析，表 3-9 是本书研究中 4 个因素——结构因素、资源因素、知识因素以及能力因素的相关测量指标的均值以及标准差。由表 3-9 可知，知识关键性的均值为 3.860，说明不锈钢产业园区内所调查企业所拥有的知识和技术都较为重要。能力因素的 3 个测量指标——愿景能力、构建能力以及管理能力的均值都较高，分别为 3.823、3.955、3.840，说明太钢不锈钢园区内所调查企业间形成了良好的网络共识，并能协调好各网络节点间的关系。

表 3-9　　　　　　　　　　描述性统计分析

变量	测量指标	均值	标准差
结构因素	中心性	3.664	1.356
	结构洞	0.382	0.717

变量	测量指标	均值	标准差
资源因素	质量	3.770	1.222
	数量	3.770	1.168
知识因素	关键性	3.860	1.280
	不可替代性	3.720	1.280
	稀缺性	3.630	1.338
能力因素	愿景能力	3.823	1.200
	构建能力	3.955	1.121
	管理能力	3.840	1.192
网络权力		3.640	1.288

资料来源：根据统计分析软件而得。

四、赫克曼两阶段分析

Stata 13.0 是一个用以分析数据、整合数据并绘制专业图形表格的统计软件。Stata 13.0 作为一个统计分析软件，区别于其他软件的一点就是它具有强大的程序语言功能，通过命令方式进行操作，用户可以输入简洁的指令进行数据分析和图形绘制，同时可以编写 do 文件，方便下一次的操作，同时在 Stata 13.0 中可以输入相关指令语句对数据进行赫克曼两阶段分析。相较于 SPSS，Stata 13.0 具有更完整的分析能力，计算数据的运算速度比 SPSS 快将近两个数量级。基于上述特点，本书研究采用 Stata 13.0 作为企业网络权力因素影响可能性以及因素影响程度的数据分析软件。

（一）因素影响可能性分析

表 3 - 10 为采用 Stata 13.0 对问卷数据采用赫克曼两阶段法的第一步，考虑可能存在样本选择问题，并且逆米尔斯比率不等于 0，同时在 5% 水平下显著，说明确实存在样本选择偏误，因此采用赫克曼两阶段法是合适的。

表 3 – 10　　　　　　　　　　　　　　因素影响可能性分析

解释变量	SE_C	SE_S	RE_Q	RE_N	KE_K	KE_I
NPSEL	0.519 ** (2.086)	1.285 *** (2.781)	−0.376 (−0.889)	0.277 (0.790)	−0.523 ** (−2.049)	0.307 ** (2.191)

解释变量	KE_S	CE_V	CE_E	CE_M	常数项	
NPSEL	1.182 *** (2.720)	−1.668 ** (−2.316)	1.245 ** (2.216)	0.825 (0.997)	−6.780 (−3.792)	

注：括号内为 t 检验值；*** 、** 、* 分别表示在 1% 、5% 、10% 水平上显著。
资料来源：根据 Stata 分析软件而得。

根据表 3 – 10 的回归结果，结构因素、知识因素、能力因素中的愿景能力以及构建能力对网络权力影响可能性呈显著性。其中，结构中心性、知识关键性、知识不可替代性以及愿景能力、构建能力对网络权力影响可能性在 5% 水平上显著；结构洞以及知识稀缺性对网络权力影响可能性在 1% 水平上显著。

占有结构洞位置多的企业拥有更多非冗余的信息资源，更容易获取中心资源信息，形成网络权力的可能性更大；占据结构洞位置少的企业或者不占据结构洞的企业接近同类型知识流的机会少，甚至没有，因此形成网络权力的可能性就会大大缩小。而知识稀缺性对网络权力影响可能性具有正向效应，产生网络权力的可能性随着企业拥有知识资源稀缺性的增大而提高，拥有知识稀缺性更高的企业掌控着更为重要的知识流，从而更可能形成网络权力。

结构中心性对企业网络权力影响可能性不如结构洞显著，可能是因为企业虽然拥有较高的结构中心性，但不占据结构洞位置，其他企业不需要经由它来获取重要信息，导致企业形成网络权力的机会有所降低。知识关键性以及知识不可替代性对企业网络权力影响可能性的显著性只是较高，导致这样结果的原因可能是选取的调查对象不是信息技术产业，对知识的关键性和不可替代性依赖度不高。网络愿景能力与网络构建能力对企业网络权力影响可能性也呈显著影响，企业拥有较强的网络愿景能力和网络构建能力时，企业形成自身网络权力的机会也大大增加。

（二）因素影响程度分析

表 3 – 11 为采用 Stata 13.0 对问卷数据采用赫克曼两阶段法的第二步，

在这一阶段主要利用 NPSEL = 1 的观测数据分析决定因素对网络权力的影响程度，对选择样本做 OLS 回归分析。

表 3 - 11   因素影响程度分析

解释变量	SE_C	SE_S	KE_K	KE_I	KE_S
NP	0. 038 ** (2. 004)	0. 186 ** (2. 484)	- 0. 091 ** (- 2. 062)	0. 012 ** (2. 820)	0. 148 *** (3. 859)

解释变量	CE_V	CE_E	CE_M	常数项
NP	0. 167 (0. 943)	0. 378 *** (2. 678)	0. 155 (0. 922)	0. 124 (0. 307)

注：括号内为 t 检验值；***、**、* 分别表示在 1%、5%、10% 水平上显著。
资料来源：根据 Stata 分析软件而得。

从表 3 - 11 影响程度模型的回归结果来看，知识稀缺性和网络构建能力与网络权力之间存在显著的正向关系，结构因素和知识因素中的知识关键性和知识不可替代性在 5% 水平上对网络权力影响显著。

知识稀缺性越大，代表知识对于其他企业的工作运转越必不可少，因此拥有的知识稀缺性越大，企业就可以享有更多的网络权力。实证结果表明知识稀缺性与企业网络权力存在显著的正相关关系，这与社会网络理论相一致。网络构建能力在 1% 水平上对网络权力影响显著，在反映企业网络权力时占有相对的主导地位，企业拥有较强的网络构建能力时，企业可以构建并发展关系网络，获取更多的信息资源的同时避免获取无效的信息，以此提升自身的网络权力。企业通过构建多样化的关系网络，获取大量有用的资源，帮助企业最有效地提升网络权力。

对于太钢不锈钢产业园区企业来说，实证结果表明结构因素与网络权力成正相关关系，其中结构洞对网络权力影响的相关系数为 0. 186，大于结构中心性对网络权力影响的相关系数 0. 038，说明企业若想提高自身的网络权力，需将重心放在占据更多的结构洞上，而不是一味地提高结构的中心性。知识的关键性和不可替代性与网络权力的相关性也较高，对提升网络权力也有一定的启示。

第四节　社会网络对新创企业网络权力的影响

一、问题的提出

可持续创业已经演变为促进区域经济发展的一个关键问题，其目标是通过创建和发展可持续企业来实现经济繁荣和提高社会凝聚力（Theodoraki et al.，2018）。如何确保新创企业的可持续性和成长性已成为政府、企业以及学术界都关注的焦点。现有关于新创企业的文献，无论是以企业整体，还是以企业家背景特征为视角，主要从企业绩效提升、企业风险承担、企业融资、产品创新等角度进行研究（Yang et al.，2018；张敏等，2015；Zhang & Li，2010；Shane & Cable，2002），鲜有文献对新创企业网络权力这一对象进行研究。网络权力是在企业间网络中，一个企业动员或驱使其他企业实现自身意愿、满足自身利益需求的能力（景秀艳，2009），网络权力是新创企业竞争优势的体现。新创企业网络权力研究的必要性体现在：第一，网络权力是新创企业嵌入合作网络的立身之本，非均衡的权力配置对处于弱势地位的新创企业是非常有害的（韩炜等，2017），其更容易受到机会主义的影响，新创企业只有增强自身的话语权，才能免受强势企业的权力侵蚀。第二，网络权力有助于新创企业的可持续成长。一方面，网络权力是重要的控制手段，有助于新创企业参与企业网络治理，能够规范组织行为并促使网络惯例尽快达成（许可等，2014）；另一方面，网络权力可以影响其他成员的网络决策行为，增强网络成员间知识共享意愿，新创企业可以通过捕捉知识资源提升创新绩效（韩莹和陈国宏，2017）。第三，成熟企业可以利用已有的业绩表现来获得合法性和网络控制权，然而，业绩表现有限或根本不存在的新创企业如何提升网络权力，现有文献尚未指明（Zimmerman & Gerald，2002）。客观地说，如果对新创企业竞争力提升给出有说服力的解释，就不能忽视网络权力。

然而关于新创企业社会网络对网络权力的影响，现有文献尚未深入讨论，在资源依赖—权力分析框架下，新创企业社会网络与网络权力之间必定存在着一定的关联，由此引出一个值得思考的问题是，能否将社会网络中潜在的资源优势真正转化为新创企业的网络权力？如果答案是肯定的，那么如何发挥社会网络的"威力"才会更有利于新创企业网络权力的提升？也就是影响二者关系的边界条件和情景因素是什么？本书基于资源依赖理论和社会网络理论这一视角，研究了新创企业资源获取能力对网络权力的影响，准确评价二者之间的关联机制，对基于中国转型经济背景下的创业企业成长以及可持续发展具有重要的意义。

二、文献回顾与研究假设

（一）相关理论回顾

1. 企业网络权力

根据权变理论，企业的网络权力是指企业影响或控制另一个企业决策和行为的影响力和控制力（刘立和党兴华，2015），是网络结构非均衡性的表现（孙国强等，2019）。卡斯特等（2011）把网络权力看作一个企业动员或驱使其他企业按照自己的意愿行事、满足自身利益需求的能力，这种能力具体体现为权力拥有者可以通过惩罚或威胁制裁，提供或不提供奖励来诱使合作伙伴采取所需行动（Pulles et al.，2014；Terpend & Ashenbaum，2012）。网络权力的概念当前没有达成一致，但关于网络权力的研究遵循了两种逻辑线索。

（1）基于资源依赖解释网络权力的逻辑。资源依赖理论注重对权力的探讨，依赖与权力是相互依存的关系，其基本假设是企业无法拥有满足自身发展的所有资源，必须通过嵌入外部网络获得资源，从而形成依赖关系，非对称的依赖关系就会产生权力关系。网络中企业为了改变由于权力不等而导致的弱势地位会进行一系列的权力平衡行为，例如联盟、兼并、收购等，力争通过转变依赖关系，提升网络权力，进而改善网络地位（Emerson，1962）。资源依赖理论强调，网络成员之间的依赖，本质上是对网络中互补性知识资源的依赖。拉蒂夫和哈桑（Latiff & Hassan，2008）明确提出知识权力的概念，并强调知识权力来源于对各种知识资源的控制和支配。后续学者进一步通过实证研究发现企业通过创造关键性和不可替代性知识可以提高自身知识资源的价值性，进而提升网络权力（刘立和党兴华，2015）；通过跨组织联结，可以提升知识资源的异质性，进而提升网络权力（朱丽等，

2017）。

根据资源依赖理论，新创企业如果无法获取足够的资源支持，在企业间的合作网络中就会面临较大的资源约束，随着企业对合作伙伴资源依赖程度的增加，合作伙伴对企业的权力会增加，非对称资源依赖也会造成企业间不对等的权力关系（Zaheer et al.，2010；Emerson，1962）。处于权力弱势地位的新创企业受控于强势企业，难以实现自身可持续成长，企业必须提高自身对关键资源的占有和控制，改善网络权力的弱势地位（Ireland & Webb，2007）。不过，影响企业权力的资源基础是广泛的，既可以利用企业先天具备的资源储备进行内部创造，也可以通过网络关系外部获取（郭献强等，2015）。遗憾的是，新创企业初始资源有限，企业从外部获取资源成为新创企业成长的必由之路。然而，当前我国的市场机制还不完善，各项正式的制度安排也不健全，新创企业难以在正式的制度框架内获得充足的资源支持（Yang et al.，2018；Zhang & Li，2010）。有学者证实，在社会网络视角下，社会网络作为一种非正式的制度安排，能够帮助企业以低廉的投入成本获取外部资源（张敏等，2015），借助社会网络关系成为新创企业获取外部资源的最优选择（秀梅和李明芳，2011）。

（2）基于社会网络解释网络权力的逻辑。表征企业网络位置属性的指标主要有网络中心性（Centrality）和中介性（张红娟和谭劲松，2014），中间中心性最接近于权力这一构念（Krackhardt，1990），可以稳健地预测企业网络权力大小（Astley & Sachdeva，1984）。学者们将凭借网络位置而具备的优势权力称为结构权力，并对结构权力与网络惯例（魏龙和党兴华，2017）、企业绩效（朱丽等，2017）、合作行为（孙国强等，2016，2019）等的关系开展了诸多有益的探讨。本书借鉴魏龙和党兴华（2017）、徐可等（2019）等学者的划分方法，从知识权力和结构权力两个维度衡量新创企业的网络权力。

作为嵌入在外部联结中的社会资本，社会网络涵盖协会关系、银行关系、市场关系等多个方面，似乎满足了新创企业成长所必需的重要资源（张敏等，2015）。在市场机制和法律制度不完善的环境下，新创企业更倾向于通过社会网络寻求稀缺资源、提高资源获取能力（朱秀梅和李明芳，2011）。理论上讲，资源获取能力的提升能够降低企业间非对称依赖程度，通过权力重构行动使弱势企业权力地位得以改善（韩炜等，2017）。

2. 创业企业社会网络

从 20 世纪 70 年代开始，从社会网络角度研究管理问题的文献大量涌现。根据嵌入性理论，任何组织的经济活动都会嵌入其所在的社会网络关系中，并通过与社会网络中的成员进行资源交换，形成所谓的社会资本（Granovetter，2019）。创业企业由于其新生劣势导致从外部获取资源的难度加大，社会网络被认为是新创企业以低投入获取外部资源的主要手段（朱秀梅和李明芳，2011）。因此，研究者们基于属性特征、作用机制等差异对创业企业的社会网络展开了多角度的研究。西奥多拉基（Theodoraki，2018）从结构维度、认知维度和关系维度研究了创业生态系统社会网络，巴赫曼（Bachmann，2012）关注了社会网络的网络信任、网络稳定性和互惠性等特征，还有部分学者从网络规模（Kim & Kwon，2003）和异质性（Dovie，2010）角度研究对企业社会网络展开研究。基于中国转型经济背景下的研究也颇为丰富，既有从网络规模和网络强度对创业企业社会网络的研究（陈逢文和冯媛，2019），也有从网络资源和网络密度对创业者社会网络的探讨（张玉利等，2008），还有少数学者开始关注企业家政治人脉（孙永磊等，2019）和政治制度（Yang et al.，2019）等方面的特征。

可以看出，关于创业企业社会网络的研究，学者们的研究维度有所不同，但多集中于社会网络的结构特征、关系特征等方面。在陈逢文和冯媛（2019）定义的基础上，结合张敏等（2015）、孙永磊等（2019）的研究，本书将新创企业社会网络定义为创业者或新创企业与其联结的各种社会关系的集合。考虑到现有研究中的成熟性与数据可获得性，结合新创企业行为决策的特点，本书采用网络规模、网络强度、异质性和政治关联作为社会网络的分析维度。

3. 组织合法性

新制度主义学派认为组织合法性是企业的行为在社会构建的规范、价值观和信仰系统中被认为是可取的、适当的感知或假设。组织合法性是外部受众对企业行为感知后的一种判断，反映了企业行为与社会期望的偏离程度（杜运周和张玉利，2012）。在创业研究领域，当企业价值观与企业所嵌入的社会通行范式相一致时，即在既定的社会制度环境下企业被接受时，便具有了组织合法性。也有学者提出，组织合法性是新创企业克服"新生劣势"获得生存的关键要素，也是判断创业企业成功的决定性因素，因为组织合法性有助于企业更好地嵌入外部生态环境中，摒弃先验知识不足、初生资源劣势、信息不对称等不利因素影响（Zimmerman & Zeitz，2002）。基于新制度主义理论，组织所嵌入的制度情境推动经济行为主体努力构建合法性。然而，随着制度环境的深入嵌入，一味遵循合法性要求可能会降低企业的适应能力、提高创业成本，并抑制企业创新。因此，当前关于创业企业合法性的研究陷入了"合法性悖论"。同时，创业企业合法性建立之后，对企业网络权力获取和提升的有效性问题鲜有学者展开有针对性的研究。

（二）研究假设

关于新创企业社会网络与网络权力，特别强调的是，本书中的网络权力借鉴刘立（2015）、景秀艳（2008）、易明（2020）等的观点，指的是企业与企业之间互动博弈的结果，包括价值链同一环节的不同企业之间的权力关系以及分布在价值链不同环节的企业之间的权力关系。社会网络各维度衡量标准如下：网络规模指的是组织或个体联结的各种关系的总和，关系强度指的是企业与社会网络中的行为者合作的密切程度，网络异质性指的是企业所连接的社会网络行为者在知识、认知、网络地位等方面的差异程度，政治关联是指企业与政府官员或权威机构培养关系的程度。

1. 网络规模与网络权力

社会网络规模的扩大有助于新创企业树立行业内权威。首先，网络是一种信号机制，可以作为市场交易关系中的"棱镜"，一个行为者的质量和地位可以从它所连接的关系中推断出来（Zaheer，2010）。已有学者证实，网络规模可以向潜在用户传递企业质量的信号，网络规模大的企业在新用户获取方面具有优势，更容易成为行业内的权威，从而具有公信力和专家性，最终有利于掌控网络权力的结构权力（Kim & Kwon，2003）。其次，新企业网络规模的扩大时常源于已有的交易伙伴作为"传递人"将与其他企业的关系传导给新企业（韩炜和杨婉毓，2015），这种关系传递效应有助于新企业构建有益的网络联结，形成以新创企业为核心的合作圈，最终拥有结构权力。同时，网络规模的扩大提高了新创企业外部创新知识的搜索范围，企业知识资源的获取渠道更加多样化，由此降低了新企业对特定合作伙伴知识资源的依赖，有利于掌握知识权力（Zaheer et al.，2010）。

网络规模不可无限扩大，因为行动者在发展新关系和维持现有关系方面受到时间和资源的限制（Zaheer et al.，2010）。一方面，较大的社会网络规模需要较高的维持成本和关系筛选成本，还可能由于过高的关系冗余度增加企业资源的重叠，导致网络扩张的边际收益小于维护网络的边际成本（Reagans & Zuckerman，2008）。另一方面，过度的嵌入将造成网络稀疏，容易形成以弱连接为主的关系网络，弱连接影响关系双方的深度合作，使企业容易受到环境变化的影响，不利于企业稳定性（Uzzi，1996）。莱希纳等（Lechner et al.，2006）通过对风险投资企业的实证研究证实了网络规模对企业发展的非线性影响。因此，本书认为新创企业的社会网络规模应该维持在一个适度的范围内有利于网络权力的提升，因此，本书提出以下假设：

假设 H1a：新创企业社会网络规模与网络权力呈倒"U"型关系。

2. 关系强度与网络权力

强关系提供的知识资源为企业带来"影响力"和"控制力"。其一，新创企业与合作伙伴之间的合作越频繁，越有利于知识交换等隐性资源的转移和共享（朱秀梅和李明芳，2010）。企业从网络成员处获取知识资源障碍越少，企业拥有的知识资源越丰富，就意味着在专业性技术知识方面具有权威性和控制力，从而影响了其他成员的行为方式，因此在企业网络中常被视为核心企业，有利于掌握网络权力结构权力和知识权力（许可等，2014）。其二，网络成员关系越紧密，重要合作伙伴对企业的认同度越高，企业信息与技术的搜寻成本越低，在知识资源获取方面更具竞争力和议价能力，由此提升了网络权力的知识权力。

关系能力有利于创业企业权力的运用。其一，在关系强度较高时，创业企业通过强制性权力或非强制性权力去控制或影响其他成员的网络行为时，成员会接受这种结果，不会产生抵触心理（谢永平等，2014）。其二，强连接有利于关系承诺的建立，增强组织间的信任，信任降低了社会交换中的风险感知，实施机会主义成本及契约违背的可能性越小，对于合法性不足的新创企业，信任关系有利于树立创业企业的合法化权威（Granovetter，1985），最终获取网络权力。因此，本书提出以下假设：

假设 H1b：新创企业社会网络关系强度越强企业网络权力越大。

3. 网络异质性与网络权力

异质性连接为新创企业网络权力创造资源优势。首先，通过异质性连接，企业可以获得区别于本行业的新思想、新技术、新机会等，促进新创企业知识的创造，推进企业创新，从而减弱企业对外部专有知识的依赖（朱丽等，2017）。其次，异质性连接为获取网络权力积淀了丰富的网络能力，多样化的网络关系提高了新创企业的跨界网络管理能力，在社会认可度较低的情况下，可以为新创企业争取全方位的或是互补的网络支持（McEvily & Zaheer，1999）。

异质性连接为新创企业网络权力创造位置优势。多样化的网络连接有助于新创企业获得网络中心位置和更多的结构洞，进而享有位置带来的权力（Zaheer et al.，2010）。网络权力随着不同参与者的位置而变化（Aime et al.，2014），占据网络中心位置的新创企业是信息流、资产流和地位流等网络资源流通效率最高的节点（彭伟和符正平，2015），会获得比外围组织更大的权力（Astley & Sachdeva，1984）。占据结构洞的新创企业将两个没有关联的企业连接起来的个体，可以获得占有资源和控制资源的优势，不仅可以将异质性信息转化为经济效益，还可以获得对资源进行分配的权力，进而影响其他企业的合作行为（Burt，1997）。因此，本书提出以下假设：

假设 H1c：新创企业社会网络异质性越高企业网络权力越大。

4. 政治关联与网络权力

政治关联代表着一种独特的管理资源。一方面，政府仍然控制着重要的战略要素资源，拥有相当大的权力来批准项目和配置资源，并能够给予企业在资金、政府采购、项目批准等方面的支持，新创企业与政府机构密切联系使得企业了解政策变化，在获取机会、信息和资源方面具有先发优势（Yang et al.，2018）。另一方面，新创企业在转型经济中的制度地位较弱，道德风险成为其关注的主要问题（Li & Zhang，2007）。当面临权力侵蚀、商业伙伴不配合等问题时，在现有体制框架下新创企业可能得不到充分保护，政治关联可以替代正式制度的不足，规避由于新创企业信息来源或资源渠道单一而导致的创业风险，通过影响政府官员保障权力地位（Peng，2000）。

政治关联可以提高新创企业的合法性地位。新创企业从创建到成长离不开政府部门的监管，政府还能够通过宣传报道等手段对社会资源配置进行引导，能与政府等权威机构保持关联的新创企业，表明其在社会规范、价值观及各类政策中是合乎要求且恰当的，这有利于提高利益相关者对新创企业的认知（Peng & Luo，2003），并树立新创企业的合法化权威。因此，本书提出以下假设：

假设 H1d：新创企业政治关联越紧密企业网络权力越大。

组织合法性具有调节作用。组织合法性是指企业的活动在社会建构的规范、价值观和信仰体系中被认为是可取的、适当的，体现了企业在当前的社会制度下，被利益相关者认可的程度。组织合法性是社会受众对企业可接受性的一种判断，这种判断通常被看成是新创企业嵌入外部环境的门槛（杜运周和张玉利，2012）。企业网络权力也总是以一定的社会认可度作为前提，当企业的合法性地位越高时，越有利于企业网络权力的提升。

社会网络可以弥补新创企业在创立和成长过程中由初生劣势导致的资源和关系能力方面的劣势，改善企业的权力弱势地位。很多学者通过实证证实了从社会网络中获得最大收益的新创企业，是那些采用了在利益相关者眼中赋予其合法性战略的企业。第一，新创企业需要来自外部环境的资源，而外部行动者提供这些资源的动机因素是他们相信或感觉企业确实是称职的、有效率的、有价值的，正如齐默尔曼和塞茨（Zimmerman & Zeitz，2002）所证实的企业获得的资源与其合法性水平成正比。第二，在不确定性环境中，合法性通过发出组织结构合理的信号来激励投资者，吸引更多、更高层次的社会网络行动者，提高创业企业现有社会网络的利用效率，将社会网络转化为更多可用的社会资本，以减少在合作网络中的资源依赖，提升新创企业在合作网络中的话语权。第三，在高组织合法性下，新创企业在寻求外部支持和帮助时能够快速获得响应，有助于企业树立合法性权威。本书认为，组织合法性高的新创企业，社会网络对企业网络权力会产生更大的影响。相反，在低组织合法性情景下，社会网络对新创企业网络权力的影响较小。低组织合法性意味着新创企业的社会认知度比较低，外部利益相关者在对新创企业的判断充满不确定性的情况下，为规避风险会减少与新创企业的合作，那么企业获取生存和增长所需的各种资源的机会就会减少，在合作中对资源的依赖度会增加，则导致网络权力减弱。因此，本书提出以下假设：

H2：组织合法性正向调节新创企业社会网络与网络权力之间的关系，即组织合法性程度越高，新创企业社会网络对网络权力的影响越强；

H2a：组织合法性正向调节新创企业社会网络规模与网络权力的关系；

H2b：组织合法性正向调节新创企业社会网络强度与网络权力的关系；

H2c：组织合法性正向调节新创企业社会网络异质性与网络权力的关系；

H2d：组织合法性正向调节新创企业政治关联与网络权力的关系。

本书基于社会网络理论、资源依赖理论和新制度主义理论提出的假设而建立的研究框架模型如图 3 - 2 所示。

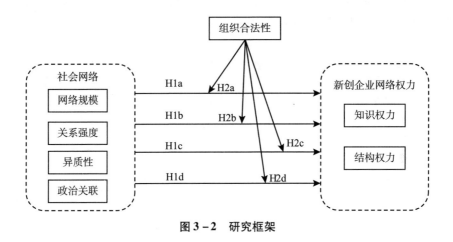

图 3 - 2　研究框架

三、研究设计

（一）研究样本与数据收集

本书研究通过问卷调查收集数据，在问卷发放之前，选取 6 家山西省内的创业企业进行实地调研，对其中的 10 名高管进行了半结构化的访谈。结合访谈记录，与课题组成员分开整理构念题项，修正问卷的表意和措辞。然后对两份新的题项进行比较分析，再次和网络组织研究领域的学术专家探讨不确定的题项，确定最终量表。为保障抽样数据的普适性和表征性，尽可能降低各省份经济发展差异下企业数据对统计分析的影响，正式调研范围涉及中国 15 个创新创业行为相对频繁活跃的省市，主要包括北京、上海、天津、陕西、浙江、山西等地。调研前通过当地的中小企业管理局、工商管理局获取新创企业名单，通过电话联系名单企业，取得有合作意向的目标企业 450家。为提高问卷调研的回收效率，自 2021 年 9 月 30 日开始，对整理好的问卷采用直接发放和间接发放两种形式进行收集。其中，对西安高新区、太原高新区、济南高新区直接向企业高管发放纸质问卷 120 份，收回 88 份；用问卷星，将编辑好的问卷通过邮箱与微信群推送给企业的高管，共推送 350份问卷，收回 175 份。剔除无效问卷后还剩 214 份，有效问卷的回收率为

45.5%，样本的特征如表 3 - 12 所示。在后面的实证分析中，将企业规模、企业年龄、企业类型、产业类别以及资产规模等视为连续变量，按照量表中顺序分别以整数 1、2、3 等来表示。

表 3 - 12 描述性统计（N = 214）

项目	类别	样本量	比例（%）	项目	类别	样本量	比例（%）
成立年限	2 年以内	32	15.0	所在区域	北京市	28	13.1
	2~4 年	21	9.8		上海市	37	17.3
	5~6 年	68	31.8		陕西省	48	22.4
	7~8 年	93	43.5		山东省	41	19.2
企业规模	20 人以下	27	12.6		其他	60	28.0
	21~100 人	38	17.8	企业性质	国有企业	101	47.2
	101~200 人	63	29.4		民营企业	65	30.4
	200 人以上	86	40.2		合资企业	26	12.1
行业类别	制造业	86	40.2		其他	22	10.3
	电子信息业	28	13.1	资产规模	100 万元及以下	21	9.8
	生物和医药业	34	15.9		101 万~200 万元	58	27.1
	能源环境	30	13.8		201 万~1000 万元	79	36.9
	其他	36	16.8		1000 万元以上	56	26.2

资料来源：根据问卷调查数据整理而得。

（二）变量设计与度量

为保证量表的信度和效度，所有测量题项均来自国内外学者的研究。问卷采用李克特 5 级量表评分法，要求被试者从"1 - 非常不符合"到"5 - 非常符合"做出选择。各变量度量如下。

1. 网络权力

关于网络权力的测量，本书参考徐可等（2014）、魏龙等（2017）的研究，从知识权力和结构权力两个方面测量，考察新创企业对网络中知识资源的控制力以及网络地位，主要包括知识的独特性、知识的影响力，以及网络中心性、结构洞等。

2. 社会网络

社会网络是网络组织领域研究的热点问题之一，已经具有比较成熟的测量量表。其中，网络规模使用了由斯塔姆（Stam，2014）的文章改编而成，被国内学者陈逢文和冯媛（2019）采用过的量表，从商业网络规模、研发网络规模、金融网络规模等 5 个题项测量。关系强度基于杨隽萍等（2017）和王海花等（2019）等的测量量表，从与商业伙伴、科研机构、中介机构等保持紧密交流和合作的程度等 4 个题项来测量。网络异质性基于科萨罗（Corsaro et al.，2012）等的研究，借鉴孙永磊等（2019）的测度方式，选取各类网络成员的知识差异、文化差异、能力差异、认知观念差异、网络位置差异 5 个题项测量。政治关联基于杨（Yang，2018）和李（Li，2007）等的研究，考查了企业与政府机构的关系应用程度，选取"应用了与各级政府部门之间的关系""应用了与行业权威之间的关系""应用了与其他政府权威机构之间的关系" 3 个题项来测量。

3. 组织合法性

关于组织合法性的测量，国内学者杜运周和张玉利（2012）则根据中国企业的实际情况，对切尔托和霍奇（Certo & Hodge，2007）所提出的量表进行了二次开发，使其更加适合中国情景。本书则沿用杜运周和张玉利二次开发后的量表，主要包括"竞争者对您公司很尊重""与您关系密切的官员高度评价本企业""供应商希望与您做生意"等 7 个测量题项。

4. 控制变量

本书控制了企业规模、企业年龄、企业类型以及行业类别来减轻对结果的任何潜在的虚假解释。

四、实证分析与假设检验

（一）数据检验

1. 相关性分析

如表 3-13 所示，6 个潜变量不具有多重共线性特征。

表3-13

相关性分析结果

变量	1	2	3	4	5	6	7	8	9	10	11
成立年限	1										
企业规模	0.377**	1									
资产规模	0.378**	0.808**	1								
行业背景	-0.055	-0.096	-0.142*	1							
企业性质	-0.078	-0.199**	-0.186**	0.153*	1						
网络规模	0.104	0.147*	0.170*	-0.009	-0.071	0733					
网络强度	0.136*	0.155*	0.133	0.103	-0.078	0.262**	0.783				
异质性	0.004	0.068	0.038	0.129	-0.117	0.218**	0.311**	0.817			
政治关联	0.080	0.186**	0.203**	-0.012	-0.230**	0.223**	0.398**	0.373**	0.843		
组织合法性	0.136*	0.192**	0.290**	0.060	-0.128	0.201**	0.412**	0.202**	0.360**	0.767	
网络权力	0.129	0.193**	0.246**	0.057	-0.187**	0.447**	0.473**	0.394**	0.528**	0.602**	0.796

注：表中 * 为显著性水平 $p < 0.05$，** 为显著性水平 $p < 0.01$，*** 为显著性水平 $p < 0.001$，下同；加粗黑体字为 AVE 开根号值。

资料来源：根据统计分析软件而得。

2. 信度与效度分析

本书所采用的社会网络、组织合法性和网络权力的测量量表都是借鉴已有研究的成果，并且证实了在我国情境下具有较高的信度和效度。为进一步检验问卷的可靠性与有效性，本书也对量表的信度和效度进行了验证，探索性因子分析结果显示，各个变量的 KMO 值介于 0.712 ~ 0.848 之间，Bartlett 球形检验结果均在 0.001 水平上显著，Cronbach's α 系数最小为 0.718，各题项的因子载荷均大于 0.712。此外，各变量的 CR 值均大于 0.7，AVE 的值大于 0.5。结果显示模型与数据拟合良好，说明本书所用的数据和量表质量较好。

3. 共同方法偏差检验

为了避免共同方法偏差，本书采用题项顺序随机、交叉检验、匿名调查等方法，并使用哈曼（Harman）单因子检验的方法进行验证，确定解释变量变异需要的最少因子数，统计检验显示所有因子的方差贡献率均小于 40%（最大 32%），说明调研样本的同源性偏差问题在本书研究中并不明显，在可以接受的范围之内。

（二）回归分析

本书采用多元层次回归分析对所有假设进行检验，运用 SPSS 23.0 软件得出表 3 – 14 所示的结果。模型 1 只加入了控制变量，模型 2 和模型 3 分别加入了社会网络规模及其平方项，模型的解释力明显提高，实证结果表明社会网络规模的平方项与新创企业网络权力显著负相关（β = 3.543，p < 0.001；β = -0.412，p < 0.001），该结果说明，社会网络规模与新创企业网络权力之间呈现倒 "U" 型的曲线关系。依据社会网络规模与网络权力之间的相关系数，本书绘制了二者关系的示意图（见图 3 – 3），可以看出，二者关系一开始呈正相关，达到阈值点后呈下降趋势，因此假设 H1a 得到验证。

回归模型 4 中，网络强度与新创企业网络权力之间的相关系数为正（β = 0.280，p < 0.001），说明社会网络联结强度越大，越有利于新创企业网络权力的提升，因此假设 H1b 通过了检验。回归模型 5 实证报告了网络异质性与新创企业网络权力的正向关系（β = 0.161，p < 0.001），说明社会网络异质性程度越大，越有利于新创企业网络权力的提升，因此假设 H1c 通过了检验。回归模型 6，结果显示政治关联与新创企业网络权力之间的正向关系（β = 0.201，p < 0.001），说明新创企业政治关联程度越高，越有利于其网络权力的提升，因此假设 H1d 通过了检验。

表3-14 多元回归分析

变量	新创企业网络权力									
	模型1	模型2	模型3	模型4	模型5	模型6	模型7	模型8	模型9	模型10
网络规模		0.488***	3.543***	3.257***	2.925***	2.456***	3.603***			
网络规模²			-0.412***	-0.386***	-0.346***	-0.286***	-0.556***			
网络强度				0.280***	0.244***	0.187***		-0.336		
网络异质性					0.161**	0.109*			0.378	
政治关联						0.201***				0.163
组织合法性							-0.053	0.089	0.629*	0.391*
组织合法性*网络规模							0.034**			
组织合法性*网络规模²										
组织合法性*网络强度								0.141*		
组织合法性*异质性									-0.031	
组织合法性*政治关联										0.028
成立年限	0.045	0.015	0.015	0.000	0.004	0.008	0.003	0.006	0.016	0.014

续表

变量	新创企业网络权力									
	模型 1	模型 2	模型 3	模型 4	模型 5	模型 6	模型 7	模型 8	模型 9	模型 10
企业规模	-0.056	-0.034	-0.015	-0.034	-0.042	-0.042	0.011	-0.016	0.001	0.001
资产规模	0.261	0.130**	0.112	0.115	0.122*	0.103	0.023	0.058	0.037	0.022
行业类别	0.116	0.023	0.023	0.013	0.009	0.010	0.006	0.006	0.003	0.010
企业性质	-0.164	-0.135**	-0.113*	-0.096	-0.081	-0.049	-0.068	-0.087	-0.073	-0.046
常数项	2.867***	1.143***	-4.369***	-4.275***	-4.038***	-3.481***	-3.883***	2.402***	0.121	0.949
R^2	0.096	0.258	0.336	0.442	0.468	0.513	0.558	0.453	0.453	0.480
调整后的 R^2	0.074	0.236	0.313	0.421	0.445	0.489	0.538	0.432	0.432	0.460
F值	4.428***	11.990	14.872***	20.326***	19.975	21.374***	28.584***	21.247***	21.220***	23.637

资料来源：根据统计分析软件而得。

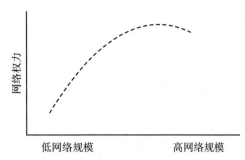

图 3 - 3　社会网络规模与新创企业网络权力的倒 "U" 型关系

　　调节变量组织合法性与新创企业社会网络的交互项检验结果见表 3 - 14 中的模型 7 ~ 模型 10。模型 7 的分析结果表明网络规模的平方项与组织合法性的交互项通过了显著性检验（β = 0.034，p < 0.01），假设 H2a 获得支持。在模型 8 中，网络强度和组织合法性的交互项作用于网络权力的效应显著为正（β = 0.141，p < 0.05），假设 H2b 通过了显著性检验。根据模型 9 的分析结果，网络异质性与组织合法性的交互项对网络权力的影响为负，但却不显著（β = - 0.031，p > 0.1），假设 H2c 没有通过检验。模型 10 表明政治关联与组织合法性的交互项对网络权力的影响也没有通过检验（β = 0.028，p > 0.1），假设 H2d 被拒绝。

　　为了更加直观地展示组织合法性在新创企业社会网络与网络权力之间的调控作用，本书绘制了交互关系图（见图 3 - 4）。可以看出，虚线（高组织

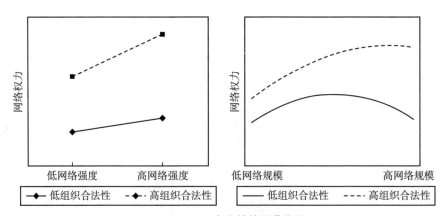

图 3 - 4　组织合法性的调节作用

合法性）斜率大于实线（低组织合法性）斜率，说明在高组织合法性下，网络强度以及网络规模对新创企业网络权力的影响更为强烈，证实了组织合法性调节作用。

（三）稳健性检验

1. 改变计量方法

不同于多元回归，Bootstrapping 是一种非参再抽样方法，借助样本的有放回多次抽样，构建估计的置信区间来进行参数估计，由于其对于数据的分布没有限制要求，因此很多学者指出 Bootstrapping 方法的检验准确性更高。本书运用 Bootstrapping 法对研究结论进一步检验，结果如表 3 – 15 所示。可以看出，组织合法性对网络异质性和网络权力的调节作用检验置信区间包括 0，假设 H2c 没有通过检验。同样，组织合法性对政治关联和网络权力的调节作用检验置信区间包括 0，假设 H2d 没有通过检验。其他假设均通过检验，因此，Bootstrapping 法得到的检验结果与回归分析结果一致，表明了本书研究结论的稳健性。

表 3 – 15　　　　　　　　　　Bootstrap 法检验结果

主效应					
	观测系数	置信区间		观测系数	置信区间
网络规模^2—网络权力	– 0. 5557	[– 0. 751, – 0. 361]	网络异质性—网络权力	0. 335	[0. 192, 0. 477]
网络强度—网络权力	0. 355	[0. 262, 0. 448]	政治关联—网络权力	0. 387	[0. 287, 0. 490]

组织合法性的调节效应				
	观测系数	t 值	p > |t|	置信区间（95% Level）
网络规模^2—网络权力	0. 0344	2. 9830	0. 0032	[0. 0117, 0. 0571]
网络强度—网络权力	0. 1411	2. 4028	0. 0172	[0. 0253, 0. 2569]
网络异质性—网络权力	– 0. 0310	– 0. 4944	0. 6215	[– 0. 1546, 0. 0926]
政治关联—网络权力	0. 0276	0. 4891	0. 6253	[– 0. 0836, 0. 1387]

资料来源：根据统计分析软件而得。

2. 重新界定新创企业的成立年限范围

学者们对新创企业的成立时间有不同的界定，韩炜和杨婉毓（2015）认为成立时间在 5 年以下的企业是新企业，大多数学者将新创企业的成立时间限定在 8 年以内（Zhang & Li，2010；崔月慧等，2018；王海花等，2019），还有学者将新企业的成立时间延长到了 10 年（陈逢文和冯媛，2019）。本书研究采用折中观点，即采纳新企业是成立时间低于 8 年的企业。鉴于此，从两个方面进行稳健性检验：第一，缩小样本容量，对成立 5 年以下企业数据重新估计；第二，扩大样本范围，扩展成立 10 年以下的样本数据进行重新估计。结果发现，无论是缩小样本还是扩大样本，社会网络各维度对新创企业网络权力的影响结果以及组织合法性的调节作用都没有发生改变。这些结果进一步表明本书的研究结论非常稳健。

五、理论贡献

本部分的研究贡献主要体现在以下三个方面：首先，丰富了企业网络权力理论。探讨了新创企业社会网络与其网络权力的作用机制，超越了以往试图用单一的资源或关系特征来解释网络权力的研究，这是对企业网络权力前置变量研究的延伸，同时弥补了网络权力研究在创业领域的不足。其次，拓展了社会网络经济后果的研究。通过探索新创企业社会网络对企业间合作网络的影响机理，从网络权力的研究视角，揭示了社会网络的不同维度对新创企业提升网络权力所产生的影响差异，有助于提升企业社会网络利用效率，并论证了当企业在利用社会网络面临两难冲突时，应当如何抉择的问题，对中国转型经济背景下的新创企业通过社会网络提高竞争优势具有重要的实践启示。最后，探索了新创企业社会网络作用于网络权力的情景因素，将新创企业社会网络、组织合法性和网络权力纳入同一研究框架，采用实证分析方法，得到一些有意义的结论，这是社会网络理论、资源依赖理论和新制度主义理论在创业研究领域的深入与细化，为未来中国经济转型时期新创企业成长的研究提供了支撑。

第五节 外部搜寻对集群网络权力的影响

一、问题提出

网络权力是网络节点在网络交换和协调过程中对其他网络成员的影响力或控制力，是网络节点借助合作网络在激烈的竞争环境中获取持续竞争优势的重要工具和手段。根据资源依赖理论，网络权力源于集群网络节点间资源差异导致的非对称依赖关系，网络权力的形成必须依靠一定的资源优势（孙国强，2014）。然而在产业技术要素不可持续和市场竞争加剧的背景下，企业单靠自身经验和知识积累难以创造优于其他节点企业的资源优势，最终使其在网络权力博弈中处于不利地位。这就要求企业突破组织边界搜寻与利用外部资源，通过内外部资源的整合创造新的资源优势，来应对处于劣势的依赖关系或巩固原有的网络优势。因此，外部搜寻对企业网络权力的影响逐渐引起学术界和实业界的关注。

外部搜寻是组织基于对自身资源禀赋和资源诉求的辨识与解读之后的行为决策，强调对组织边界外的技术知识、信息、关系资本等资源的扫描、监测和获取（Lopez-Vega & Tell，2016）。战略管理理论强调，外部搜寻是组织弥补内部资源缺失的有效途径，不同类型的搜寻策略可能产生差异化的作用结果。从理论层面来看，外部搜寻与网络权力存在紧密的逻辑关联，网络权力的形成与发展需要一定资源积淀，那么代表资料来源和获取方式的外部搜寻行为必然会对企业网络权力产生重要影响（Pfeffer & Salancik，1978；Finne et al.，2015）。然而现有研究尚未对外部搜寻与网络权力之间的关系进行应有的实证探讨，使二者之间的内在影响机制仍未得到充分诠释。

外部搜寻为企业获取各类知识与关系资源提供了重要通道，而搜寻之后的资源内化和利用同样重要，这一过程正是动态能力整合并重构内外部资源功能的体现。企业依靠动态能力将外部资源与内部资源结合，通过内外资源的重新配置创造新的能力和资源优势，进而积极影响网络权力。基于此，本书将外部搜寻、动态能力和网络权力置于同一研究框架，考察不同的搜寻策略对网络权力的影响差异，以及动态能力在外部搜寻与网络权力之间可能存在的中介作用。考虑到制造业产业集群高度网络化的性质和网络内的复杂权力关系，更适用于辨析网络权力的形成机制，因此本书拟以制造业集群网络为研究背景展开实证研究。

二、理论分析与研究假设

（一）外部搜寻与集群网络权力

外部搜寻是企业获取游离在组织边界之外的知识信息等资源的活动。已有学者从"知识专业化"、"空间"和"时机"等视角对外部搜寻进行了多维度解构，将其划分为市场驱动型知识搜寻、供应驱动型知识搜寻和科学驱动型知识搜寻、本地知识搜寻和远程知识搜寻、领先搜寻和追随搜寻等类型。然而，现有研究极少关注可以产生丰富社会资本的关系搜寻。有学者呼吁多样化合作关系的建立可以规避市场风险、开拓资源输送渠道，企业不应只强化知识获取而忽视关系开发，关系搜寻对于企业而言同样重要。基于此，除知识搜寻以外，本书进一步将关系搜寻纳入集群企业外部搜寻的研究框架。考虑到实践中集群企业的搜寻定位，以及集群所特有的地理集聚特征，进一步从本地（集群域内）和超本地（集群域外）的地理维度区分知识搜寻与关系搜寻，最终组合为4种不同的外部搜寻策略，以便从更加细微的尺度讨论外部搜寻对集群网络权力的影响。

（1）本地知识搜寻强调集群企业对于蕴含在集群域内可利用的技术知识和信息资源的识别和获取。已有研究普遍认为，本地知识搜寻使集群企业受益于集群内部的知识溢出进而促进网络权力提升。集群企业间所特有的地理、认知和社会临近性，极大地促进了集群内部的知识溢出（Kesiden & Szirmai，2008），知识溢出是弱势企业摆脱强势企业控制的一种有效可利用资源。对于低网络权力序阶的集群企业而言，通过搜索并充分利用本地有价值的溢出知识，提升自身的知识专业化水平，使之变为同样掌握核心技术的企业，逐步降低对原技术支配企业的知识依赖，最终结果是攀升至网络中心从而可以获取比其他网络成员更高的地位和话语权（Bathelt，Malmberg & Maskell，2002；He & Wong，2012）。从组织学习视角看，本地知识搜寻是一种典型的利用式学习活动，集群企业对熟悉域内的知识搜寻和技术挖掘，促进了企业基于既往经验的学习，通过对相似知识元素的往复利用，能够使集群企业围绕专业领域"深耕细作"，这为集群企业在其专业领域形成专家权或参照权提供了极大可能。

（2）超本地知识搜寻强调集群企业对蕴含在集群域外乃至全球化网络中有价值的技术知识和信息资源的识别和获取。已有研究表明，超本地知识搜寻使集群企业受益于集群外的知识扩散促进网络权力提升。如凯西度和斯奈德斯（Kesidou & Snijders，2012）以发展中国家产业集群为研究对象，指出那些在集群中最具影响力的企业往往依赖于非本地的知识网络，这些企业通过搜索、吸收来源于集群外的知识并将其扩散到本地网络促进了集群创新，它们也因此成为集群知识"守门人"，在知识资源流动和支配方面具有控制权。罗珀（Roper，2017）肯定了凯西杜和斯奈德斯（Kesidou & Snijders）提出的集群知识守门人的存在，进一步论证发现具有强大外部知识搜寻能力的组织，从外部知识池中甄别获取有价值异质性知识资源的效率越高，对集群升级越有利，这类企业在集群中常常扮演着权威角色。超本地知识搜寻是驱动区域网络知识链重新洗牌的重要途径，扩大知识搜索范围，使自己成为稀缺知识资源的拥有者，在知识资源配置上更有自主权，这样能够打破区域网络知识链的布局使自身向更有利的网络位置进化，从而获得更多控制权。尤其在技术动荡和产业竞争压力比较大的情况下，企业现有的知识库贬值速度加快，超本地知识搜寻成为集群企业维持网络权力地位不受冲击的主要知识来源（Rosenkopf & Nerkar，2001）。

（3）本地关系搜寻是企业对本地正式与非正式关系的监测、拓展与维护，本地环境下的关系搜寻有助于企业网络地位的提升已得到学界的广泛认可。基于新经济地理学的主流观点仍坚持"地理邻近—强关系"的分析思路，即认为集群企业间的地理接近会引发社会接近。同一系统内的合作关系带有典型的制度和文化烙印，集群企业的本地关系搜寻水平越高，越有利于基于共同背景的强联结关系的建立，利用这种"强关系搜寻"越能打破集群内部专属资产和缄默知识转移与共享的障碍，挖掘合作伙伴网络权力下隐含的潜在资源，通过对相关资源进行整合和利用，撬动所依赖企业的权力基石，逐步改变原有的资源依赖关系，进而提升自身在集群内的网络权力。此外，集群企业在本地关系资源搜索、开发与维系等方面的投入力度越大，越有利于强化其他网络节点的合作意愿并促使具有互补性质的战略联盟的形成。战略联盟作为集体行动者是对非对称网络权力关系进行"平衡操作"的重要手段，也是弱势企业避免遭受强势企业权力侵蚀的有效机制（Zaheer &

George，2004）。

（4）超本地关系搜寻强调企业对所在集群域外的正式与非正式合作关系的扫描、开发与维护。相比本地关系，超本地关系跨越了集群特有的地理边界，这是一种典型的"桥介关系"（戴维奇等，2013）。从互动亲密程度看来，这更像是一个广泛的弱关系网络（徐蕾等，2013），借助网络关系的传导，集群企业可以在更广阔的领域接触到不同的企业或组织机构，汇集来自多种渠道的有价值异质性信息，从而在洞察新市场机遇和技术突破方面具有"先行优势"，这可以帮助集群企业在成本控制和产品工艺等方面优于同行竞争作者，凭借不断增长的竞争实力，集群企业不仅可以获取更多网络成员的依赖，更具影响力，而且逐步降低原支配企业的权力控制，更具发言权和决策权。超本地社会关系作为一种"全球管道"丰富了集群企业合作对象的可选择性，扩大了产品行销范围，可以突破仅依赖少数本地核心企业的局面，规避集群内部因合作关系锁定所造成的权力层级固化风险（Bathelt，Malmberg & Maskell，2002）。基于此，本书提出以下假设：

H3：外部搜寻（H3a 本地知识搜寻、H3b 本地关系搜寻、H3c 超本地知识搜寻、H3d 超本地关系搜寻）对集群网络权力具有正向影响。

（二）外部搜寻与动态能力

吸收能力是企业识别、获取外部异质性资源以及有效利用所获取资源的动态能力（Biedenbach & Miller，2012）。关于吸收能力的形成与发展，现有研究广泛认可吸收能力建立在企业的先验知识基础之上，在企业长期投资和知识积累下逐渐形成，这一能力存在的前提是组织需要已有的相关知识来转化和使用新知识（Cohen & Levinthal，1990），这意味着，企业现有资源以及经验积累决定了吸收能力的强弱（王玲玲、赵文红，2017）。外部搜寻作为集群企业获取异质性资源的主要途径，对企业经验积累和资源存量提升有积极影响，显然，外部搜寻是企业吸收能力形成与发展的重要前因变量。首先，外部知识搜寻能够拓宽集群企业知识接触面，帮助企业获得更多内部稀缺的知识元素，丰富既有知识组合，更新和拓展了企业知识基础，当新知识出现时，这些累积的先验知识有利于集群企业更好地感知和理解新知识的价值，增强对新知识的吸收利用能力。其次，霍托等（Hotho et al.，2012）研究发现，企业吸收新知识的能力受到知识源与接收方之间交流效果的影响，知识发送方和接收方之间的相似性有利于新思想的有效交流。集群企业关系搜寻促进了组织间的交流与互动，对集群内外部关系资源的开发与维系方面投入力度越大，越有利于增进彼此间的关系承诺和关系互利，这为新知识的传递、吸收和利用创造了有利条件。基于此，本书提出以下假设：

H4：外部搜寻（H4a 本地知识搜寻、H4b 本地关系搜寻、H4c 超本地知识搜寻、H4d 超本地关系搜寻）对吸收能力具有正向影响。

适应能力本质上是企业对动态环境应变的自我调节机制，反映了企业内部资源配置的灵活性和战略柔性（Wang & Almed，2010）。适应能力这种柔性或灵活性的产生需要一定的资源积累以及对环境敏感性作为支撑，外部搜寻恰好为适应能力的发展提供了资源和环境支持。首先，外部搜寻能为集群企业输送多样化和具有互补性的知识、信息和关系资源，提高企业可利用资源存量，充足的资源为集群企业重新架构与整合运营惯例提供保障，帮助集群企业现有运营能力向更加适合新环境的状态转变，从而使企业驾驭复杂多变环境的能力得以提升。其次，无论是知识搜寻还是关系搜寻，都有助于集群企业扫描和监测集群内外部环境的变化，及时感知与识别外部危险信号和可能存在的发展机会，促使企业内部形成一种适应环境渐变以及突变的组织结构，进而提升集群企业应对不可预知挑战的能力（Aggarwal & Posen，2016）。最后，集群企业通过关系搜寻增加了合作对象的可选择性，当环境态势发生变化时，集群企业有多个本地和超本地可以依赖的维度，能够迅速地针对集群内外环境变化做出有效调整，大大提升了集群企业的环境适应能力。基于此，本书提出以下假设：

H5：外部搜寻（H5a 本地知识搜寻、H5b 本地关系搜寻、H5c 超本地知识搜寻、H5d 超本地关系搜寻）对适应能力具有正向影响。

开放式创新领域的研究强调外部搜寻对组织寻找创新机会的重要性，并认为组织之间的创新能力差异可以归因于这种行为（Laurn，2012）。开放式创新环境下，外部知识搜寻有助于集群企业打破内部有限知识束的制约，帮助企业将外部异质性知识引入内部知识库，从而为发展创新能力提供更丰富的知识基础。如劳森和索尔特（Laursen & Salter，2006）认为多数情况下企业的创新启发来源于外界，广泛和深入的知识搜寻为企业带来新思想和新创意，结合内部存量知识，引导企业开发新的解决方案来应对出现的新问题和新机会（Lichtenthaler，2011），以此培育和发展企业创新能力。费雷拉斯 - 门德斯等（Ferreras-Mendez et al.，2015）研究发现每个企业所拥有的技术资源都是有限的，必须跨越组织边界搜索外部的互补知识、技术诀窍、行业信息等，增加组织内部知识重组机会，为改善创新现状提供更大可能。开放式创新环境下，集群内外关系资源的开发与维系为企业提供了多样化的资源获取途经和渠道，这将提高企业在整合利用更加丰富社会资本的基础上成功创新的机会。如玛丽亚和路易斯（María & Lluis，2007）强调发展异质性的合作对象，拓展社会关系网络，而不是依赖单一类型的合作伙伴，可以降低创新风险，将更有利于创新产出。弗里奇和考费尔德－蒙茨（Fritsch & Kauffeld-Monz，2010）研究发现较高比例的创新知识或有价值的信息是依托发挥"中间人"角色的关系网获取的，拓展与供应商、顾客、竞争者、中介机构、科研院所等外部组织的关系渠道，可以更好地满足企业互补性资源的需求，从而推动创新。基于此，本书提出以下假设：

H6：外部搜寻（H6a 本地知识搜寻、H6b 本地关系搜寻、H6c 超本地知识搜寻、H6d 超本地关系搜寻）对创新能力具有正向影响。

（三）动态能力与集群网络权力

网络权力作为集群网络的基本属性之一，并非是静态的，各行为主体基于自身利益最大化，推动网络权力关系动态变化。外围的非核心企业在核心企业权力支配下保持合作关系的同时，通过自身不断发展或寻求外部支持力量，努力降低对核心企业的依赖，力争提升网络话语权，核心企业也会利用各种方式巩固并强化自身的网络权力（孙国强等，2018）。如何在这一权力博弈中提升自身的地位，是所有集群企业共同面对的问题，它们都有提升自身的网络权力以增加获利机会的预期。在技术要素不可持续的背景下，技术变革速度加快，企业所拥有资源的稀缺性可能会发生改变，资源的价值会被技术进步所取代，而不再具备稀缺性，企业定位于这些资源优势建立起来的网络权力也遭到侵蚀。静态的资源优势可能不再是维持或提升网络权力的砝码，随之发展起来的动态能力理论为网络权力提供了更强的解释力。

首先，吸收能力从根本上体现为企业对外部资源的同化和利用能力，是网络权力形成的能力基础（Cohen & Levinthal，1990）。一方面，具有较强吸收能力的集群企业可以高效地感知与甄别围绕在其周围的各类资源的价值，将外部资源与已有存量资源相融合，丰富自身资源储备，以此减少对集群内网络成员的资源依赖；另一方面，吸收能力影响网络权力还得益于将外部知识应用于商业目的从而创造更大价值，吸收能力强的集群企业在将外部知识应用于服务创新、技术升级和新产品开发等过程中表现得更好，通过扩大商业影响力获得更多来自网络权力的依赖，即网络权力更大（Ferreras-Mendez & Newell，2015；Gebreeyesus & Molnen，1999）。

其次，已有研究表明静态的资源在技术变革中迅速贬值，不足以支撑企业在集群网络中的地位和话语权，最有话语权的企业往往是那些通过扫描和监测环境发现机会，并能够据此快速、敏锐地整合或重新部署自身资源从而适应外部环境变化的企业，即具有较高适应能力的企业（Teece & Pisano，1994）。适应能力是在日益加剧的竞争环境中帮助企业成为行业领导者至关重要的影响因素，纵观我国家电行业的发展历程也不难发现，海尔、美的和格力已成长为行业龙头企业乃至国际知名品牌，在本行业中具有较大的影响力和话语权并助力产业集群升级，得益于这些企业通过一系列的内部组织变革和产品创新适应转型背景下的中国环境。因此，在面对同样的市场机会时，有足够应变能力的行为者才能在众多组织中抢占先机脱颖而出，成为有影响力和控制力乃至最有发言权的网络成员。这同巴尼等（Barney et al.，2001）的研究一致，对市场动态的警觉性、快速的应变能力以及组织柔性能力都是其他竞争者难以模仿的、稀缺的、有价值的资源，这些资源保障了企业竞争优势的可持续性，也使企业可以从网络合作伙伴那里获得更高的影响力和地位。

最后，创新能力对企业最重要的影响是创造关键性的知识资源，对关键性知识资源的控制权构成了网络权力的来源（郭献强等，2014）。这是由于知识交流是企业与其所嵌入集群网络的主要沟通方式，集群企业通过将自身知识资源扩散到集群网络中影响其他合作者的行为和决策，进而拥有了网络权力。创新能力越高的集群企业，所能创造的知识价值性、难以模仿性和稀缺性越高，对网络权力的促进作用便越大（Latiff & Hassan，2008）。这同康淑娟等（2019）的研究发现一致，创新能力隐含着企业对知识的吸收、创造、运用和传播等潜在反馈过程，是企业形成知识影响力的能力基础，也构成了企业对于知识资源支配权和知识流动控制权的能力基础。创新能力对网络权力的积极作用还体现在专家权威性，创新能力是集群企业开展创新活动的内在助推力，借助这一核心能力，企业往往领先于竞争对手实现高难度的技术突破和有价值的知识创造，这为集群企业在其专业技术领域形成公信力和专家权提供了可能（Camis & Villar-Lopez，2014）。基于此，本书提出以下假设：

H7：动态能力（H7a 吸收能力、H7b 适应能力、H7c 创新能力）对集群网络权力具有正向影响。

（四）动态能力的中介作用

已有研究表明，通过外部搜寻获取的资源具有黏性、复杂性和内隐性，并就知识库的相似性而言，一些外部资源的组织距离较大，这些特征阻碍了外部搜寻对网络权力作用的发挥，造成难以在短时间内将这些静态的资源转化为企业的网络权力优势（Latiff & Hassan，2008）。企业内部的资源整合是一个关键过程，克鲁兹－冈萨雷斯等（Cruz-González et al.，2015）提出为了从外部资源中获益，企业需要用预先的知识和能力将外部资源充分制度化为企业内部的体系、流程或结构，这就需要企业在拥有较强外部搜寻能力的同时，还要建立作为资源整合机制的动态能力。如果不同时考虑整合机制，一个企业很可能会遇到"搜寻—传输问题"，即它无法将外部搜索的知识传播与共享到整个组织中。这与戴维奇等（2013）的研究发现一致，本地和超本地搜寻为集群企业获取不同类型资源提供了渠道，但通过这一渠道获取的资源具有一般性，只有将这些资源与集群企业既有存量知识进行整合，开发新的能力或实现已有能力的更新，才能真正发挥资源的利用价值，集群企业必须具备加工和转换外部资源的动态能力才能将静态的资源转化为提升网络权力的优势资源。动态能力发挥关键的连接作用，通过行为整合将外部知识搜寻和关系搜寻带来的资源优势发挥出来，在一定程度上决定了企业开展外部搜寻活动的效果与质量。集群企业外部搜寻能力越强，提升组织能力的资源积累就越多样化，动态能力的作用效果就越显著，基于动态能力提升网络权力的可能性就越大。基于此，本书提出以下假设：

H8：动态能力（吸收能力 H8a、适应能力 H8b、创新能力 H8c）在本地知识搜寻与网络权力关系中起中介作用；

H9：动态能力（吸收能力 H9a、适应能力 H9b、创新能力 H9c）在本地关系搜寻与网络权力关系中起中介作用；

H10：动态能力（吸收能力 H10a、适应能力 H10b、创新能力 H10c）在超本地知识搜寻与网络权力关系中起中介作用；

H11：动态能力（吸收能力 H11a、适应能力 H11b、创新能力 H11c）在超本地关系搜寻与网络权力关系中起中介作用。

基于以上分析，构建概念模型，如图 3－5 所示。

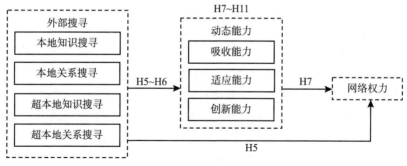

图 3-5　概念模型

三、研究设计

（一）问卷设计

本书的研究对象是制造业集群企业，理论模型中涉及的企业本地搜寻、超本地搜寻、动态能力与网络权力等关键变量的数据难以从公开资料中获取。考虑到本领域的相关研究主要运用问卷调查法，本书亦采用问卷调查的方式来收集相关变量的数据。合理开发调查问卷是保证数据效度和信度的重要一环，本书按照以下 4 个步骤设计问卷：一是通过文献深入学习，系统梳理相关中英文文献中的成熟量表，再结合本书情境，形成初始测量量表；二是邀请本领域的 1 名教授和 3 名副教授，对问卷初稿的内容效度进行审查，根据建议对题项之间的逻辑关系、题项结构等进行调整与修改，形成第二稿问卷；三是邀请拟调研企业的 6 名企业界人士对第二稿问卷就各题项是否贴合并反映企业实情，以及题项的表述问题进行沟通，根据沟通结果对问卷进行再次修正；四是小样本试测纯化量表并形成问卷终稿。选取目标产业集群中的部分企业参与预试测，对回收的问卷数据进行信效度检验，根据分析结果，剔除部分因子载荷偏低的题项，至此形成调研问卷终稿。

（二）变量测量

问卷采用李克特 5 级量表，要求被试者从"1－完全不同意"到"5－完全同意"做出选择。

1. 外部搜寻

借鉴郑和李（Jung & Lee，2016）的研究从搜寻目标和搜寻边界两个视角对外部搜寻进行维度划分，组合 4 种不同的外部搜寻策略，知识搜寻参考西杜（Sidhu，2007）的问卷量表，从技术知识和市场知识等方面设计 5 个题项测量，关系搜寻参考索夫卡和格林普（Sofka & Grimpe，2010）的研究成果，从研发机构、中介机构、合作企业等方面设计 3 个题项测量，本地和超本地的划分参照邹爱其和李生校（2012）的研究，以集群所在的县市区域作为本地范围，县市区域之外为超本地范围。

2. 动态能力

参考王和艾哈迈德（Wang & Ahmed，2010）的动态能力三维度模型，将集群企业动态能力分为适应能力、吸收能力和创新能力三个维度。吸收能力根据戴维奇和魏江（2013）、科恩和莱文塔尔（Cohen & Levinthal，1990）提出的测度指标设计 3 个测量题项；适应能力参考比登巴赫和穆勒（Biedenbach & Müller，2012）开发的问卷量表设计 3 个测量题项；创新能借鉴徐蕾和魏江（2014）开发的测度指标设计 3 个测量题项。

3. 网络权力

借鉴艾尔兰和韦伯（Ireland & Webb，2007）对网络权力概念的界定，从网络影响力和控制力两个方面考察集群网络权力，参考郭献强（2014）、康淑娟（2019）等开发的量表，设计 6 个测量题项。

4. 控制变量

本书控制了企业年龄、企业规模、企业性质和产业属性以减轻对研究结果造成的虚假解释。

（三）样本选组和数据收集

由于集群的主导产业与集群内的网络权力配置密切相关，以制造业为主的产业集群内部存在显著的权力层级关系，更适用于辨析网络权力的形成机制；因此，本书的集群样本主要是制造业产业集群。从产业类型来看，样本具有一定的行业分散度，覆盖到大部分高新技术产业（航空航天、生物医药、智能制造等）和传统制造产业（机械设备制造、轻工业品制造、化学原料及化学制品制造等）；从样本地理区位来看，正式问卷调查主要面对山西、浙江、江苏、广东、陕西等制造业集群资源较为丰富的区域。关于企业样本的选择，立足于本书的关键情境，要求样本企业隶属于制造业产业集群，其行业属性必须为制造业企业，针对这一问题，调研问卷发放对象为制造业产业集群内的企业，并在调研问卷中设置"企业的主营业务是什么"的填空题项，以甄别样本企业的行业属性是否符合本书研究的要求。

问卷发放主要通过两种方式进行：一是依托团队纵向和横向课题项目发放和回收问卷。利用对地方产业园区和经济开发区等实地调研机会，与相关集群企业建立联系，综合运用实地访谈填写、问卷星链接推送、邮件发送等方式回收调研问卷。二是依托社会网络关系发放和回收问卷。借助老师、同学、亲朋的社会关系网络，以及委托当地发展和改革委员会、中介服务机构等向关联企业转发并回收调研问卷。为确保问卷填写质量，本书要求填答问卷者要对企业发展现状和外部环境有清晰的认识，建议由企业高管或对业务流程较为熟悉的中层管理者填答。对于委托发放的问卷，在问卷发放之前与委托发放者进行充分的沟通，解答发放者的疑惑和顾虑，重点强调对调研企业以及问卷填答人员的要求，并与发放者随时保持沟通以确保调研对象的契合性。

本次问卷调研从 2020 年 4 月开始，2020 年 11 月结束，通过实地填写、网络推送等方式发放调研问卷 550 份，实际收回 342 份。剔除无效问卷（所有题项回答完全一样的与填写不完整的）后得到有效问卷 233 份，有效问卷的回收率为 68.1%。表 3 - 16 呈现了样本企业的基本特征，整体来看，样本覆盖了不同规模、年龄、产业属性和产业性质的集群企业，表明本书研究样本的代表性较好。

表 3 - 16　　　　　　　样本企业基本特征（N = 233）

特征	类型	数量	占比（%）	特征	类型	数量	占比（%）
企业规模	300 人以下	65	27.90	企业年龄	10 年及以下	63	27.04
	300 ~ 999 人	42	18.03		11 ~ 20 年	57	24.46
	1000 ~ 4999 人	49	21.03		21 年及以上	113	48.50
	5000 人及以上	77	33.05	企业性质	国有或国有控股企业	106	45.49
产业属性	高新技术企业	138	59.23		民营企业	98	42.06
	非高新技术企业	95	40.77		其他	29	12.45

资料来源：根据问卷调查数据整理而得。

四、实证分析

（一）信度与效度检验

本书研究采用 SPSS 23.0 和 Amos 24.0 对数据信效度进行检验。在信度检验方面，采用 Cronbach's α 系数和组合信度（C. R.）进行评价，分析结果见表 3-17，所有变量总的 Cronbach's α 系数值均在 0.834 以上，大于门槛值 0.7，且删除某一题项后的 Cronbach's α 系数值均不大于原有变量总的 Cronbach's α 系数；所有变量的 C. R. 值均在 0.812 以上，大于门槛值 0.7，说明本书研究对各变量的测度具有较好的内部一致性。

表 3-17　　　　　　　　　　问卷测量题项及信效度分析

变量	测量题项	因子载荷	项删除后的 Cronbach's α 值	Cronbach's α 值	C. R.	AVE
本地知识搜寻	本地同行业技术进步	0.829	0.869	0.902	0.903	0.651
	本地市场知识	0.719	0.902			
	本地不同行业的技术动态	0.780	0.893			
	本地技术或产品交流会	0.861	0.868			
	本地技术知识信息数据库	0.836	0.867			
本地关系搜寻	本地高校、科研院所等研发部门	0.761	0.823	0.834	0.812	0.592
	本地行业协会、商会等中介机构	0.848	0.713			
	本地顾客、供应商、同行企业	0.692	0.769			
超本地知识搜寻	其他区域同行业的技术信息	0.809	0.853	0.885	0.891	0.621
	国际范围的技术动态和市场信息	0.848	0.858			
	不同行业的技术知识	0.726	0.868			
	跨区域或跨国的研讨会或博览会	0.787	0.851			
	全球范围的技术知识信息数据库	0.764	0.869			

变量	测量题项	因子载荷	项删除后的 Cronbach's α 值	Cronbach's α 值	C. R.	AVE
超本地关系搜寻	非本地高校、科研院所等研发部门	0.820	0.825	0.854	0.895	0.739
	非本地行业协会、商会等中介机构	0.837	0.833			
	非本地顾客、供应商、同行企业	0.919	0.707			
吸收能力	外部新技术的价值判断	0.881	0.794	0.863	0.866	0.685
	外部新技术知识消化	0.872	0.783			
	新知识利用	0.721	0.844			
适应能力	新兴市场机会识别	0.877	0.864	0.887	0.891	0.731
	组织结构调整和重构	0.869	0.851			
	工作灵活性	0.818	0.799			
创新能力	新颖方法或思路的运用	0.862	0.858	0.887	0.874	0.698
	工艺流程和技术水平	0.811	0.836			
	新产品研发或新市场开拓	0.834	0.827			
网络权力	知名度和声望	0.699	0.831	0.846	0.887	0.568
	被模仿和学习	0.722	0.829			
	退出网络后的影响	0.769	0.817			
	对合作节点行为和决策的约束力	0.794	0.810			
	对知识和关系资源的控制力	0.746	0.822			
	组织间合作中牵线搭桥能力	0.786	0.813			

资料来源：根据 SPSS 软件分析而得。

效度检验分别从内容效度、聚合效度和区分效度 3 个方面对本书所获取的问卷数据进行检验。在内容效度方面，初始测量工具是根据已有成熟量表修订而成，并在咨询本领域专家学者、企业界实践人士后的建议和预测试之后，对量表修正才形成问卷终稿，确保了测度量表具有较高的内容效度。在聚合效度方面，首先通过探索性因子分析（EFA）得到各题项的因子载荷，表 3-17 结果显示绝大部分题项的因子载荷在 0.7 以上，且根据因子载荷计算得出各因子的平均变异萃取量（AVE）均大于 0.5，说明本书量表的聚合效度较好。在区分效度方面，表 3-18 的 CFA 分析结果显示，8 因子模型的拟合指数最为理想，并优于其他模型；进一步的，表 3-17 的相关系数矩阵显示各潜变量 AVE 的算数平方根均大于其所对应的相关系数，表明本书量表具有很好的区分效度。

表 3-18　　　　　　　　　　验证性因子分析（CFA）

模型	组合	χ^2/df	RMSEA	IFI	TLI	CFI
八因子	bdzs; bdgz; cbdzs; cbdgx; xsnl; synl; cxnl; wlql	1.947	0.065	0.926	0.912	0.925
六因子	bdzs; bdgz; cbdzs; cbdgx; xsnl + synl + cxnl; wlql	3.226	0.098	0.816	0.794	0.814
五因子	bdzs + bdgz + cbdzs + cbdgx; xsnl; synl; cxnl; wlql	4.234	0.118	0.729	0.701	0.727
三因子	bdzs + bdgz + cbdzs + cbdgx; xsnl + synl + cxnl; wlql	5.098	0.133	0.651	0.621	0.648
单因子	bdzs + bdgz + cbdzs + cbdgx + xsnl + synl + cxnl + wlql	5.310	0.136	0.630	0.601	0.628
参考范围		1-3	<0.08	>0.90	>0.90	>0.90

注："bdzs" 表示变量"本地知识搜寻"；"cbdzs" 表示变量"超本地知识搜寻"；"bdgz" 表示变量"本地关系搜寻"；"cbdgz" 表示变量"超本地关系搜寻"；"xsnl" 表示变量"吸收能力"；"synl" 表示变量"适应能力"；"cxnl" 表示变量"创新能力"；"+" 代表多个因子合并为一个因子。

资料来源：根据统计分析软件而得。

（二）同源偏差分析

本书采用两种方法检验共同方法偏差问题：一是单因子模型的拟合优度检验，使所有题项均归于一个因子下，由表 3-19 可知单因子模型的各项拟合指标均没有达到适配边界值，意味着单因子模型的拟合度不佳，表明本书没有明显的共同方法偏差问题；二是哈尔曼单因素检验。将本问卷所有测量题项（控制变量除外）通过 SPSS 23.0 软件进行探索性因子分析，所提取的特征值大于 1 的第一个主因子解释方差为 18.369%，小于 40% 的临界水平，再次说明本书问卷数据不存在明显的共同方法偏差问题。

表 3-19

描述性统计与相关系数矩阵

变量	均值	标准差	1	2	3	4	5	6	7	8
1 本地知识搜寻	3.827	0.887	**0.807**							
2 超本地知识搜寻	3.353	0.918	0.465**	**0.788**						
3 本地关系搜寻	3.803	0.786	0.576**	0.507**	**0.769**					
4 超本地关系搜寻	3.270	1.021	0.227**	0.276**	0.332**	**0.860**				
5 吸收能力	4.202	0.833	0.605**	0.297**	0.552**	0.179**	**0.828**			
6 适应能力	3.750	1.011	0.744**	0.462**	0.488**	0.170**	0.469**	**0.855**		
7 创新能力	3.750	0.942	0.585**	0.499**	0.564**	0.255**	0.569**	0.539**	**0.835**	
8 网络权力	3.773	0.842	0.711**	0.613**	0.611**	0.203**	0.703**	0.671**	0.673**	**0.754**

注：** p＜0.01，* p＜0.05，对角线加粗数值为各变量 AVE 的平方根。
资料来源：根据统计分析软件而得。

（三）多元回归诊断

异方差问题诊断。本书通过观察残差散点图的方法进行判断，结果显示散点的分布并没有明显的一致性，呈无序状，表示模型不存在严重的异方差问题；序列相关问题诊断。本书仍通过计算每个回归模型的 Durbin-Watson 值进行诊断，书中所有回归模型的 DW 值均在 1.5~2.5 之间，表明回归模型不存在严重的序列相关问题；多重共线性问题诊断。本书中所有回归模型的方差膨胀因子（VIF 值）满足 0 < VIF < 10 且 0 < VIF 的均值 < 2（见表 3-19），表明本书解释变量之间的多重共线性问题可以忽略。

（四）假设检验

本书采用多元层次回归分析对全部理论假设进行检验，表 3-20 列示了回归分析结果。模型 1 将企业年龄、企业规模、企业性质和产业属性 4 个控制变量纳入模型。模型 2 在模型 1 基础上，引入外部搜寻各维度，分析结果显示：本地知识搜寻（$\beta = 0.441$，$p < 0.001$）、本地关系搜寻（$\beta = 0.205$，$p < 0.01$）和超本地知识搜寻（$\beta = 0.288$，$p < 0.001$）对网络权力均具有显著正向影响，这表明假设 H3a、H3b 和 H3c 得到实证支持；超本地关系搜寻（$\beta = -0.042$，$p > 0.05$）对网络权力影响不显著，假设 H3d 没有通过验证。

模型 7~模型 12 列示了外部搜寻对动态能力各维度的回归分析结果。由模型 8 和模型 7 可知，本地知识搜寻（$\beta = 0.437$，$p < 0.001$）和本地关系搜寻（$\beta = 0.362$，$p < 0.001$）与吸收能力之间存在显著正相关关系，超本地知识搜寻（$\beta = -0.055$，$p > 0.05$）、超本地关系搜寻（$\beta = -0.018$，$p > 0.05$）对吸收能力的影响不显著，表明假设 H4a、H4b 成立，假设 H4c、H4d 不成立；由模型 10 和模型 9 可知，本地知识搜寻（$\beta = 0.735$，$p < 0.001$）和超本地知识搜寻（$\beta = 0.139$，$p < 0.001$）适应能力之间存在显著正相关关系，本地关系搜寻（$\beta = 0.003$，$p > 0.05$）和超本地关系搜寻（$\beta = -0.022$，$p > 0.05$）对适应能力的影响不显著，表明假设 H5a、H5c 成立，假设 H5b、H5d 不成立；由模型 12 和模型 11 可知，本地知识搜寻（$\beta = 0.373$，$p < 0.001$）、本地关系搜寻（$\beta = 0.246$，$p < 0.001$）、超本地知识搜寻（$\beta = 0.241$，$p < 0.01$）与创新能力之间存在显著正相关关系，超本地关系搜寻（$\beta = 0.024$，$p > 0.05$）对创新能力的影响不显著，表明假设 H6a、H6b、H6c 成立，假设 H6d 不成立。

表 3-20 回归分析结果

变量	网络权力						吸收能力		适应能力		创新能力	
	模型 1	模型 2	模型 3	模型 4	模型 5	模型 6	模型 7	模型 8	模型 9	模型 10	模型 11	模型 12
常数项	4.094 ***	0.856 **	0.249	0.159	0.781 **	0.596 **	4.563 ***	1.704 ***	3.635 ***	0.413	4.249 ***	1.038
企业年龄	0.002	0.001	0.001	0.002	0.001	0.002	0.000	-0.001	0.002	0.002	-0.001	-0.001
企业规模	0.034	-0.058	0.022	-0.023	-0.067 *	-0.027	-0.033	-0.086	0.146 *	0.051	-0.045	-0.125 **
企业性质	0.066	-0.038	-0.051	-0.026	-0.044	-0.065	0.072	-0.030	0.131	0.031	0.213 **	0.106 *
产业属性	-0.412 **	-0.143	-0.061	-0.138 **	-0.114	-0.077	-0.282 **	-0.013	-0.403 **	-0.161	-0.526 ***	-0.262 *
本地知识搜寻		0.441 ***		0.262 ***	0.308 ***	0.347 ***		0.437 ***		0.735 ***		0.373 ***
本地关系搜寻		0.205 **		0.057	0.200 **	0.144 **		0.362 ***		0.030		0.246 ***
超本地知识搜寻		0.288 ***		0.311 ***	0.263 ***	0.228 ***		-0.055		0.139 **		0.241 ***
超本地关系搜寻		-0.042		-0.034	-0.038	-0.048		-0.018		-0.022		0.024
吸收能力			0.398 ***	0.409 ***								
适应能力			0.257 ***		0.181 ***							
创新能力			0.258 ***			0.250 ***						
R^2	0.078	0.644	0.697	0.734	0.663	0.683	0.028	0.449	0.108	0.590	0.100	0.498
F 值	4.803 **	50.624 ***	73.828 ***	68.396 ***	48.794 ***	53.416 ***	1.626	22.779 ***	6.928 ***	40.252 ***	6.300 ***	27.776 ***
VIF 值	1.097 – 1.385	1.160 – 1.871	1.154 – 1.862	1.147 – 2.083	1.146 – 2.620	1.161 – 1.992	1.097 – 1.385	1.144 – 1.871	1.097 – 1.385	1.144 – 1.871	1.097 – 1.385	1.144 – 1.871
VIF 平均值	1.239	1.408	1.471	1.525	1.643	1.535	1.239	1.408	1.239	1.408	1.239	1.408
DW 值	2.053	1.958	1.877	1.900	1.944	2.061	1.998	2.013	2.228	2.192	1.781	1.750

注：（1）回归系数为非标准化值；（2）*** $p < 0.001$，** $p < 0.01$，* $p < 0.05$，双尾检验。
资料来源：根据统计分析软件而得。

模型 3 给出了动态能力与网络权力的回归分析结果。分析结果显示：吸收能力（$\beta = 0.398$，$p < 0.001$）、适应能力（$\beta = 0.257$，$p < 0.001$）和创新能力（$\beta = 0.258$，$p < 0.001$）对网络权力均有显著正向影响，假设 H7a、H7b、H7c 得到实证支持。

本书参照巴伦和肯尼（Baron & Kenny，1986）提出的检验程序进行动态能力的中介效应检验。首先，检验自变量与因变量之间的关系，模型 2 结果表明，超本地关系搜寻对网络权力的影响不显著，其中介效应分析无意义，因此假设 H11 均不成立。本地知识搜寻、超本地知识搜寻和本地关系搜寻均对网络权力有显著正向影响，接下来对它们进行中介效应分析。

模型 4 ~ 模型 6 是中介效应检验结果，模型 4 结果显示，加入吸收能力这一中介变量后，吸收能力的回归系数（$\beta = 0.409$，$p < 0.001$）呈显著水平，本地知识搜寻对网络权力的回归系数（$\beta = 0.262$，$p < 0.001$）仍然显著，且相对于模型 2 二者间的回归系数（$\beta = 0.441$，$p < 0.001$）有所减小，这说明吸收能力在本地知识搜寻和网络权力之间产生了中介效应，假设 H8a 成立；本地关系搜寻对网络权力的回归系数（$\beta = 0.057$，$p > 0.1$）不再显著，这说明吸收能力在本地关系搜寻和网络权力之间产生了完全中介效应，假设 H9a 成立；超本地知识搜寻对网络权力的回归系数（$\beta = 0.311$，$p < 0.001$）仍然显著，但超本地知识搜寻对吸收能力的回归系数（$\beta = -0.055$，$p > 0.1$）不显著，这意味着吸收能力在超本地知识搜寻与网络权力之间不存在中介效应，假设 H10a 不成立。

模型 6 结果显示，加入适应能力这一中介变量后，适应能力的回归系数（$\beta = 0.181$，$p < 0.001$）呈显著水平，本地知识搜寻对网络权力的回归系数（$\beta = 0.308$，$p < 0.001$）仍然显著，且相对于模型 2 的回归系数（$\beta = 0.441$，$p < 0.001$）有所减小，这说明适应能力在本地知识搜寻和网络权力之间产生了中介效应，假设 H8b 成立；本地关系搜寻对网络权力的回归系数（$\beta = 0.200$，$p < 0.001$）仍然显著，但本地关系搜寻对适应能力的回归系数（$\beta = 0.030$，$p > 0.1$）不显著，这意味着适应能力在本地关系搜寻与网络权力之间不存在中介效应，假设 H9b 不成立；超本地知识搜寻对网络权力的回归系数（$\beta = 0.263$，$p < 0.001$）仍然显著，且相对于模型 2 二者间的回归系数（$\beta = 0.288$，$p < 0.001$）有所减小，这意味着适应能力在超本地知识搜寻与网络权力之间存在中介效应，假设 H10b 成立。

模型 6 结果显示，加入创新能力这一中介变量后，创新能力的回归系数

（β＝0.250，p＜0.001）呈显著水平，本地知识搜寻对网络权力的回归系数（β＝0.347，p＜0.001）仍然显著，且相对于模型2的回归系数（β＝0.441，p＜0.001）有所减小，这说明创新能力在本地知识搜寻和网络权力之间产生了中介效应，假设H8c成立；本地关系搜寻对网络权力的回归系数（β＝0.144，p＜0.001）仍然显著，且相对于模型2二者间的回归系数（β＝0.205，p＜0.001）有所减小，这意味着创新能力在本地关系搜寻与网络权力之间存在中介效应，假设H9c成立；超本地知识搜寻对网络权力的回归系数（β＝0.228，p＜0.001）仍然显著，且相对于模型二者间的回归系数（β＝0.288，p＜0.001）有所减小，这意味着创新能力在超本地知识搜寻与网络权力之间存在中介效应，假设H10c成立。

（五）稳健性检验

本书采用两种方法进行稳健性检验：一是分组回归。将研究样本划分为大型企业和中小微型企业两组，划分标准根据《统计上大中小微型企业划分办法（2017）》执行，即从业人员1000人以上为大型企业，1000人以下为中小微型企业，本书中大型企业的样本数为107，中小微型企业的样本数为126，将两组样本分别进行回归分析；二是更换检验方法。用结构方程模型方法对所有理论假设再次验证。限于篇幅问题，分析过程不再赘述，两种检验方法均得到与前文一致的研究结论，表明本书研究结论具有较好的稳健性。

五、理论贡献

（1）本书从多维视角解构本土集群企业的外部搜寻行为，避免已有研究对外部搜寻比较笼统和宽泛的概念界定和维度划分，在搜寻边界方面，以本地或超本地作为区分标准，对现有文献中本地和超本地搜寻孰优孰劣问题的争论提供直接经验证据；在搜寻目标方面，将关系搜寻纳入外部搜寻维度的研究框架，弥补了当前仅关注知识搜寻的理论缺口，并且这种维度划分方式有利于从更加精细的尺度分析外部搜寻的作用结果。

（2）现有文献针对外部搜寻与网络权力的关系研究停留在理论分析层面，鲜有实证研究对二者的逻辑关系进行验证，本书通过实证分析验证了外部搜寻对网络权力的直接影响关系。这不仅充实了网络权力动力因素研究的经验证据，同时将组织搜寻理论从创新领域扩展到了网络组织领域。

（3）本书从动态能力视角揭示了外部搜寻作用于集群网络权力的内在过程，研究发现动态能力不仅是网络权力的内在驱动力，而且在外部搜寻与网络权力关系之间具有中介作用，这既扩充了动态能力的研究范畴，也丰富了网络权力形成机制的解释视角。

第 四 章

中国企业网络权力配置格局
与配置效率评价研究

第一节 网络权力的配置格局

网络权力的非对称性体现为由依赖关系的不平等与网络位置的不均衡造成的权力差异。网络权力的非对称性是广泛存在的，企业一方面尽量扩大自身的影响力，另一方面阻止其他节点的权力扩张，为建立公正平等的网络内部权力结构增加了难度。权力结构存在的等级差异影响着网络整体的运行，这种差异不是组织法定授予的，而是根据各节点的资源存量与发展程度自发形成的，那些拥有稀缺性资源或占据关键性位置的企业往往具有更多的依赖者与更高的网络权力。因此，企业网络中存在权力差序格局。

一、模型构建

按照社会网络分析方法所开发的 4 个中心度指标（度数中心度、中间中心度、接近中心度和特征向量中心度），并以权重的方式综合各指标构建网络权力配置格局模型，以具有典型网络化合作特征的具体模式为研究案例，分类量化识别网络中的权力差序格局，为配置效率的有效性评价奠定必要基础。

为行文简便起见，网络权力配置格局模型构造思路如下：

$$Y_i = \sum_{j=1}^{4} W_j X_{ij} = W_1 C_{AD}(x)/(n-1) + W_2 2C_{ABi}/(n^2 - 3n + 2)$$
$$+ W_3 C_{APi}^{-1}/(n-1) + W_4 \lambda_{max}$$

其中，Y_i 为节点 i 在网络中的权力；W_j 为各中心度的权重；n 是网络规模即网络节点数量；C_{AD}（x）为与点 x 实际相连的点的个数；$C_{ABi} = \sum_{j}^{n} \sum_{k}^{n} b_{jk}(i)$，$b_{jk}(i) = g_{jk}(i)/g_{jk}$，$g_{jk}$ 为点 j 和点 k 之间的测地线数目；C_{APi}^{-1} 为点 i 与其他点之间的距离之和，$C_{APi}^{-1} = \sum_{j=1}^{n} d_{ij}$，$d_{ij}$ 是点 i 和点 j 之间的测地线长度；$\lambda_{max} = \max \{\lambda_1, \lambda_2, \lambda_3, \cdots, \lambda_n\}$；$\lambda$ 是 $\eta \cdot \omega = \omega \cdot \lambda$ 的特征值；η 是网络节点之间的关系矩阵；ω 是一个 n×n 矩阵；其各列是矩阵 η 的 n 个特征向量。

二、案例研究

（一）汽车轻量化技术创新网络

汽车轻量化网络是由国家科技部于 2007 年提议，由中汽学会联合国内其他 12 家单位共同发起成立的。截止到 2019 年，轻量化网络发展成员单位有 19 家，包括 1 个行业组织、2 家行业科研机构、2 家冶金企业、3 所国内高校以及 11 家整车企业。如表 4 - 1 所示，行业组织和科研机构用 Y 来标识，高校用 X 来标识，企业用 C 来标识。

表 4 - 1 轻量化网络节点构成

节点序列	节点名称
1	Y 中国汽车工程学会
2	C 中国第一汽车集团公司
3	C 东风汽车集团有限公司
4	C 上海汽车集团股份有限公司
5	C 重庆长安汽车股份有限公司
6	C 北京汽车股份有限公司
7	C 奇瑞汽车股份有限公司

节点序列	节点名称
8	C 浙江吉利控股集团有限公司
9	C 长城汽车股份有限公司
10	C 安徽江淮汽车集团股份有限公司
11	C 郑州宇通客车股份有限公司
12	C 华晨汽车集团控股有限公司
13	Y 中国汽车工程研究院股份有限公司
14	Y 宝山钢铁股份有限公司研究院
15	C 中国铝业公司
16	X 吉林大学
17	X 哈尔滨工业大学（威海）
18	X 湖南大学
19	C 凌云工业股份有限公司

轻量化网络的特色是由行业组织牵头组织，国有企业和民营企业相联合。其中，中国汽车工程学会担任整个网络的组织协调与推行运用的角色，高校及科研机构负责整个网络的技术支撑和共性技术平台的建设，并且向企业及科研机构输送人才，汽车整车企业则需要构建一个产业化平台以进行产品的设计和应用，冶金企业则要向网络中其余组织提供有关资料和技术方面的保证。轻量化网络的宗旨是切实反映企业实际需要，深化产学研用合作机制，以整车开发带动技术应用，加速科技成果集成应用。

（二）汽车轻量化技术创新网络密度

网络密度分析是社会网络分析中常用的一项分析指标，它表示的是网络中各个节点之间联系的紧密程度。如果将社会网络看作无方向的关系网（即 A 对 B 等价于 B 对 A），网络中有 n 个行动者，那么在理论上该网络包含的链接总数目的最大可能值是 $n(n-1)/2$。假设实际上该网络中包含的关系数目为 m，那么设该技术创新网络的整体密度为：实际关系数/理论上的最大关系数目，用公式表示为 $m/n(n-1)/2 = 2m/n(n-1)$。

如果将社会网络看作有方向的关系网（即 A 指向 B 不等价于 B 指向

A），网络中有 n 个行动者，那么其中包含的关系总数在理论上的最大可能值为 n(n-1)，假设实际上该网络中包含的关系数目为 m，那么该网络的密度为 m/n(n-1)。整体网络密度的范围为 [0, 1]，网络中的实际关系数越大，越接近于理论关系最大数目，其网络密度值越就接近 1，表示该网络的联系程度越密切；相反，网络中的实际关系数越小，越不接近于理论关系最大数目，其网络密度值就越接近 0，网络内节点间的关系越不密切。联系程度频繁的网络中的成员享受到的社会资源较多，但这同时也成为制约其发展的关键因素。

根据关系数据矩阵，利用 UCINET 软件的 Network-Cohesion-Density 路径可求出整体网络密度为 0.652，表明该网络各成员间的联系程度较密切。

（三）汽车轻量化技术创新网络图形

使用 UCINET 6 对收集到的数据进行处理，利用 NetDraw 功能绘图，结果如图 4-1 所示，3 家行业研究机构、3 家国内高校、2 家冶金企业和 11 家整车企业共同构成了这个复杂网络。图 4-1 中节点的指向代表着链接方向。例如，吉林大学指向中国第一汽车集团公司，代表吉林大学向中国第一汽车集团公司提供人才。另外需要注意的一点是，连接节点的有向线段的长短和粗细没有任何实际意义。

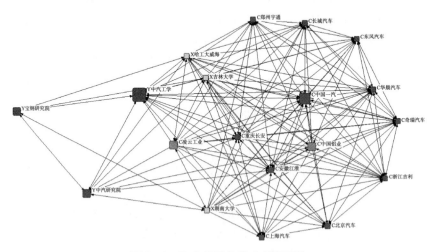

图 4-1　汽车轻量化技术创新网络

资料来源：根据 UCINET 自带软件 NetDraw 绘制。

（四）汽车轻量化技术创新网络中心性测度与分析

汽车轻量化技术创新网络中心性测度。近年来中心性已经成为社会网络分析的研究重点之一，社会网络的研究人员从网络中个体之间的关系的角度出发，根据中心性理论给出多种关于权力的量化指标，由此对网络节点的权力大小进行定量测度。这些定量化指标包括中心度指数和中心势指数，在最初的研究和文献中，学者们往往对点的中心度和图的中心势这两个概念界定不清，但其实中心度表示的是各个网络成员在整个网络中的权力大小，中心势表示的是一个图在多大程度上是围绕某个或某些特殊点建构起来的。在汽车轻量化技术创新网络中，只需计算中心度即可。

1. 点的度数中心度

度数的绝对中心度是指网络中某点与其他点直接相连的数目。在有向社会网络图中，每个点的度数中心度又可以分为点入度和点出度两类：一个点的点入度指的是该点得到的直接关系数，一个点的点出度指的是该点发出的直接关系数。

当图的大小规模不同的时候，不同图中点的绝对中心度是不可以直接被比较的，由此弗里曼（Freeman，1979）提出了相对度数中心度的概念，并给出其计算公式：

$$点的相对度数中心度 = \frac{点的绝对度数中心度}{点的最大可能度数}$$

在一个规模为 n 点的无向图中，任何一点的最大可能的绝对度数中心度一定是 n−1，设其实际的的绝对度数中心度是 m，那么这个点的相对度数中心度就是 m/（n−1）。举例说明，如果一个图中有 10 个节点，与某点直接相连的点的数目为 6 的话，那么其相对度数中心度为 $\frac{6}{10-1} = 0.66$。因此，一个规模为 n 的有向图中，点 X 的相对点度中心度的表达式为：

$$C'_{RD}(x) = \frac{(x 的点入度 + x 的点出度)}{2n-2}$$

其中，n 是网络的规模，即网络中节点的个数。

本书研究中 n 为 19，将 19×19 二值数据输入 UCINET 6 软件，通过 Network-Centrality-Degree 路径可求出 19 个节点的绝对出度、入度，相对出度、入度，相对中心度及其排名，如表 4−2 所示。从出度分析，即网络节点控制资源的能力，吉林大学、哈尔滨工业大学（威海）和凌云工业股份有限公司更多地为其他企业提供了人才、技术和知识等，说明它们掌握了更多的关键性资源；从入度分析，安徽江淮汽车集团股份有限公司、重庆长安汽车股份有限公司和浙江吉利控股集团有限公司接受了更多其他企业、学校和科研机构的人才、知识和技术等资源，说明它们较受欢迎。而结合相对中心度可以发现，中国汽车工程学会、安徽江淮汽车集团股份有限公司和重庆长安汽车股份有限公司等企业与技术创新网络中的其他企业之间的资源交换似乎更为频繁，这也代表着它们在技术创新网络中的资源整合能力的强度。

表 4-2　　　　　　　　　　　　点的度数中心度

节点序列	节点名称	绝对出度	绝对入度	相对出度	相对入度	相对中心度	排序
1	Y 中汽工学	15	16	0.8333	0.8889	0.8611	1
2	C 中国一汽	13	16	0.7222	0.8889	0.8056	3
3	C 东风汽车	10	14	0.5556	0.7778	0.6667	8
4	C 上海汽车	9	13	0.5000	0.7222	0.6111	12
5	C 重庆长安	12	17	0.6667	0.9444	0.8056	3
6	C 北京汽车	8	13	0.4444	0.7222	0.5833	15
7	C 奇瑞汽车	11	16	0.6111	0.8889	0.7500	6
8	C 浙江吉利	12	16	0.6667	0.8889	0.7778	5
9	C 长城汽车	9	14	0.5000	0.7778	0.6389	9
10	C 安徽江淮	13	17	0.7222	0.9444	0.8333	2
11	C 郑州宇通	9	14	0.5000	0.7778	0.6389	9
12	C 华晨汽车	11	16	0.6111	0.8889	0.7500	6
13	Y 中汽研究院	8	9	0.4444	0.5000	0.4722	18
14	Y 宝钢研究院	5	5	0.2778	0.2778	0.2778	19
15	C 中铝公司	15	7	0.8333	0.3889	0.6111	12
16	X 吉林大学	16	7	0.8889	0.3889	0.6389	9
17	X 哈工大（威海）	16	6	0.8889	0.3333	0.6111	12
18	X 湖南大学	15	4	0.8333	0.2222	0.5278	16
19	C 凌云工业	16	3	0.8889	0.1667	0.5278	16

资料来源：UCINET 软件。

表4-3显示了出度与入度的统计特征，毫无疑问，所有节点接受的边的总和与所有节点发出的边的总和相等，即连接网络节点的边共有223条。因此，无论是绝对还是相对，节点的出度与入度的均值都是11.74，这意味着平均每个节点大约都与另外12个节点有着连接关系；相对出度与相对入度平均值都是0.652，这意味着相对于完备图（每个节点都相连），汽车轻量化技术创新网络中有65%的节点之前有着连接关系。而节点的出度的方差与标准差都明显低于入度的方差与标准差，说明不同节点间发出边的数目的差异比较小，而接受边的数目差异略大些，也就是说不同节点控制资源的能力差异比较小，受欢迎的程度差异比较大。

表4-3　　　　　　　　　　　度数中心度的统计指标

数值	绝对出度	绝对入度	相对出度	相对入度
最小值	5	3	0.2778	0.1667
最大值	16	17	0.8889	0.9444
总和	223.00	223.00	12.3889	12.3889
均值	11.74	11.74	0.6520	0.6520
方差	10.54	23.98	0.03	0.07
标准差	3.25	4.90	0.18	0.27

资料来源：根据表4-2由作者在Excel中计算得来。

2. 点的中间中心度

弗里曼（1979）认为，如果网络中有两个个体要想建立联系就必须经过一个第三方的话，那么这个第三方相当于一个中介人，处于中介位置的个体便拥有通过控制资源的共享而影响群体的权力，因此处于非常重要的地位。这个描述某个网络节点能够在多大程度上充当其他点对进行联系的中间人的指标就是中间中心度，它测量的是节点对整个网络中资源共享的控制程度。如果一个点多次充当其他点对的捷径中间人，说明该点具有较高的中间中心度。举例说明，假设在点A和点C这个点对之间存在多条可以直接进行联系的捷径，其中有一条或者多条捷径可能经过点B，而点B相对于点对A和C的中间中心度指的是经过点B并且连接点对A和C的捷径数与A和

C 两点之间的捷径总数之比，它的内含就是点 B 在多大程度上位于点 A 和点 C 的中间。

设点 i 能够控制点 j 和点 k 的能力为 $b_{jk}(i)$，点 j 和点 k 之间存在的捷径条数为 g_{jk}，点 i 位于点 j 和点 k 之间捷径的数目用 $g_{jk}(i)$ 来表示，则：

$$b_{jk}(i) = g_{jk}(i)/g_{jk}$$

把点 i 相应于图中全部点对的中间度加在一起，就得到该点的绝对中间中心度（记为 C_{ABi}），$C_{ABi} = \sum_{j}^{n} \sum_{k}^{n} b_{jk}(i)$ j≠k≠i，并且 j<k。星形网络中点的中间中心度 C_{ABi} 可以达到最大值 $C_{max} = (n^2 - 3n + 2)/2$，故点 i 的相对中间中心度为：

$$C_{RBi} = \frac{2C_{ABi}}{n^2 - 3n + 2}$$

其取值范围为 0~1，由于是相对值，因此可用于比较。

将 19×19 二值数据输入 UCINET 6 软件，通过 Network-Centrality-Freeman Betweenness-Node Betweenness 路径可求出点的中间中心度，计算结果如表 4-4 所示，其中节点按中间中心度的大小降序排列。据观察可知，中国汽车工程学会的相对度数中心度和相对中间中心度都排第一。事实也确实如此，汽车轻量化技术创新网络正是由中国汽车工程学会于 2007 年联合国内其他 12 家单位共同发起成立的，中国汽车工程学会理应成为整个汽车轻量化技术创新网络的中心角色。而吉林大学排名仅次于中国汽车工程学会，是因为吉林大学的汽车仿真与控制国家重点实验室为汽车轻量化提供了关键技术，并且为汽车轻量化技术创新网络中的其他 12 家整车企业输送人才。中国第一汽车集团公司位于吉林大学之后排名第三，一汽集团因为其创办时间较早，从 1953 年兴建并于 3 年后投产，中国著名的第一个 5 年计划中的重要成果——解放牌卡车，便是由其生产；至今一汽集团已经经历了半个多世纪的发展，成为中国国内最知名的汽车集团之一，象征着中国汽车工业的最高水准，是中国汽车的"摇篮"。排名第四的是哈尔滨工业大学（威海），哈尔滨工业大学（威海）不仅为汽车轻量化技术创新网络中的 12 家整车企业输送人才和技术，并且与中国汽车工程研究院股份有限公司和宝山钢铁股份有限公司研究院进行研发合作，研究汽车轻量化新技术。排名第五的是中国铝业，为汽车轻量化技术创新网络中的 12 家整车企业提供原材料。

表 4 - 4 点的中间中心度

节点序列	节点名称	绝对中间中心度	相对中间中心度
1	Y 中国汽车工程学会	29.781	9.732
16	X 吉林大学	15.558	5.084
2	C 中国第一汽车集团公司	12.895	4.214
17	X 哈尔滨工业大学（威海）	11.759	3.843
15	C 中国铝业公司	11.169	3.65
13	Y 中国汽车工程研究院股份有限公司	10.607	3.466
10	C 安徽江淮汽车集团股份有限公司	10.406	3.401
5	C 重庆长安汽车股份有限公司	6.575	2.149
18	X 湖南大学	6.353	2.076
8	C 浙江吉利控股集团有限公司	5.599	1.83
4	C 上海汽车集团股份有限公司	3.093	1.011
14	Y 宝山钢铁股份有限公司研究院	2.886	0.943
3	C 东风汽车集团有限公司	2.874	0.939
12	C 华晨汽车集团控股有限公司	1.768	0.578
7	C 奇瑞汽车股份有限公司	1.768	0.578
19	C 凌云工业股份有限公司	1.481	0.484
11	C 郑州宇通客车股份有限公司	0.143	0.047
9	C 长城汽车股份有限公司	0.143	0.047
6	C 北京汽车股份有限公司	0.143	0.047

资料来源：UCINET 软件。

3. 线的中间中心度

线的中间中心度测量的是网络中一条链接出现在一个点对之间所有捷径上的几条捷径上，该指标测量的是线对网络中信息和资源交换的控制程度。要想测量一条链接 i 的中间中心度，需要首先计算出网络中所有过链接 i 的点对之间的捷径数目，以及过 i 的捷径数目在某点对之间全部捷径中所占的比例。设 b_{jk} 是连接点 j 和点 k，并且经过边 i 的捷径与连接点 j 和点 k 的捷径总数之比；边 i 的中间中心度便是各个 b_{jk} 的总和（$j \neq k$）。

举例说明，如图 4 - 2 所示，要分析连接点 A 和点 B 的线 i 的中间中心度，就要考虑所有经过 i 的捷径。首先分析行动者 A 和 B，会发现 A 和 B 之间只有一条捷径，即 i。因此，i 对于点 A 和点 B 来说能够 100% 地控制二者的信息，或者说 i 相对于点 A 和点 B 来说的中间中心度是 1。而点 A 到点 C、点 A 到点 D、点 A 到点 E、点 B 到点 D、点 B 到点 E、点 C 到点 D、点 C 到点 E、点 D 到点 E 的捷径都不会经过 i，因此 i 相对于这八对点来说线的中间中心度都为 0。再看点 B 到点 C，这两点之间存在两条捷径，其中有一半（即一条）经过 i。因此，i 能 50% 地控制点 B 和点 C。也就是说，i 相对于点 B 和点 C 这对点来说其线的中间中心度为 0.5。这些值的总和为 1.5。因此，线 i 的中间中心度是 1.5。

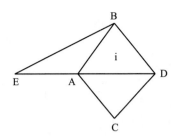

图 4 - 2　线的中间中心度示意

手动计算线的中间中心度会特别复杂，不过用 UCINET 软件计算就比较方便，并且很具备直观意义，即"控制信息的能力"。如表 4 - 5 就是用 UCINET 计算出来的线的中间中心度，它是一个 19×19 的矩阵。它将 19×19 二值数据输入 UCINET 6 软件，通过 Network-Centrality-Freeman Betweenness-Edge Betweenness 路径求出。据统计可知，线中间中心度在 1 以上的边有 202 对，最大的是中国汽车工程学会——宝山钢铁股份有限公司研究院（11.438），宝钢集团有限公司中央研究院（技术中心）是宝钢集团技术创新的主体和研发共享平台，秉持着"以需求为导向，追求能力与需求对接"的研发理念，承担宝钢集团新产品、新技术、新工艺的研究与开发。该数值说明中国汽车工程学会和宝山钢铁股份有限公司研究院之间的合作关系，或者说技术或资源的交换在维护整个技术创新网络的稳定性方面发挥着特别重要的作用。排名第二大的是吉林大学——凌云工业股份有限公司（9.266），这表明吉林大学的汽车仿真与控制国家重点实验室为凌云工业生产金属汽车零部件、塑料汽车零部件、PE 管道系统方面提供了很大的技术支持。排名第三的是中国第一汽车集团公司——哈尔滨工业大学（威海）（8.700），这表明中国一汽与哈工大汽车工程学院之间的人才引进与技术交换也为整个汽车轻量化技术创新网络做出了很大贡献。

表4－5　线的中间中心度

	1	2	3	4	5	6	7	8	9	10	11	12	13	14	15	16	17	18	19
1	0.000	1.393	1.827	1.804	1.200	1.804	1.393	1.560	1.661	1.367	1.661	1.393	5.188	11.438	0.000	6.427	7.667	0.000	0.000
2	1.810	0.000	1.535	1.411	1.267	1.411	1.000	1.267	1.268	1.533	1.268	1.000	0.000	0.000	0.000	7.427	8.700	0.000	0.000
3	3.595	2.202	0.000	0.000	1.500	0.000	1.250	1.250	1.000	1.500	1.000	1.250	0.000	0.000	6.326	0.000	0.000	0.000	0.000
4	2.968	1.875	0.000	0.000	1.725	1.000	1.375	1.808	0.000	2.158	0.000	1.375	0.000	0.000	0.000	6.809	0.000	0.000	0.000
5	2.476	1.976	1.661	1.929	0.000	1.554	1.143	1.393	1.411	1.250	1.411	1.143	7.230	0.000	0.000	0.000	0.000	0.000	0.000
6	4.471	2.662	0.000	1.533	1.929	0.000	1.429	2.095	0.000	2.595	0.000	1.429	0.000	0.000	0.000	0.000	0.000	0.000	0.000
7	3.995	2.233	1.744	1.944	1.476	1.411	0.000	1.476	1.268	1.952	1.268	1.000	0.000	0.000	7.039	0.000	0.000	0.000	0.000
8	3.226	1.833	1.268	1.786	1.250	1.411	1.00	0.000	1.268	1.250	1.268	1.000	0.000	0.000	0.000	0.000	0.000	0.000	0.000
9	4.548	2.786	1.476	0.000	1.762	0.000	1.286	1.762	0.000	2.238	1.000	1.286	0.000	0.000	6.054	0.000	0.000	0.000	0.000
10	2.275	1.775	1.411	1.844	1.000	1.554	1.143	1.143	1.411	0.000	1.411	1.143	6.244	0.000	0.000	0.000	0.000	0.000	0.000
11	4.548	2.786	1.476	0.000	1.762	0.000	1.286	1.762	1.000	2.238	0.000	1.286	0.000	0.000	0.000	0.000	0.000	0.000	0.000
12	3.995	2.233	1.744	1.944	1.476	1.411	1.000	1.476	1.268	1.952	1.268	0.000	0.000	0.000	0.000	0.000	0.000	0.000	0.000
13	2.429	0.000	0.000	0.000	2.486	0.000	0.000	0.000	0.000	2.486	0.000	0.000	0.000	2.450	3.095	3.594	3.785	8.283	0.000
14	3.721	0.000	0.000	0.000	0.000	0.000	0.000	0.000	0.000	0.000	0.000	0.000	1.650	0.000	0.000	4.543	4.600	6.371	0.000
15	0.000	1.214	1.214	1.339	1.071	1.339	1.214	1.214	1.214	1.071	1.214	1.214	1.821	0.000	0.000	3.106	3.297	7.623	0.000
16	1.238	1.560	1.518	1.393	1.200	1.393	1.393	1.393	1.518	1.200	1.518	1.393	2.033	2.867	2.676	0.000	0.000	0.000	9.266
17	1.214	1.536	1.393	1.536	1.200	1.393	1.393	1.393	1.393	1.200	1.393	1.393	1.660	2.243	2.219	0.000	0.000	0.000	7.202
18	0.000	1.831	1.464	1.631	1.271	1.464	1.464	1.464	1.464	1.271	1.464	1.464	1.438	1.888	1.760	0.000	0.000	0.000	3.013
19	1.271	1.000	1.143	1.000	1.000	1.000	1.000	1.143	1.000	1.143	1.000	1.000	1.343	0.000	0.000	1.652	1.710	2.076	0.000

资料来源：UCINET 软件。

不过第一对点的中间中心度排名分别为 1 和 12，第二对点的中间中心度排名分别为 2 和 16，第三对点的中间中心度排名分别为 1 和 4，很明显点的中间中心度与线的中间中心度是完全不同的。点的中间中心度测量的是一个单独的节点的权力大小，线的中间中心度测量的是两点之间的关系在整个网络中拥有的权力大小，二者有所不同。

4. 点的接近中心度

除了度数中心度、中间中心度之外，还有接近中心性指标也可以很好地刻画网络中某一点所处位置的重要性。用接近中心性表示网络节点位置的基本原则是，一个点越是与其他点接近，该点就更加容易传递信息和交换资源，因而更有可能居于整个网络的核心位置。因此，测度一个节点的接近中心度的依据就是点与点之间的距离，如果一个点与网络中其他所有点的距离之和很短，那么该点具有较高的接近中心度。在网络中，这样的点与许多其他点都"接近"。

其计算公式如下所示：

$$C_{APi}^{-1} = \sum_{j=1}^{n} d_{ij}$$

该公式计算的是绝对接近中心度，其中 d_{ij} 指的是点 i 和点 j 之间的捷径距离（即捷径中包含的直接线条数）。若想对来自不同规模大小的图中的点的接近中心度进行比较，绝对中心度便失去效果，这时需要将绝对接近中心度标准化。显而易见，在规模为 n 的星形网络中，处于最中间位置的点的接近中心度为 $n-1$，C_{APi}^{-1} 可以达到最小值。此时用绝对接近中心度除以这个最小的接近中心度 C_{APi}^{-1}，就可以得到相对接近中心度为 $C_{RPi}^{-1} = \dfrac{C_{APi}^{-1}}{n-1}$，或者表达为 $C_{RPi} = \dfrac{n-1}{C_{APi}}$。这个相对值可以用来比较来自两个不同大小规模的网络的点的接近中心度的大小。从接近中心度的含义可以看出，某个点在信息资源、权力、声望以及影响方面的强弱与其离中心点的距离远近成正比：离得越远，作用越弱；离得越近，作用越强。接近中心度的值越大，越说明该点不是网络的核心点。因此，将 UCINET 软件求得的值求倒数后得到的值重新排序，排第一的才是网络的核心点。

将 19×19 二值数据输入 UCINET 6 软件，通过 Network-Centrality-Closeness 路径可求出点的接近中心度，分析结果如表 4-6 所示，标准化后的相对接近中心度最大的是北京汽车、中汽工学、中国一汽和东风汽车，说明其是该网络的核心点；而相对接近中心度值较小的有凌云工业股份有限公司、湖南大学和哈尔滨工业大学（威海），说明这些与其他节点之间的联系要依靠别的节点多一些，相对来说处于网络的边缘地带。

表 4 - 6　　　　　　　　　　　　　点的接近中心度

节点序列	节点名称	出度绝对接近中心度	入度绝对接近中心度	出度相对接近中心度	入度相对接近中心度	相对接近中心度	标准化值	排序
1	Y 中汽工学	24	19	1.333	1.056	1.194	0.837	2
2	C 中国一汽	25	19	1.389	1.056	1.222	0.818	3
3	C 东风汽车	24	20	1.333	1.111	1.222	0.818	3
4	C 上海汽车	25	20	1.389	1.111	1.250	0.800	5
5	C 重庆长安	27	20	1.500	1.111	1.306	0.766	6
6	C 北京汽车	21	20	1.167	1.111	1.139	0.878	1
7	C 奇瑞汽车	27	20	1.500	1.111	1.306	0.766	6
8	C 浙江吉利	27	22	1.500	1.222	1.361	0.735	8
9	C 长城汽车	29	22	1.611	1.222	1.417	0.706	12
10	C 安徽江淮	29	22	1.611	1.222	1.417	0.706	12
11	C 郑州宇通	30	23	1.667	1.278	1.472	0.679	15
12	C 华晨汽车	28	23	1.556	1.278	1.417	0.706	12
13	Y 中汽研究院	28	27	1.556	1.500	1.528	0.655	16
14	Y 宝钢研究院	20	29	1.111	1.611	1.361	0.735	8
15	C 中铝公司	21	29	1.167	1.611	1.389	0.720	10
16	X 吉林大学	20	30	1.111	1.667	1.389	0.720	10
17	X 哈工大（威海）	31	31	1.722	1.722	1.722	0.581	18

节点序列	节点名称	出度绝对接近中心度	入度绝对接近中心度	出度相对接近中心度	入度相对接近中心度	相对接近中心度	标准化值	排序
18	X 湖南大学	21	39	1.167	2.167	1.667	0.600	17
19	C 凌云工业	20	42	1.111	2.333	1.722	0.581	18

资料来源：UCINET 软件。

一般来讲，度数中心度、中间中心度和接近中心度这 3 种中心度是相关的，三者之间可能存在的关系如表 4-7 所示。

表 4-7　　　　　　　　　　3 类中心度之间的关系

	度数中心度低	中间中心度低	接近中心度低
度数中心度高		该类节点可以绕过其他的冗余的复杂关系直接与其他节点联系	该类节点所融入的范围远离其他节点
中间中心度高	该类节点与其他节点的关系对于网络运作来说至关重要		该类节点经常处于其他点对之间，却又很少与其他节点距离近，两相矛盾故几乎不存在
接近中心度高	该类节点是与网络中的核心人物有联系的关键性人物	在网络中与其他节点存在多种联系	

而汽车轻量化技术创新网络的 3 种相对中心度利用标准化公式：$X'_{ij} = \dfrac{X_{ij}}{\max(\sum\limits_{i=1}^{n} X_{ij})}$（j = 1，2，3）标准化处理后的数据已列在表 4-8 中。

表 4 – 8 **3 种标准化后的中心度**

序列	节点名称	标准化后的 相对度数中心度	标准化后的 相对中间中心度	标准化后的 相对接近中心度
1	Y 中汽工学	1.00	1.00	0.95
2	C 中国一汽	0.94	0.43	0.93
3	C 东风汽车	0.77	0.10	0.93
4	C 上海汽车	0.71	0.10	0.91
5	C 重庆长安	0.94	0.22	0.87
6	C 北京汽车	0.68	0.00	1.00
7	C 奇瑞汽车	0.87	0.06	0.87
8	C 浙江吉利	0.90	0.19	0.84
9	C 长城汽车	0.74	0.00	0.80
10	C 安徽江淮	0.97	0.35	0.80
11	C 郑州宇通	0.74	0.00	0.77
12	C 华晨汽车	0.87	0.06	0.80
13	Y 中汽研究院	0.55	0.36	0.75
14	Y 宝钢研究院	0.32	0.10	0.84
15	C 中铝公司	0.71	0.38	0.82
16	X 吉林大学	0.74	0.52	0.82
17	X 哈工大（威海）	0.71	0.39	0.66
18	X 湖南大学	0.61	0.21	0.68
19	C 凌云工业	0.61	0.05	0.66

资料来源：由笔者根据公式在 Excel 中计算得来。

（五）汽车轻量化技术创新网络结构洞分析

汽车轻量化技术创新网络结构洞测度。社会学家伯特（1992）在《结构洞：竞争的社会结构》（Structural Hole：Competitive Social Structure）一书中首次提出了结构洞的概念，将其定义为社会网络中的某个或某些个体和其他一些个体发生直接联系，但与另外一些个体不发生直接联系，这种无直接联系或关系间断的现象，从网络整体看就好像整个网络结构中出现了洞穴一样，这就是结构洞。如果将每一个点看作是一个人，每条线看作是人与人之间的联系，那么图4－2中点A所处的位置就像是这个网络结构中的洞穴，即社会网络中的结构洞位置。在图4－2中可以明显地看到点A所拥有的权力是最大的。在社会网络中，一个聪明的人会选择在两个没有直接联系的人之间充当中介人的作用并以此获利，这种情况就是占据了网络中的结构洞位置。一个人所占据的结构洞数目越多，他利用人脉为自己节省时间谋取便利的能力也就越强，因此他在网络中的地位就越高。

节点受限度指的是网络中一个节点对其他节点的依赖程度，该值越大，说明该节点受到的约束性越强，即依赖性越强，从而说明该节点的权力越小，那么其跨越结构洞直接与其他节点进行资源交换的可能性就小。节点受限度计算公式为：

$$C_{ij} = \sum_j (P_{ij} + \sum_q P_{iq}P_{qj})^2, \ q \neq i, j$$

其中，节点 q 是节点 i 和节点 j 的共同邻接点；P_{ij} 表示在节点 i 的所有邻接点中节点 j 所占的权重比例。则节点 i 的受限度为：

$$C_i = \sum_j C_{ij}$$

利用 UCINET 软件将 19 × 19 二值数据输入 UCINET 6 软件，通过 Network-Central Network-Structural Holes 路径可求出点的中间中心度，进而可得技术创新网络中每个节点的结构洞指数，表4－9 表示任意两个点之间的限制度。可以看出，节点 1 对节点 14 的限制度最大，为 0.07。而节点 14 对节点 13 的限制度最大，为 0.06。

表 4 - 9

结构洞分析节点受限度

Oyadic Constraint

	1	2	3	4	5	6	7	8	9	10	11	12	13	14	15	16	17	18	19
1	0.00	0.01	0.01	0.01	0.01	0.01	0.01	0.01	0.01	0.01	0.01	0.01	0.01	0.01	0.00	0.02	0.02	0.02	0.01
2	0.01	0.00	0.01	0.01	0.02	0.01	0.02	0.02	0.01	0.02	0.01	0.02	0.00	0.00	0.01	0.01	0.01	0.01	0.01
3	0.02	0.02	0.00	0.00	0.02	0.00	0.02	0.02	0.02	0.02	0.02	0.02	0.00	0.00	0.01	0.01	0.01	0.01	0.02
4	0.02	0.02	0.00	0.00	0.02	0.02	0.02	0.02	0.00	0.02	0.00	0.02	0.01	0.00	0.02	0.02	0.02	0.02	0.02
5	0.01	0.01	0.01	0.01	0.01	0.01	0.01	0.01	0.01	0.02	0.01	0.02	0.00	0.01	0.01	0.01	0.01	0.01	0.01
6	0.02	0.02	0.00	0.01	0.02	0.00	0.02	0.02	0.00	0.02	0.00	0.02	0.00	0.00	0.02	0.02	0.02	0.02	0.02
7	0.01	0.02	0.01	0.01	0.02	0.01	0.00	0.02	0.01	0.02	0.01	0.02	0.00	0.00	0.01	0.01	0.01	0.01	0.01
8	0.01	0.02	0.02	0.01	0.02	0.02	0.02	0.00	0.02	0.02	0.02	0.02	0.00	0.01	0.01	0.01	0.01	0.01	0.01
9	0.02	0.02	0.02	0.01	0.01	0.00	0.02	0.02	0.01	0.02	0.01	0.02	0.00	0.00	0.01	0.01	0.01	0.01	0.02
10	0.01	0.02	0.01	0.01	0.02	0.01	0.01	0.02	0.02	0.00	0.02	0.02	0.00	0.02	0.01	0.01	0.01	0.01	0.01
11	0.01	0.01	0.02	0.01	0.01	0.00	0.02	0.02	0.00	0.02	0.00	0.00	0.00	0.00	0.01	0.01	0.01	0.01	0.02
12	0.01	0.02	0.00	0.01	0.02	0.02	0.02	0.02	0.01	0.00	0.01	0.00	0.00	0.00	0.01	0.01	0.01	0.01	0.01
13	0.03	0.00	0.00	0.00	0.00	0.00	0.00	0.00	0.00	0.03	0.00	0.00	0.06	0.06	0.00	0.01	0.03	0.03	0.02
14	0.07	0.00	0.01	0.00	0.00	0.01	0.00	0.00	0.01	0.02	0.01	0.02	0.01	0.01	0.01	0.05	0.05	0.05	0.00
15	0.00	0.02	0.01	0.01	0.01	0.01	0.01	0.01	0.00	0.00	0.01	0.02	0.01	0.01	0.00	0.00	0.02	0.02	0.00
16	0.02	0.01	0.01	0.01	0.02	0.01	0.01	0.01	0.01	0.01	0.01	0.01	0.01	0.00	0.00	0.00	0.00	0.00	0.01
17	0.02	0.01	0.01	0.01	0.02	0.01	0.01	0.01	0.01	0.01	0.02	0.01	0.01	0.01	0.01	0.00	0.00	0.00	0.01
18	0.02	0.01	0.01	0.01	0.02	0.01	0.01	0.01	0.01	0.02	0.01	0.01	0.00	0.02	0.01	0.01	0.01	0.00	0.01
19	0.02	0.01	0.01	0.01	0.02	0.01	0.01	0.01	0.01	0.01	0.02	0.01	0.00	0.01	0.00	0.01	0.01	0.01	0.00

资料来源：UCINET 软件。

第二节　网络权力的配置效率评价模型

在网络合作过程中，权力配置的一般法则是：网络中各成员的权力配置比例在原则上趋近于每个成员的价值投入比例。为评价权力配置的有效性，引入 DEA 模型相对效率评价法，构建网络组织权力配置效率评价模型，通过问卷调查与实地访谈对嵌入全球价值链中的太原高新区新兴产业软件开发技术创新网络、传统的山西特色农产品物流网络展开调查，收集中国情景下的相关数据资料，对权力配置效率进行客观评价，探究权力配置失效的原因，为网络权力配置优化提供更加全面、准确的决策支持信息。

权力配置效率评价模型构建思路如下：

设有 n 个决策单元（合作节点），每个单元记为 DMU，且每个 DMU 有 m 种类型的输入和 s 种类型的输出。用 x_{mj} 表示 DMU_j 第 m 项输入，y_{sj} 表示 DMU_j 的第 s 项输出，则所有 DMU_j 的输入、输出向量可以分别表示为 $X_j = (x_{1j}, x_{2j}, \cdots, x_{mj})^T$，$Y_j = (y_{1j}, y_{2j}, \cdots, y_{sj})^T$，$(j = 1, 2, \cdots, n)$。设输入输出的权向量分别为：$V = (v_1, v_2, \cdots, v_i, \cdots, v_m)^T$，$U = (u_1, u_2, \cdots, u_r, \cdots, u_s)^T$，则 DMU_j 的权力配置效率为：

$$E_j = U^T Y_j / V^T X_j$$

其中，E_j 表示节点 j 的权力配置效率；U^T 和 V^T 分别表示输入输出的权向量，适当选取权重 u_m 和 v_s，能够使 $E_j \leqslant 1$，$j = 1, 2, \cdots, n$。

如果对第 J_0 个 DMU 进行评价，记为 DMU_0，其输入为 X_0，输出为 Y_0，则第 J_0 个 DMU 相对权力配置效率 C^2R 评价模型为：

$$\max U^T Y_0 / V^T X_0$$

$$\text{s. t.} \begin{cases} U^T Y_0 / V^T X_0 \leqslant 1 \\ \sum_{r=1}^{s} u_r = 1, \ \sum_{i=1}^{m} v_i = 1 \\ u \geqslant 0, \ v \geqslant 0 \\ j = 1, 2, \cdots, n \end{cases}$$

利用 Charness-Cooper 变换以及对偶规划原理，将上述模型的分式规划问题等价变换为线性规划模型：

$$\min\theta$$

$$\text{s. t.} \begin{cases} \sum_{j=1}^{n} X_j\lambda_j \leqslant \theta X_0, j = 1, 2, \cdots, n \\ \sum_{j=1}^{n} Y_j\lambda_j \geqslant Y_0, \lambda_j \geqslant 0 \end{cases}$$

通过求解上述线性规划模型，可以获得模型中参数 λ_j 以及 θ 值，θ 值表示决策单元权力配置值。当 $\theta = 1$ 时，表明 DMU_0 权力配置相对有效，即在 n 个决策单元中，输入 X_0 基础上输出 Y_0 达到了最优；当 $\theta < 1$ 时，表明 DMU_0 权力配置相对无效，即 DMU_0 可以将输入降低到 θX_0 而保持原输出 Y_0 不变。

根据专家访谈及对企业实地调查，结合本书研究的实际需要，尤其是中国企业在特有制度要素的影响下政府在权力配置中的作用，拟确定量表的考核条目如表 4-10 所示。

表 4-10　　　　　　　　　　　权力配置效率评价变量说明

变量	含义	变量类型	测量方法
X_{1j}	结构	初始输入变量	采用李克特 5 级量表测量
X_{2j}	能力	初始输入变量	采用李克特 5 级量表测量
X_{3j}	资源	初始输入变量	采用李克特 5 级量表测量
X_{4j}	知识	初始输入变量	采用李克特 5 级量表测量
X_{5j}	制度	初始输入变量	采用国有股所占比重测量
E_j	配置效率	中间产出变量	运用 MaXdea 软件将变量带入 CCR 模型测量
Y_{1j}	财务	最终产出变量	采用李克特 5 级量表测量
Y_{2j}	顾客与市场	最终产出变量	采用李克特 5 级量表测量
Y_{3j}	网络流程	最终产出变量	采用李克特 5 级量表测量
Y_{4j}	学习与成长	最终产出变量	采用李克特 5 级量表测量

运用软件 MaXdea，将样本中决策单元的初始投入、中间产出和最终产出带入具有多个输入、输出变量规模报酬不变的 CCR 模型，得出样本权力

配置总体和各阶段相对效率的评价结果。

第三节　集团网络决策权配置机理与模型构建

一、决策权配置模式及其作用机理

决策权的配置模式。由于集团网络成员之间在资源禀赋、网络结构、知识能力等方面存在差序格局，也由此赋予了部分成员拥有集团战略决策权而另一些成员拥有企业经营决策权，由差异化分工而形成的决策权的合理配置，可以保证整个集团网络的有序运行。集团网络决策权配置是在各网络成员企业之间分配决策权，决策权制衡是决策权配置的本质（张艳、钟文胜，2005）。学术界已有的决策权配置指标包括薪酬差距、集权度、分权度等。本书依据诸多管理学理论中的二维分类研究范式（如领导四分图理论、决策风格理论、波士顿矩阵等），并借用葛玉辉（2011）"决策权配置差异化程度"这一指标来衡量决策权配置。

本书中集团网络的决策权配置差异化程度取值范围为 [0，1]，其中，0 表示高度分权化，1 表示高度集权化。根据二维决策权在集团网络主要是母子公司之间的配置差异度，将二者进行整合得出基于决策权配置差异度的四种典型模型，如图 4-3 所示。

图 4-3　决策权配置模型

配置模式Ⅰ：战略决策权配置差异度趋于1，经营决策权配置差异度趋于0。母公司拥有集团网络的战略决策权，负责整个集团的发展战略；子公司拥有企业的经营决策权，负责具体的经营管理。

配置模式Ⅱ：战略决策权与经营决策权配置差异度均趋于1，两种权力均集中在母公司，母公司负责集团发展战略和经营管理。

配置模式Ⅲ：战略决策权与经营决策权配置差异度均趋于0。两种权力均处于下放状态，由子公司主导集团的战略发展和经营决策。

配置模式Ⅳ：战略决策权配置差异度趋于0，经营决策权配置差异度趋于1。子公司拥有集团网络的战略决策权，母公司负责经营决策，子公司的发展相对于掌控型模式较为自由。

决策权配置影响集团母公司与子公司的行为，最终决定集团网络的治理绩效，因此集团网络中不同决策权配置模式会对治理绩效产生决定性影响。坎贝尔和麦克乐（Campbell & Mcloy，1993）提出的绩效理论认为：绩效是一个多维度的概念，即由多个变量共同反映。决策权的行使具有多样性，绩效并非只由结果来反映，往往还会由多个变量全过程地表现出来。在以往研究中，学者对于绩效的衡量通常采用"盈利能力""资产质量""债务风险"等短期目标指标，而忽略非财务指标等长期目标。本书借鉴战略管理工具平衡计分卡的思想，从网络计分卡的四个维度：财务、客户、内部运营以及学习成长，描述集团网络决策权配置模式对集团网络战略规划与执行管理的作用机理。

配置模式Ⅰ：母公司主要负责战略决策，包括战略走向、技术引进、产品开发等，从整体上把握集团长期全局性发展方向与前瞻性投资；各子公司负责经营决策，包括营销决策、人事决策、生产决策以及信息管理等具体运营管理决策。既支持集团追求业绩，又监督企业行为并兼顾学习与成长。

配置模式Ⅱ：集团的战略规划与运营管理均由母公司全权负责，虽然有利于集团网络集中资源办大事，但是由于过度集权也不可避免地产生了一些负面影响。首先，无疑加大了集团战略风险，母公司决策失误将会给整个集团带来毁灭性打击；其次，由于子公司全盘接受母公司安排，子公司将失去活力，创造性与灵活性丧失殆尽，也难以快速地与市场接轨，导致集团网络发展停滞不前；最后，可能会陷入细节决定成败的泥潭而难以自拔，导致财务绩效不佳、传统顾客流失、内部运营不畅、学习成长受损。

配置模式Ⅲ：集团战略规划与运营实施均由子公司负责，母公司是利润中心，只对成本利润负责，以间接指导为主要管理方式，子公司是投资中心，对投入与产出负有全面责任。子公司权利的扩大，有助于财务目标的实现，顾客价值也较易达成。然而不可忽视的是，这种模式可能导致子公司只顾局部利益，缺乏整体利益考虑，子公司之间的协作配合意识不强，甚至抑制集团整体长远发展，不利于集团学习成长的发展需要。

配置模式Ⅳ：现实中较为鲜见，多出现在母公司与子公司为混合控股方式的集团网络中，母公司控股子公司，主要任务是产品生产，被控股的子公司决定产品的战略方向。子公司能够及时掌握市场变化，有助于做出适合市场需要的战略决策。母公司掌握着营销决策权、生产决策权、人事决策权等，但由于存在市场距离，产品难接地气，集团学习成长必将受限。

二、决策权配置效率理论模型与数理模型

（一）理论模型构建

集团网络决策权的影响因素具有多维性，但资源、结构、知识以及能力是学术界公认的关键因素，集团网络决策权的差异性主要源于集团网络中企业之间资源、结构、知识以及能力的差异性（孙国强等，2017）。决策权配置过程分为决策权形成过程和作用过程两个阶段（孙国强等，2017）。

本书将集团网络决策权分解为战略决策权和经营决策权，并建立基于两阶段 DEA 分析的理论模型。如前面所述，这 4 种决策权配置模式是基于二维不同程度分析范式，虽不是连续函数，但无疑提高了集团网络决策权配置的可操作程度。两阶段 DEA 的决策权配置理论模型如图 4-4 所示，资源、结构、知识、能力作为初始投入，阶段 1 为决策权形成过程，中间产出为两种决策权，阶段 2 为决策权作用过程，集团网络的财务、顾客、内部运营和学习成长作为衡量产出的 4 个指标。

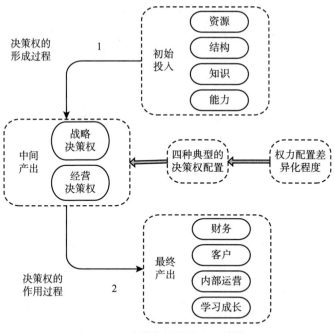

图4-4 决策权配置效率理论模型

(二) 数理模型构建

设有 n 个 DMU，每个 DMU 有 2 个节点，1 个中间变量，1 个系统变量。其中，节点 $k \in (1, 2)$ 有 mk 个输入变量。被评价 DMU_o $(1 \leqslant o \leqslant n)$ 的输入导向线性规划模型为：

$$\theta_o^{\varphi} = min_{1 \leqslant o \leqslant n} \sum_{k=1}^{2} \omega^k \Big[1 - \frac{1}{m_k} \Big(\sum_{i=1}^{m_k} \frac{s_{i_o}^{k-}}{x_{io}} \Big) \Big]$$

$$x_o^k = x^k \lambda^k + s_o^{k-} (k = 1, 2)$$

$$y_o^2 = Y^2 \lambda^2 - s_o^{2-}$$

$$z^{12} \lambda^1 = z^{12} \lambda^2$$

$$\sum_{j=1}^{n} \lambda_j^k = 1 (k = 1.2), \lambda_j^k \geqslant o (\forall j, k)$$

$$\sum_{k=1}^{2} \omega^k = 1 (\forall k), \omega^k \geqslant o (\forall j, k)$$

其中，x_{ij}^k 为 DMU_j $(1 \leqslant j \leqslant n)$ 中节点 k 的第 i 个输入变量的投入量；x_{ij}^k 为节点 k 的输入变量投入量向量；$y_j^2 \in R_+^2$ 为 DMU_j 最终输出变量产出量；

$z_j^{12} \in R_+^{12}$ 为产自 DMU_j 节点 1 并投入到节点 2 的中间产出/投入量向量（节点 1 的产出全部投入到节点 2）；λ_j^k 为节点 k 的强度；ω^k 为节点 k 的权重；s_o^{k-} 和 s_o^{k+} 分别为对 DMU_o 输入输出变量进行结构调整的松弛变量。

要使 DMU_o 到达前沿面，输入变量、输出变量和节点连接输出变量的目标值为：

$$x_o^{k*} \leftarrow x_o^k = s_o^{k-*} \quad (k = 1, 2)$$
$$y_o^{k*} \leftarrow y_o^k + s_o^{k+*} \quad (k = 1, 2)$$
$$z_o^{12} \leftarrow z^{12} + \lambda^{k*} \quad (k = 1, 2)$$

（三）研究设计

1. 变量设计

（1）初始投入变量。集团网络决策权配置效率的初始投入变量主要从决策权的形成方面影响因素考虑，一级指标主要包括投入的资源、结构、知识、能力等四个方面。

资源 X_1。集团网络中节点企业拥有的资源使其他节点企业产生依赖，形成相应的决策支配权。初始投入的资源具有价值性、不可替代性、难以获取性以及关键性等属性。因此，可从资源的价值性、不可替代性、获取难易性以及关键性来考察。

结构 X_2。衡量网络中结构位置的主要变量是结构洞与中心度。结构洞与中心度是网络分析方法中比较成熟的分析指标，前者反映网络中的空隙，考察能否居间发挥中介作用；后者衡量成员节点在网络中的中心位置。因此，可从结构洞和中心性来考察。

知识 X_3。把决策权配置给拥有知识的人是经济学界的主流观点。集团网络中谁拥有稀缺、关键的隐性知识，谁就拥有对其他企业的影响力与决策权。因此，可从知识的专用性、关键性、不可替代性等方面来考察。

能力 X_4。节点能力是一种改善自身网络位置、提升网络地位的能力（Hakansson et al.，1989）。网络能力可细分为组合管理能力、网络愿景能力、网络治理能力以及关系管理能力等（仝允桓，2006；党兴华、张巍，2011）。根据前人研究，将从这四种能力方面进行考察。

（2）中间产出变量。战略决策权 Z_1，战略决策包括技术引进决策、产品开发决策以及企业兼并决策等。因此，本书把技术引进决策权、产品开发决策权以及企业兼并决策权作为战略决策权的二级指标变量。经营决策权

Z_2，集团网络中的经营决策包括营销决策、生产决策、人事决策以及信息管理决策等，因此，本书把营销决策权、生产决策权、人事决策权以及信息管理决策权作为经营决策权的二级指标变量。

（3）最终产出变量。财务 Y_1，集团财务目标是集团生产运营的目标之一，财务是反映集团盈利与否的最直接的评价指标，本书对相关文献进行梳理，对不同指标在文献资料中出现的重要性和频率大小进行研究，将经营收益、经营成本和经营风险作为集团网络财务维度的二级指标变量。客户 Y_2，集团网络能否得以持续经营与客户认可度密不可分，本书通过对相关文献进行梳理，进而分析在激烈的市场竞争环境下，现代化集团网络所处的状况，最终将顾客满意度、顾客忠诚度、顾客价值和市场能力选定为衡量集团网络客户维度的二级指标变量。内部运营 Y_3，参考以往文献，内部运营方面的二级指标变量包括：共享流程程度、价值链整合程度、关系协调程度以及机制有效性（孙国强等，2017）。学习成长 Y_4，集团网络的价值受集团内部学习成长的影响，一个集团的学习成长程度决定了其未来发展，是集团网络的一个长期战略目标。通过汇总前人相关评价指标，可知以往的指标主要涉及信息与知识、网络结构、创新、成长能力和学习能力等方面。因此，本书将信息化水平、跨组织学习能力、成长能力和节点弹性作为集团网络学习成长维度的二级指标变量。

2. 评价方法选择

之所以运用两阶段 DEA 方法评价决策权配置效率，是因为集团网络决策权的配置兼有结果与过程两方面属性。一方面，两阶段 DEA 模型能够评价集团网络决策权配置的整体相对效率；另一方面，两阶段 DEA 模型能揭示各阶段的相对有效性。本书基于两阶段 DEA 模型首先对集团网络决策权的配置过程进行两阶段划分。两阶段 DEA 模型使用各阶段的投入和产出数据对决策单元进行有效性评价，将集团网络决策权的配置过程分为前后衔接的两个阶段，对每个阶段的输入输出指标进行量化，以此打开了"黑箱"，深度剖析配置过程中每个节点的配置相对效率，进而评价决策权配置整体相对效率。由于利用传统 DEA 方法，只能将研究对象看成不可分割的整体，不能求解这种效率，基于上述考虑，本书采用两阶段 DEA，深度剖析集团网络决策权配置两个阶段的效率。

3. 问卷设计与数据收集

在借鉴前人成熟的调查问卷的基础上，通过专家深度访谈、管理人员聚焦小组访谈等方式，对研究量表进行了初步分析，为调查问卷内容设计的有效性提供了基础性保证。在设计问卷时，主要参考了前人问卷中的成熟的题项。没有成熟的题项时，则用合理的依据去比较各个问卷题项的差异，找到最佳的题项。同时，依据集团网络发展的现实情况补充列出一些具有较大影响力的绩效指标。

具体题项的开发遵循以下步骤和方法：参照国内外学者的同类研究开发初始问卷量表；对广东省粤电集团、金蝶国际软件集团、浙江传化集团、内蒙古伊泰集团以及霍州煤电集团等典型的集团网络组织中负责人和中高层管理人员进行预测试，对原有指标进行调整和补充。最终形成了包含 38 个题项的初始量表的调查问卷。

本次调查案例选择主要从行业代表性与属性代表性方面来考虑，集团主营业务所处行业涉及农林牧副渔、交通运输仓储业、信息技术、产业批发和零售业、金融保险业、采掘业、制造业、水的生产与供应业、社会服务业以及综合行业，涉及行业广泛，保证调查结果具有行业代表性。另外，所调查集团涵盖国资委管理的企业、合资企业、民营企业、地方国有企业、科技机构、其他事业单位企业、集体企业等多种性质的企业集团，选择的调查企业具有企业属性代表性。本次调查的目标对象是各类大型集团企业，发放问卷50 份，回收问卷 40 份，其中，有效问卷为 38 份，有效回收率 76%。对于调查问卷的检验——信度检验，对量表的信度统计结果显示，克朗巴哈系数为 0.732。由此可见，调查问卷的信度较好，可以接受（吴明隆，2003）。通过采用 SPSS 17 对调查问卷数据的内部一致性进行计算，结果说明调查问卷的信度检验可以通过。效度检验。本书采用 KMO 值检验效度。经检验该调查问卷的 KMO 值为 0.786，说明问卷效度较好。

第四节　集团网络决策权配置效率的实证分析

一、样本数据分析

对问卷回收到的数据，分别从 4 个初始投入变量、2 个中间产出变量、4 个最终产出变量进行投入产出变量的描述性统计分析，每个集团所对应的数据是该集团在该投入或产出下的期望值。对收集到的 38 个集团网络的数据按战略决策权和经营决策权在母公司与子公司的分布进行配置模式的划分。对样本集团调查数据的描述性统计如表4-11所示，可知，集团网络中母公司战略决策权和经营决策权集中在3~5之间，没有绝对分权也没有绝对的集权出现，因此4种配置模式的归类均是相对的，本书将决策权在（4，5）这个区间的决策权定义为此决策权主要集中在母公司，将决策权在（3，4）这个区间的决策权定义为此决策权主要集中在子公司。

表4-11　　　　　　　样本集团投入产出变量的描述性统计

集团	资源	结构	知识	能力	战略决策权	经营决策权	财务	客户	内部运营	学习成长
DMU1	5.00	5.00	3.75	3.50	5.00	5.00	3.00	3.00	3.25	3.75
DMU2	4.50	4.00	4.25	4.50	5.00	4.75	3.67	4.00	4.50	4.00
DMU3	4.25	2.50	4.00	4.50	5.00	4.25	4.00	3.50	3.50	4.50
DMU4	5.00	3.00	4.50	5.00	3.50	4.33	4.00	4.50	4.75	4.25
DMU5	4.75	4.00	3.75	3.75	4.33	5.00	4.00	3.75	3.75	4.25
DMU6	4.00	4.00	4.00	4.00	4.00	4.25	4.33	3.75	4.00	4.00
DMU7	4.25	4.50	4.25	4.00	4.33	4.00	4.00	4.25	4.25	4.25
DMU8	3.25	3.75	3.75	3.75	3.33	4.00	3.67	4.75	4.25	3.25
DMU9	3.25	3.50	3.75	3.50	3.33	4.00	4.00	4.50	4.00	3.75
DMU10	3.75	3.75	3.50	3.75	3.67	3.75	4.00	4.25	4.50	4.00
DMU11	3.75	3.25	3.50	2.75	3.00	3.25	4.00	4.50	4.00	3.75
DMU12	4.00	4.00	4.00	3.50	3.67	3.75	4.33	4.75	4.00	3.75
DMU13	3.25	3.25	3.50	3.50	3.33	3.50	4.00	3.50	4.25	3.75
DMU14	4.00	3.75	4.25	4.25	4.00	4.00	4.00	4.25	4.00	4.00
DMU15	4.25	4.75	4.25	4.50	4.67	4.75	4.00	4.00	4.25	4.50
DMU16	4.00	4.25	4.50	4.25	4.67	4.25	4.33	4.50	4.25	4.50
DMU17	3.25	3.50	3.50	3.50	4.67	3.50	4.33	4.25	4.25	4.50
DMU18	4.50	4.25	4.50	4.00	4.33	4.25	4.00	3.75	4.50	4.00
DMU19	3.25	4.00	3.75	3.75	3.67	3.75	3.67	4.00	4.25	3.50
DMU20	3.50	3.75	3.75	3.25	3.33	3.50	3.67	4.50	4.25	4.00

续表

集团	资源	结构	知识	能力	战略决策权	经营决策权	财务	客户	内部运营	学习成长
DMU21	4.00	3.50	3.75	3.75	3.67	3.75	4.00	4.00	4.00	3.75
DMU22	3.75	3.50	3.75	4.00	5.00	3.25	4.00	4.00	4.00	4.25
DMU23	3.75	3.75	3.75	3.75	4.67	3.50	4.33	3.50	4.00	3.50
DMU24	3.75	3.25	3.50	2.75	4.33	3.25	3.67	4.00	3.75	3.75
DMU25	4.00	4.00	4.00	4.00	4.00	4.00	4.33	4.00	4.00	3.75
DMU26	3.25	3.25	3.50	3.75	4.00	2.75	3.67	4.25	3.75	3.50
DMU27	4.00	3.75	4.00	4.25	4.67	3.00	4.00	4.50	4.00	4.00
DMU28	4.25	4.00	4.00	4.50	4.33	3.50	4.00	4.75	4.25	4.00
DMU29	3.25	3.25	3.50	3.75	4.00	2.75	3.67	4.25	3.75	3.50
DMU30	3.75	3.25	3.50	2.75	4.33	3.50	3.67	4.00	3.75	3.75
DMU31	3.25	3.50	3.50	3.50	4.67	3.50	4.33	4.25	4.25	4.50
DMU32	4.50	4.00	4.25	4.50	5.00	4.75	3.67	4.00	4.50	4.00
DMU33	4.00	3.75	4.25	4.25	4.00	4.00	4.00	4.25	4.00	4.00
DMU34	4.00	4.00	4.00	4.00	4.00	4.25	4.33	3.75	4.00	4.00
DMU35	3.75	3.75	3.50	3.75	3.67	3.75	4.00	4.00	4.50	4.00
DMU36	3.25	3.75	3.75	3.75	3.33	4.00	3.67	4.75	4.25	3.25
DMU37	4.00	3.50	3.75	3.75	3.67	3.75	4.00	4.00	4.00	3.75
DMU38	3.75	3.25	3.50	2.75	3.00	3.25	4.00	4.50	4.00	3.75

资料来源：根据问卷调查结果整理而得。

基于以上定义，本书将以上38个集团网络分为3种配置模式，在38家集团网络中，有12家属于掌控型配置模式，战略决策权均大于4，经营决策权小于4；有13家母公司主导型配置模式，战略决策权和经营决策权均大于4；另外13家为子公司主导型配置模式，战略决策权和经营决策权均小于4。经过对数据的处理发现在调查范围内没有出现第四种配置模式即自由型配置模式，由于该种配置战略决策权主要集中在子公司、经营决策权主要集中在母公司，目前国内这种配置模式较为少见，难以取得多个样本，因此本书主要对前3种配置模式进行评价。

二、配置效率评价

本书虚构了第 39 个集团网络，该集团网络的投入和产出是前 38 个集团网络每项投入的最小值和每项产出的最大值。因此，该第 39 个决策单元综合性效率值必为 1，为设定的理想决策单元（前沿面），其余 38 个集团网络就可按照其相对于理想决策单元的效率值进行排序分析。集团网络决策权配置的主要目的是为了提高集团网络的整体绩效，因此将第一阶段决策权的形成过程和第二阶段决策权的作用过程的权重分别为 0.4 和 0.6。运用软件 Maxdea，将样本中 39 个决策单元的初始投入、中间产出和最终产出带入具有多个输入、输出变量规模报酬不变的 CCR 模型，得出样本集团决策权配置总体和各阶段相对效率的评价结果，如表 4 – 12 所示。

表 4 – 12　　　　　　　　样本集团网络整体效率评价结果

集团网络	过程阶段的相对效率		整体相对效率
	决策权形成过程	决策权作用过程	
DMU1	0.93	0.94	0.94
DMU2	0.87	0.93	0.90
DMU3	0.87	0.85	0.86
DMU4	0.70	1.00	0.88
DMU5	0.80	1.00	0.92
DMU6	0.82	1.00	0.93
DMU7	0.76	0.93	0.86
DMU8	0.93	0.93	0.93
DMU9	0.87	0.93	0.91
DMU10	0.93	0.54	0.70
DMU11	0.82	0.65	0.72
DMU12	1.00	0.76	0.86
DMU13	0.93	0.65	0.77
DMU14	0.74	0.76	0.76

续表

集团网络	过程阶段的相对效率		整体相对效率
	决策权形成过程	决策权作用过程	
DMU15	0.71	0.72	0.72
DMU16	0.69	0.75	0.72
DMU17	0.78	0.68	0.72
DMU18	0.76	0.76	0.76
DMU19	0.67	0.73	0.71
DMU20	0.75	0.78	0.77
DMU21	0.65	0.88	0.79
DMU22	0.70	0.80	0.76
DMU23	0.80	0.90	0.86
DMU24	0.80	0.85	0.83
DMU25	0.75	0.82	0.79
DMU26	0.65	0.95	0.83
DMU27	0.66	0.87	0.78
DMU28	0.70	0.86	0.79
DMU29	0.82	1.00	0.93
DMU30	0.76	0.93	0.86
DMU31	0.87	0.93	0.91
DMU32	0.65	0.88	0.79
DMU33	0.66	0.87	0.78
DMU34	0.67	0.73	0.71
DMU35	0.80	0.90	0.86
DMU36	0.75	0.82	0.79
DMU37	0.82	0.65	0.72
DMU38	0.70	0.80	0.76
DMU39	1.00	1.00	1.00

资料来源：根据软件 MaXdea 而得。

由表 4 – 12 可知，39 个集团网络的综合技术得分均在 0 ~ 1 之间，其中只有 DMU39 这一理想单元得分为 1。这样就实现了对全部集团网络进行比较分析，达到了引入理想单元的预期作用。对于表 4 – 12 得到的样本集团网络整体效率评价结果，可知 38 个集团网络在决策权形成过程和决策权作用过程两个阶段的相对效率以及这两个阶段整体的配置效率，从数据中可看出 38 个样本各个阶段和整体配置效率相对于前面所设的最优单元决策均在 0.7 以上，相对于最优单元整体效率较好。为了更清楚地分析，本书将所得数据按不同的配置模式进行归类，分别求取每种配置模式中决策权形成过程效率、决策权作用过程效率以及整体相对效率的期望值，如表 4 – 13 所示。

表 4 – 13　　　　样本集团网络不同配置模式效率评价结果

集团网络	过程阶段的相对效率		整体相对效率
	决策权形成过程	决策权作用过程	
掌控型	0.84	0.95	0.90
母公司主导型	0.80	0.70	0.74
子公司主导型	0.72	0.86	0.80
理想配置型	1.00	1.00	1.00

资料来源：根据相关数据整理而得。

由表 4 – 13 可知，样本集团网络决策权配置整体相对效率掌控型配置模式最高为 0.90，其次是子公司主导型配置模式，为 0.80，母公司主导型配置模式整体效率最低，为 0.74。其中，掌控型配置模式两个过程的阶段相对效率均高于母公司主导型和子公司主导型配置模式，在第一阶段决策权形成过程中子公司主导型配置模式效率最低，在第二阶段决策权作用过程中母公司主导型配置模式的效率显著低于掌控型和子公司主导型这两种配置模式。究竟是什么原因导致不同配置模式效率的差异呢？还需要利用 MaXdea 分析每种配置模式各个阶段需要改进的空间。

第五节　网络权力配置效率改进空间

为了寻找网络权力配置效率的提升路径，首先对样本企业网络权力的形成阶段（第一阶段）各要素进行分析，利用 MaXdea 软件输入各要素第一阶段的投入与产出，得出每个指标松弛变量和目标值，并得出各要素需要改进的幅度大小，以探寻各初始投入要素的改进空间；其次对样本企业网络权力的作用过程（第二阶段）各要素进行分析，主要从财务、客户、网络流程和学习成长 4 个维度的产出指标进行分析，利用 MaXdea 软件输入各要素第二阶段的投入与产出，得出每个指标松弛变量和目标值，并得到各最终产出要素需要改进的幅度大小，以探寻各最终产出要素的改进空间。

从集团网络决策权配置模式出发，可得到相同配置模式下不同集团网络各要素所需改进的期望值，汇总得到表 4-14 样本集团网络不同配置模式第一阶段改进幅度汇总和表 4-15 样本集团网络不同配置模式第二阶段改进幅度汇总。

表 4-14　　　　　　　样本集团网络不同配置模式第一阶段改进幅度

配置模式	资源		结构		知识		能力	
	松弛变量	改进幅度（%）	松弛变量	改进幅度（%）	松弛变量	改进幅度（%）	松弛变量	改进幅度（%）
掌控型	-0.86	-0.22	-0.69	-0.19	-0.62	-0.16	-1.29	-0.32
母公司主导型	-1.22	-0.28	-1.17	-0.27	-0.85	-0.20	-1.38	-0.33
子公司主导型	-1.15	-0.32	-1.24	-0.34	-1.11	-0.30	-1.47	-0.42
理想配置型	0.00	0.00	0.00	0.00	0.00	0.00	0.00	0.00

资料来源：根据 MaXdea 软件而得。

表 4-15　　　　　　　样本集团网络不同配置模式第二阶段改进幅度

配置模式	财务		客户		内部运营		学习成长	
	松弛变量	改进幅度（%）	松弛变量	改进幅度（%）	松弛变量	改进幅度（%）	松弛变量	改进幅度（%）
掌控型	0.05	0.01	0.41	0.11	0.33	0.08	0.17	0.05
母公司主导型	0.20	0.06	0.69	0.19	0.52	0.14	0.11	0.03
子公司主导型	0.18	0.05	0.21	0.05	0.29	0.07	0.53	0.15
理想配置型	0.00	0.00	0.00	0.00	0.00	0.00	0.00	0.00

资料来源：根据 MaXdea 软件而得。

（一）第一阶段结果优化

为了进一步清晰地分析数据，首先对 38 个集团网络决策权配置第一阶段各要素进行分析，利用 MaXdea 软件输入各要素第一阶段的投入与产出，得出每个指标的松弛变量和目标值，并得出各要素需要改进的幅度大小。由表 4-14 可知，样本集团网络决策权配置第一阶段所有构成要素都需要改进。从资源、结构、知识以及能力 4 个角度整体看能力维度需要改进的幅度最大，知识维度最小，结构和资源维度居中。再分别比较这 3 种配置模式在资源、结构、知识和能力维度的改进差异性。

对于资源维度，掌控型、母公司主导型以及子公司主导型这三种模式的改进幅度分别为 -0.22%、-0.28% 和 -0.32%。其中，最低的是掌控型配置模式，说明该种配置模式下母公司对于重要性资源的利用效率较高，成功地将其对于资源的控制转化为相应的决策权。另外，母公司主导型和子公司主导型对于所拥有的资源没有使其产生相应的决策权，对资源转化成权力这一过程效率欠缺，尚需继续改进，提高资源转化成决策权的效率。

对于结构维度，3 种模式的改进幅度分别为 -0.19%、-0.27% 和 -0.34%。掌控型的配置模式依然是最低的，子公司主导型最高，需要改进的幅度最大，母公司主导型需要适当的改进。分析结构维度，主要是集体网络中母公司对于其所处的结构洞以及中心性的利用程度，能否将自身所拥有的结构方面的特殊优势转化为决策权。可以看出掌控型将结构优势转化成决策权的效率最高，而子公司主导型需要加强转化效率，充分发挥母公司的结构优势。

对于知识维度，3 种模式的改进幅度分别为 -0.16%、-0.20% 和 -0.30%。掌控型依然是需要改进的最少的，整体来说知识维度，3 种配置模式的改进幅度只有子公司主导型是最大的，子公司主导型模式下的母公司需要强化知识转化成决策权的效率，增加专有性稀缺性知识，并成功将其转化成可以使其他企业对其产生依赖的决策权。

对于能力维度，3 种模式的改进幅度分别为 -0.32%、-0.33% 和 -0.42%。虽然掌控型改进幅度最小，但是 3 种配置模式在网络管理能力、关系管理能力、资源整合能力、知识管理能力方面需要改进的幅度还很大，母公司要提升自身网络能力，提高将网络能力转化为网络决策权的能力，充分利用网络能力带来的优势。

（二）第二阶段结果优化

首先对 38 个集团网络决策权配置第二阶段各要素进行分析，决策权配置第二阶段主要是决策权的作用过程，即决策权的配置状态对于集体网络绩效的整体影响状况，主要从财务、客户、内部运营和学习成长 4 个维度的产出指标进行分析，利用 MaXdea 软件输入各要素第二阶段的投入与产出，得出每个指标的松弛变量和目标值，并得到各要素需要改进的幅度大小，探究各要素的改进空间。由表 4-15 可知，样本集团网络决策权配置第二阶段关于绩效的产出指标改进幅度不大，但是都需要改进。本节通过每种配置模式在绩效方面的改进幅度的差异性，判断该种配置模式在财务、客户、内部运营与学习成长 4 个方面的优劣，以及需要改进的方面。

对于财务维度，3 种模式的改进幅度分别为 0.01%、0.06% 和 0.05%。其中，最低的是掌控型配置模式，该种配置模式下母公司对于集团其中掌控型配置模式基本无需改进，说明掌控型配置模式，战略决策权在母公司，经营决策权在子公司，这种配置最有利于集团整体的盈利水平提升。另外，母公司主导型和子公司主导型改进幅度比掌控型略大，但也基本无需改进，这说明 3 种配置模式对于集团网络的财务营利方面没有太大差异。

对于客户维度，3 种模式的改进幅度分别为 0.11%、0.19% 和 0.05%。其中，母公司主导型改进幅度最大，其次掌控型改进幅度也比较大，子公司主导型改进幅度最小。本书的客户维度主要从顾客满意度、顾客忠诚度、顾客价值和市场能力 4 个方面考量，结果说明母公司主导型由于战略决策权和经营决策权都集中在母公司，这种配置模式不利于客户满意度和忠诚度的维护。掌控型由于下放了经营决策权，使子公司拥有经营权，生产的产品更接近市场，获得更多的顾客满意度。但是由于最终战略决策权在母公司，对子公司的生产灵活性造成一定的掣肘，尚需改进。相对于其他两种模式，子公司主导型显得更有利于客户的维护。

对于内部运营维度，3 种模式的改进幅度分别为 0.08%、0.14% 和 0.07%，母公司主导型配置模式需要改进的幅度最大，掌控型和子公司主导型两种改进幅度基本相同，需要适当改进。借鉴郭文兵（2015）的研究结果，内部运营维度从共享流程程度、价值链整合程度、关系协调程度以及机制有效性 4 个方面进行考量。因此，说明母公司主导型由于决策权过度集中，不利于集团内部资源共享以及集团内部的协调发展。相比而言，掌控型和子公司主导型，由于决策权的部分下放，使集团内部关系和谐、资源共享，更有利于集团的内部协调运营。

对于学习成长维度，3 种模式的改进幅度分别为 0.05%、0.03% 和 0.15%，子公司主导型改进幅度最大，掌控型和母公司主导型改进幅度相近，基本无需改进。结果说明子公司主导型最不利于集团网络的学习成长，这个结果与前面理论分析有一定的差异，主要是子公司主导型配置模式中，战略决策权与经营决策权均下放在子公司。子公司拥有过多权力容易适得其反，这种模式容易造成子公司只见树木不见森林，集团网络整体利益受到危害。由此不难理解，子公司主导型的配置模式为什么不利于集团整体的学习成长。而掌控型和母公司主导型这两种配置模式，由于母公司掌握着集团整体的战略方向，能够整体宏观地对整个集团进行人力资源调度、推进集团各公司的知识分享等，有利于集团的学习成长。

第 五 章

中国企业网络权力配置对合作行为的影响研究

第一节 合作行为的表现

合作是指两个或两个以上的个体为了实现共同目标（共同利益）而自愿地结合在一起，通过相互之间的配合和协调实现共同目标、满足个体利益的一种社会交往活动。团队合作是团队内部通过共同的合作完成某项任务。罗宾斯（Robbins，1994）首次提出"团队"概念后，随后关于"团队合作"的理念风靡全球。缺乏合作意识和团队精神是企业业务合作的通病，竞争固然重要但合作更为重要，拥有合作意识则是实现协同效应不可缺少的重要条件。叶英平（2017）认为，企业基于网络权力进行的协调网络关系、建立网络规范、增进网络合作默契度、达成网络共识等一系列行为均为合作行为。

根据组织行为学与团队合作理论，结合先期实地调研的观察结果，经过多轮扎根理论分析，合作行为的具体表现可归纳为以下几个方面：

（1）彼此尊重、适度嵌入，经济活动嵌入相互关系之中，形成良好的合作环境与氛围，具有坚实的信任基础和集体向心力。

（2）相互支持、密切配合，系统攻克难关，排除达成目标的障碍，个体需要与网络整体目标相结合。

（3）充分沟通、快速响应，注重非正式信息交流并认同核心节点的重要决策，同步互动协调。

（4）资源共享、行为默契，优势互补中达成默契，建立有效机制共同抑制机会主义行为。

（5）精诚合作，形成惯例，在成员长期合作中促成理解。达成共识，化解冲突，维护和加强整体声誉。

第二节 影响行为有效性的关键变量

前期调研发现，影响合作行为有效性的变量很多，但关键变量主要包括以下几个。

（一）基于信任的融洽氛围

信任既是企业网络的形成条件，也是企业网络的治理机制，更是影响合作行为的关键变量（张宝建，2014；孙国强，2016）。民主宽松平等的合作氛围，是培养合作精神的首要条件。在这样的氛围中，合作节点愿意、乐于合作。一般情况下，如果彼此以民主、平等的态度去理解与尊重对方，用平和的心态相互交流，就比较容易建立信任，赢得对方的合作。发生冲突时，和蔼谦逊的态度可以增加协调的气氛，减低反抗心理并赢得合作。具有认知合法性（pragmatic legitimacy）的企业，其行为符合社会大众的普遍心理认知和预期（Suchman，1995），具备了厚植信任的沃土。因此，基于充分信任的融洽氛围可以有效促进合作行为。

（二）"好孩子"标杆效应

彼此在日常业务交往中的行为举止潜移默化地影响着对方，具有良好责任担当的合作者往往会成为大家模仿的榜样，无形中树立的一个"好孩子"标杆效应（benchmarking effects），必将会促进合作节点主动配合、密切协调、快速响应。尤其是核心节点的"好孩子"效应更为显著，其本身也是建立信任的有效途径之一（Bizkak，2011）。索森（Sozen，2012）认为网络权力较大的企业在协调组织间关系中起到主导作用，有利于达成网络共识、规范网络行为。核心企业所扮演的一个重要角色是，能有效激励其他企业为了共同的网络整体目标参与合作共享（Dhanaraj et al.，1995），这种角色定义源自核心企业具有强大的知识、地位与感召等能力。合作经验丰富的企业能主动引导新节点企业积极参与合作，传授合作技能，指导合作策略，学习

117

如何遵守规则、协商解决问题、习得合作方法。

（三）优势资源占用

企业拥有的异质性资源越多，其他网络成员对该企业的依赖程度也越高，其在网络合作中的话语权与影响力也越大。资源的稀缺性与异质性导致网络内成员企业需要通过合作来共享资源（Gulati，1995）。资源基础论告诉人们，企业的核心能力与竞争力必然建立在独特的优势资源之上，换言之，独特而稀缺的资源是企业未来取胜的关键，有了这些资源企业不仅可以取得超常规发展，也可以对其他企业产生持续的影响力（Wernerfelt，1984）；而资源依赖论告诉人们，企业不可能拥有未来发展所需要的全部资源，有些关键资源掌握在别人手中，企业的可持续发展必然依赖于与其他企业的资源共享。因此，基础性资源既是自身发展的基石也是其他企业寻求合作的行为之源，而依赖性资源是企业寻求与其他企业展开合作行为以实现资源外取的必然途径。

第三节 集权与分权配置格局对合作行为的影响

一、理论分析与研究假设

随着信息技术的快速发展与广泛应用，行业分工日益细化，企业之间的竞争也日趋激烈，单枪匹马往往既难与竞争对手抗衡，又难以及时地满足顾客的多元化需求。为了更好地抵抗风险，提高市场竞争力，越来越多的企业选择扩大合作广度、加深合作深度，以获取关键信息与资源，建立竞争优势，进而适应纷繁复杂、迅速变化的环境。因此，鼓励参与，同侪驱动，以信任与合作为基本特征的网络型组织日趋活跃。在网络组织中，节点企业所处的网络位置与占有的关键资源产生了网络权力，但权力的分配并不均衡，企业之间的影响力与依赖程度不对称，这就涉及权力配置的问题。网络权力并非企业之间相互依赖合作背景下对传统企业权力的简单延续，而是呈现为一种与传统企业权力存在明显差异的权力新形式，既是合作中的权力配置与分享，也是网络结构属性的表象（孙国强等，2014）。现实中的许多企业网络运作不畅，治理无序，其中主要原因之一就是网络权力配置不当，致使各节点企业没有信心在网络组织中持续活动，最终导致网络的解散。

网络具有较高的不稳定性，与信任危机息息相关。网络中缺失信任感，会导致企业为谋取私利利用正式或非正式的权力算计、打压合作伙伴；会对某些合作伙伴故意隐瞒、谎报信息，或随意泄露合作伙伴的商业机密，利用信息不对称攫取短期利益；较少或不愿为信息共享、技术交流等活动投入必要的资源（Granovetter，2005）。以上这些行为和意愿极易激化矛盾，干扰企业网络中权力的运行，不利于合作关系的良性发展。此外，标杆效应对于企业间的合作影响颇大（Dhanaraj & Lyles，2004；张巍、党兴华，2011）。标杆企业所掌握的知识、技术及管理技能等资源一般优于其他企业，其他成员企业会向标杆企业看齐，企图通过与之合作学习，进而提升自身实力，因此企业网络中标杆企业的示范效应会直接影响企业间的合作行为。

网络治理的关键是如何有效配置权力，防止恶意侵占资源，避免优势互抵的短板效应出现。企业网络化合作过程中的权力配置问题，绝不是个别问题或偶发事件，而是我们不得不认真面对的现实问题，也是本书重点关注的科学问题，关于这一问题的解答不仅必要而且迫切。那么，企业网络权力配置与合作行为是什么关系？权力配置对合作行为的影响机理如何？信任与标杆发挥什么作用？如何引导与治理合作行为？对这些基本问题进行探索性解答，是本节研究的逻辑主线。

（一）网络权力配置与合作行为

网络组织中众多参与者的地位大多是不平等的，被依赖者往往享有更大的权力，网络的非对称性尤其是企业间权力的非对称性问题受到了学术界的普遍关注。权力较大的企业可以协调网络关系，建立网络规范，有助于达成网络共识和惯例，进而有利于合作关系的长期延续（Hall & Holmes，2008）。当核心企业关系能力较强时，可以有效规范网络成员行为，促进网络内的要素流动和资源整合，减少和避免不必要的矛盾，进而减少各节点间的竞争行为，有效增进合作行为。由此可见，当网络中的核心企业掌握权力较大时，即呈现集权式（CNP）的配置格局时，由于权力结构不平衡，企业出于维护或提升自身在网络中权力地位的考虑，会增强与其他企业的合作意愿，积极拓展商务合作；相反地，若企业网络中各节点权力并无太大差异，呈现分权式（DNP）配置格局，那么成员企业所拥有的资源基本相似，互相学习的必要性减弱，会降低彼此的合作意愿，不利于合作行为的开展。

119

基于此，本书提出以下假设：

H12a：企业网络中集权式权力配置格局会正向促进合作行为；

H12b：企业网络中分权式权力配置格局会抑制合作行为。

（二）资源占用的中介作用

企业网络的资源既包括知识、技术、信息、文化等无形资源，也包括同科研机构、同行竞争对手、风险投资机构、政府部门等企业或组织所建立的关系资源（谢永平等，2014）。资源占用失衡并非简单的资源占用数量差异，而是企业各自拥有的资源异质性较大，表现在资源的重要性、稀缺性、不可替代性及难以模仿性等方面（Gulati，1995）。在复杂的组织网络中，网络权力作用下各节点企业在其所拥有资源的量与质上存在着差异性（Hitt et al.，2002）。若企业网络中的权力配置格局呈集权式，则核心企业获得的网络权力大，拥有的稀缺性资源就越多、不可替代程度和难以模仿程度就越高，权力较小的周边企业所拥有的资源就相对较少、不可替代程度和难以模仿程度也较低。因此，网络权力关系的不对称往往造成资源分布失衡。当企业网络呈现分权式配置格局时，由于企业间权力基本相当，彼此所拥有的资源也基本相似。

基于上述分析本书提出以下假设：

H13a：集权式的网络权力配置格局下，资源占用失衡；

H13b：分权式的网络权力配置格局下，资源占用均衡。

企业间合作关系的建立始于双方拥有资源的异质性（郭献强等，2014）。资源差异能够促进企业间的沟通交流和互补性知识的学习（Cummings & Holmberg，2012）。企业之间开展合作的目的之一就是为了获取原材料、资金、知识及技术等资源。从理论上讲，网络内的资源分布不均衡有利于促进节点企业的合作。核心企业占用的信息、知识、技术资源越多，在网络结构中的地位和声誉就越高，就更容易赢得其他企业的信服和依赖，进而建立更多的合作关系。

因此，本书认为企业网络中资源占用的均衡与否会对合作行为产生影响，由此本书提出以下假设：

H14：资源占用失衡有利于促进企业间的合作行为；

H15a：资源占用在集权式权力配置与企业合作行为之间起中介作用；

H15b：资源占用在分权式权力配置与企业合作行为之间起中介作用。

（三）组织间信任的调节作用

大量研究表明，网络内部的关系信任度越高，越有利于促进节点企业参与网络中的资源交换和合作互动。相互信任的合作环境可有效降低利益冲突事件发生的概率，企业会更加注重发展的长远目标和整体利益（Diestre & Rajagopalan，2012）。信任水平较高时，各种权力的作用结果会更加适应整个网络的整体发展，提升合作水平；而当缺乏信任这一润滑剂时，成员企业无论是沟通协调还是互相适应，都会遇到阻碍。综合学者们的已有研究发现，信任还可通过多种方式改变合作者的行为：一是弱化败德行为，降低履约成本；二是使合作者更加开放，放松防御心理，接受更多来自伙伴的影响（吴松强等，2017）；三是使合作者更具弹性与创新性。组织间信任除了能够降低交易费用、减少组织冲突带来的内耗之外，还可以提高合作的灵活性，保证合作关系的长期延续（Parkhe，1998）。

基于上述分析，本书认为信任度越高，网络内的节点企业越倾向于合作，因此本书提出以下假设：

H16：组织间信任在资源占用与合作行为之间起正向调节作用。

（四）标杆效应的调节作用

占有优势资源的节点在拥有较大权力时如果能发挥示范作用，模范遵守共识与惯例，则可在无形中为其他合作节点起到一个"好孩子"榜样，成为网络内的标杆企业（Bizjak & Lemmon，2008）。如果有越来越多的合作企业通过学习、创新等活动达到最佳实践标准，就可能存在标杆效应（Elson & Ferre，2012）。标杆企业的行为模式往往被认为具有较高的效率，其他节点会努力向这些标杆节点看齐，进行比较、判断和学习，这在一定程度上会促进彼此间的合作行为（Luo & Shenkar，2002）。网络中的核心企业能凭借自身的优势与影响力支配或控制其他企业的相关行为。通过上述分析，本书认为，在企业之间的网络化合作实践中，标杆效应能有效调节合作行为。

因此本书提出以下假设：

H17：标杆效应在资源占用与合作行为之间起正向调节作用。

（五）有调节的中介作用

通过对已有文献的调查，并未发现将资源占用、组织间信任、标杆效应

121

及合作行为这 4 个变量纳入同一模型进行研究，大多数的研究分别单独分析单一变量对合作行为的影响。调节变量仅能解释一种关系在多种情境下是否发生变化，但在实践中，调节和中介很可能会共同作用于结果变量。网络中节点间彼此信任程度越高，越有利于促进合作伙伴间的知识流动和资源共享，进而有效降低冲突的发生，增进合作的默契。且由于标杆企业的信誉好、综合实力强，其他企业大多会争先恐后求合作，以学习标杆企业的先进技术、管理技能等。因此，本书认为，当组织间信任程度较高，资源占用所表现出来的中介作用将会更强；当网络中存在标杆效应时，资源占用所表现出来的中介作用也将更强。为了更全面、更准确地构造模型，研究变量间互相作用对合作行为的影响，本书在上述假设的基础上进一步构建了有调节的中介模型，预期组织间信任和标杆效应将会对资源占用的中介作用产生调节效应。

基于此，本书提出以下研究假设：

H18：组织间信任正向调节资源占用的中介作用，即组织间信任程度越高，资源占用所发挥的中介作用则越强；

H19：标杆效应正向调节资源占用的中介作用，即标杆效应越大，资源占用所发挥的中介作用越强。

二、探索性案例研究

探索性案例研究方法适用于在已有理论无法完整和有效解释相关问题的情形下，对于具有典型性甚至极端性的案例，抽象和归纳出普遍性规律的问题研究（Yin，2003）。企业网络并非新概念，国内外文献中并不缺乏对于技术创新网络、物流网络、集群网络等相关议题的研究。但是，国内外学术界对于网络权力配置对合作行为影响的解释虽涉及社会网络、商业生态系统等相关理论，但已有理论无法完全解释权力配置对合作行为影响的现象。因此，权力配置下的合作行为的理论体系与逻辑框架并未有效建立，相关理论基础仍然较为薄弱。因此，考虑到本书选取的案例本身的特殊性，选取探索性案例研究方法具有较强的适用性。

（一）研究设计与数据收集

1. 被解释变量（合作行为，CB）

企业在合作过程中如何调整自身对资源的投入强度以及合作透明程度是

衡量行为的主要因素。频繁的交流沟通可促进合作伙伴间关系的稳定以及增加双方间信任程度，有利于合作的顺利展开。因此，合作行为可通过资源投入度、合作透明度、沟通交流频率来测度。

2. 解释变量（网络权力，NP）

被学者们广泛认可的网络权力表现形式有结构权力、知识权力、影响权力。网络权力配置主要分析权力在网络中的集中问题、对称问题和依赖关系问题。因此，主要关注权力在网络中向核心企业偏倚的程度，即集权式（CNP）配置与分权式（DNP）配置。本书对网络权力配置的测量主要参考张巍、党兴华（2011），巴克和福克纳（Baker & Faulkne，1998）和艾尔兰（Ireland，2007）等已有研究中较为成熟的量表。鉴于中国独特的体制情境，国有企业一般成立年限较久，且受到政府战略支持，享有更多优惠政策，因而可能会在企业网络中占有更大的权力，所以设置"网络中的核心企业性质"，以判断网络权力配置是否受到我国体制环境的影响。

3. 中介变量（资源占用，RO）

资源基础论认为，网络内企业的资源满足有价值性、难以模仿性、不可复制性和稀缺性的特性。本书对资源占用的考量，不单是指企业之间资源拥有数量的差异，而是尤为关注企业间知识、信息及技术等资源的差异程度。因此，综合已有学者开发的量表，本书基于资源的特性，从资源的拥有数量、重要性、稀缺性、不可替代性和难以模仿性等方面来进行测度。

4. 调节变量（组织间信任，IOT；标杆效应，BME）

组织间信任的测量有认知和情感维度。情感信任受感情因素驱动，因合作双方的亲密默契关系而产生，与合作伙伴之间的互动强度和感情纽带有关，而认知信任的形成则较为理性，建立在充分了解对方和掌握值得依赖证据的基础上，企业基于合作方的能力、责任感、历史性表现等来决定信任的程度。虽然国内外关于标杆管理的研究成果丰富，但直接研究企业标杆效应的文献较少，且已有文献中鲜有直接测度标杆效应的成熟量表。因此，本书基于现有文献的理论成果，通过与本领域内的相关学者讨论设计初步测度量表，同时参考了地方政府出台的创新标杆企业评选标准等政策文件，最终确定测量题项予以度量。

5. 控制变量

本书将企业规模（ES）、企业性质（EN）、企业成立年限（EL）及行业类别（EA）作为控制变量，因为这些变量可能也会影响合作行为，如果不对其加以控制，容易造成回归分析中的因果关系混淆，所以必须排除它们对研究结果的干扰。

（二）问卷设计与数据收集

本书对调研问卷的设计、修改和完善过程包括：课题组内研讨，实地调研访谈，问卷试测。一是课题组内研讨，设计出初步的量表之后，在课题组的例会上汇报交流，结合团队内各位成员的意见和建议进一步修订和完善；二是实地调研访谈，先后在多地走访多家合作企业，与企业中高层管理人员及技术骨干多次进行访谈，根据调研情况及时修改问卷，题项表述通俗化；三是问卷试测，正式开展调查前，在合作企业中先发放了40份问卷进行小规模的预调研，收回32份，根据被访者的反馈再次优化调整，形成最终的调查问卷。

问卷的发放对象以具有典型网络合作特征的企业中高层管理人员为主，发放工作从2019年7月持续到2020年4月。调研主要采取电子版和纸质版问卷相结合的方式：一是现场派发纸质版问卷。前期在潞安太阳能集团、高科华烨电子集团、东明光伏科技等公司和太原不锈钢产业园区实地调研时，也一并发放了纸质调查问卷。二是利用团队成员社会关系。作者及课题组成员的社会关系中有在企业任职中高层管理人员，部分在企业任职中高层MBA学员，委托他们在企业内部交流群中发放电子版问卷。本次调研共发放问卷980份，收回353份，对无效问卷进行剔除后，得到有效问卷314份，有效率为88.95%。

（三）描述性统计与信度效度检验

对回收有效样本进行整体分析，观察到以下一些特征：一是被调查企业中民营企业占大多数，比例达到总体样本的58.07%；二是企业成立年限以6~10年（50.00%）和11~20年（28.23%）的居多；三是行业分布上，主要集中在加工制造业（41.93%）和信息技术产业（18.55%），商务服务业和金融保险业次之；四是注册资本额在501万~5000万元（43.55%）的企业占大多数；五是受访者大多数担任企业的中高层管理者（合计占比83.48%），他们比较了解企业自身的发展状况及与其他企业的互动情况，从而保证了问卷调查结果的真实性和准确性。

信度检验：根据德维利（Devellis，1991）在1991年对α系数值的界定，α系数值介于0.80~0.90之间被认为是非常好的取值范围，对于整个量表而言，表示信度高；本书采用 SPSS 22.0 统计软件，对量表进行信度检验，结果表明，α 系数在 0.84 以上，信度通过检验。

效度检验：本书所设计的量表在团队中经过多次讨论修改，且在正式调研之前，首先对量表进行了小范围的预测试，通过受访者的反馈和评价，对不合适的地方及时进行了修改和完善。加之，用来测度各变量的绝大多数题项借鉴前人的成熟量表，小部分没有合适的量表能够直接采用的变量的测度，则是根据其概念定义，结合研究的实际背景，来进行题项的设置。以上能保证量表具有较高的内容效度。本书采用 SPSS 22.0 软件做 EFA 因子分析来检验问卷的结构效度。检验结果显示，总量表的 KMO 值为 $0.902 > 0.9$，Bartlett's 球形检验的 sig. 值为 $0.000 < 0.01$；且各分量表的 KMO 值均大于 0.7，Bartlett's 球形检验的 sig. 值均为 0.000，达到了显著性水平，说明数据非常适于进行因子分析。利用 SPSS 对其进行探索性因子分析，通过主成分分析法提取特征值大于 1.0 的因子，得到 5 个公因子，再进行方差最大化旋转，得到旋转后的因子载荷矩阵，各题项的因子载荷系数大于 0.5，说明量表的结构效度良好。

三、实证分析与假设检验

（一）相关性分析

本书采用 Pearson 相关系数分析法检验网络权力配置、资源占用、组织间信任、标杆效应及合作行为各变量间的相关程度，以此判断是否满足回归分析的前提条件，分析结果如表 5 - 1 所示。

表 5 - 1　　　　　　　　　　各变量的相关性分析

变量	均值	标准差	1NP	2RO	3IOT	4MBE	5CB
1NP	0.856	0.740	1				
2RO	3.831	0.813	0.634 **	1			
3IOT	3.945	0.709	0.541 **	0.546 **	1		
4MBE	3.813	0.751	0.577 **	0.681 **	0.786 **	1	
5CB	3.729	0.563	0.587 **	0.753 **	0.688 **	0.695 **	1

注：$N = 124$，** 表示 $p \leqslant 0.01$（双侧检验），* 表示 $p \leqslant 0.05$（双侧检验）。
资料来源：根据统计分析软件而得。

由表 5-1 可知，在 0.01 的显著性水平上，网络权力配置、资源占用、组织间信任、标杆效应及合作行为变量两两之间均存在显著的相关关系。本书对样本数据进行了多重共线性检验，所有的 VIF 值都小于 10，由此可以证明虽然各变量间两两相关，但并不存在多重共线性问题，因此可建立多元线性回归模型做进一步分析。

（二）假设检验

相关性分析只能检验变量之间的相关关系，并不能准确地阐明各变量之间的作用效果以及变量的关系模型（不能区分变量的主从或因果）。如果需要探究变量之间的内在机制，还需要运用 SPSS 统计分析软件做进一步的多元回归分析来检验变量间的因果关系，并对调节效应、中介效应及有调节的中介效应进行验证。

1. 网络权力配置与合作行为关系的检验

本书以网络权力配置为解释变量，合作行为为被解释变量，通过建立多元线性回归模型对所提假设进行检验。首先考察控制变量对被解释变量的影响，将企业规模、企业性质、企业成立年限及所处行业类别 4 个变量纳入 Model 1-1，在此前提下，再将网络权力配置引入回归方程（即 Model 1-2），分析结果如表 5-2 所示。

表 5-2　　　　　　　　网络权力配置对合作行为的回归分析结果

变量	合作行为	
	Model 1-1	Model 1-2
Constant	4.542***	2.670***
ES	-0.280	-0.183
EN	0.022	0.085
EL	-0.166	-0.139
EA	0.023	0.025
CNP		0.598***
DNP		-0.158
R^2	0.165	0.345

续表

变量	合作行为	
	Model 1 – 1	Model 1 – 2
ΔR^2	0.041	0.316
F-Value	1.330	55.716 ***
DW		2.239

注：括号中为显著性系数，*** 表示 p≤0.001，** 表示 p≤0.01，* 表示 p≤0.05。
资料来源：根据统计分析软件而得。

由表 5 – 2 可知，在控制了企业规模、性质、成立年限及所属行业类别对合作行为产生作用的前提下，集权式权力配置与合作行为显著正相关，回归系数 β = 0.598（p < 0.001）。而分权式权力配置对合作行为不存在显著影响（β = − 0.158，p > 0.05），即分权并不是阻碍合作行为开展的重要因素。因此，H12a 通过检验，H12b 不成立。

2. 资源占用的中介作用检验

由于 H12b 未通过验证，即分权式配置对合作行为影响不显著，因此资源占用在分权式配置和合作行为之间不存在中介作用，H13b、H15b 无须再进行检验，只需要验证资源占用在集权式配置和合作行为之间是否存在中介作用即可。表 5 – 3 所示的是资源占用对集权式权力配置对合作行为影响过程中的中介作用回归分析结果。

表 5 – 3　　　　　　　　资源占用的中介作用回归分析结果

变量	RO		CB		
	Model 2 – 1	Model 2 – 2	Model 3 – 1	Model 3 – 2	Model 3 – 3
Constant	4.845 ***	1.688 *	4.542 ***	2.670 ***	1.953 **
ES	− 0.384	− 0.220	− 0.280	− 0.183	− 0.089
EN	0.115	0.222	0.022	0.085	− 0.009
EL	− 0.298	− 0.252	− 0.166	− 0.139	− 0.032
EA	0.063	0.067	0.023	0.025	− 0.003
CNP		0.630 ***		0.598 ***	0.367 ***
RO					0.366 ***

变量	RO		CB		
	Model 2 – 1	Model 2 – 2	Model 3 – 1	Model 3 – 2	Model 3 – 3
R^2	0.167	0.376	0.165	0.345	0.426
ΔR^2	0.043	0.349	0.041	0.316	0.395
F-Value	1.351	66.714 ***	1.330	55.716 ***	15.982 ***
DW		1.868			2.006

注：括号中为显著性系数，*** 表示 $p \leqslant 0.001$，** 表示 $p \leqslant 0.01$，* 表示 $p \leqslant 0.05$。
资料来源：根据统计分析软件而得。

按照中介效应的检验程序，①检验回归系数 c 是否显著。Model 3 – 2 表示控制变量进入之后，被解释变量对解释变量的回归结果，即合作行为对集权式配置的回归结果。从表 5 – 3 可以看出，Model 3 – 2 通过了 F 检验（$p < 0.001$），$R^2 = 0.345$，且集权式权力配置对合作行为的回归系数显著为正（$\beta = 0.598$，$p < 0.001$），即两者之间的回归系数 c 在 0.001 的水平上显著。②检验系数 a 是否显著。Model 2 – 2 表示在对控制变量有所控制之后，中介变量资源占用对解释变量集权式配置的回归结果。显然，集权式配置对资源占用的回归系数通过了显著性检验（$\beta = 0.630$，$p < 0.001$），即系数 a 显著。③检验系数 b、c' 是否显著。Model 3 – 3 表示加入控制变量之后，合作行为对集权式配置和资源占用的回归结果，模型通过了 F 检验（$p < 0.001$），且 R^2 为 0.426，相比 Model 3 – 2 而言模型的解释力增强。此外，在 Model 3 – 3 中，中介变量资源占用的回归系数（$\beta = 0.366$）通过了 0.001 的显著性检验，集权式配置的回归系数（$\beta = 0.367$）同样达到 0.001 的显著水平，亦即系数 b 和系数 c' 均显著，因此资源占用在集权式配置对合作行为的影响中起到部分中介作用。中介效应的大小为 $a \times b = 0.630 \times 0.366 = 0.231$，中介效应占总效应的比例为 $a \times b \div c = 0.630 \times 0.366 \div 0.598 = 38.56\%$。综上所述，H13a、H14 通过验证，H15a 通过验证。

3. 组织间信任的调节作用检验

根据科恩等（Cohen et al.，2002）的建议，为了使回归系数对方程更具解释意义，本书首先对资源占用和组织间信任这两个变量作中心化处理，再计算出变量中心化之后的交互项作为调节效应项。为了验证组织间信任在资源占用与合作行为之间的调节作用，本书采用层次回归分析的方法，共建立了 3 层模型：将合作行为作为被解释变量，在表 5 - 4 的 Model 4 - 1 中，解释变量仅包含控制变量对合作行为的影响；在此基础上，Model 4 - 2 中加入了资源占用和组织间信任这两个变量；Model 4 - 3 又在 Model 4 - 2 的基础上加入了资源占用和组织间信任的交互项，即分 3 次进行层次回归检验，并且对回归分析的系数作对比，分析结果如表 5 - 4 所示。

表 5 - 4　　　　　　　　　组织间信任的调节作用回归分析结果

变量	CB		
	Model 4 - 1	Model 4 - 2	Model 4 - 3
Constant	4. 542 ***	1. 267 *	0. 418 *
ES	- 0. 280	- 0. 075	- 0. 018
EN	0. 022	0. 003	0. 021
EL	- 0. 166	0. 018	- 0. 048
EA	0. 023	- 0. 027	- 0. 020
RO		0. 347 **	0. 525 ***
IOT		0. 335 **	0. 357 **
RO × IOT			0. 223 *
R^2	0. 165	0. 710	0. 769
ΔR^2	0. 041	0. 641	0. 701
F-Value	1. 330	23. 562 ***	6. 070 *
DW			2. 168

注：括号中为显著性系数，*** 表示 $p \leq 0.001$，** 表示 $p \leq 0.01$，* 表示 $p \leq 0.05$。

根据表 5 - 4 的分析结果可知，Model 4 - 3 通过了 F 检验（$p < 0.05$），且资源占用与组织间信任交互项的回归系数为正（$\beta = 0.223$），在 0.05 的水平上显著，模型的解释力相较于 Model 4 - 2 也增加了 5.9%。显然，组织间信任在资源占用和合作行为之间存在正向调节作用，即 H16 得到验证。

4. 标杆效应的调节作用检验

与组织间信任调节作用的检验过程类似，将控制变量与资源占用、资源占用和标杆效应、交互项（资源占用×标杆效应）分 3 次加入模型中，进行层次回归检验并且对回归分析的系数作对比，分析结果如表5-5所示。

表5-5　　　　　　　　标杆效应的调节作用回归分析结果

变量	CB		
	Model 5-1	Model 5-2	Model 5-3
Constant	4.542***	1.822**	0.750*
ES	-0.280	-0.085	-0.024
EN	0.022	-0.039	-0.023
EL	-0.166	-0.032	-0.117
EA	0.023	-0.015	0.002
RO		0.323*	0.489***
BME		0.271*	0.358**
RO×BME			0.237**
R^2	0.165	0.662	0.752
ΔR^2	0.041	0.581	0.680
F-Value	1.330	18.434***	8.693**
DW			2.028

注：括号中为显著性系数，*** 表示 $p \leqslant 0.001$，** 表示 $p \leqslant 0.01$，* 表示 $p \leqslant 0.05$。
资料来源：根据统计分析软件而得。

表5-5的分析结果显示，Model 5-3通过了F检验（$p < 0.01$），且资源占用与标杆效应交互项的回归系数在0.01水平上显著（$\beta = 0.237$），R^2为0.752，在Model 5-2的基础上又增加了9%，说明模型的解释力也增强，这充分说明了标杆效应在资源占用和合作行为之间存在正向调节作用。因此，H17通过验证。

5. 有调节的中介效应检验

表5-6报告了Process运算得到的Index结果，组织间信任对集权式配置影响合作行为的间接效应存在调节作用的判定指标为0.0967，置信区间为 [0.0147，0.1939]，不包含零，表明资源占用的中介作用受到组织间信任调节效应的显著影响。而标杆效应对集权式配置影响合作行为的间接效应存在调节作用的判定指标为0.0189，置信区间为 [-0.0634，0.0919]，包

含零在内，此检验结果说明，不论是否存在标杆效应，集权式权力配置经由资源占用对合作行为产生影响的过程中的中介效应均未发生显著性的变化，因此资源占用的中介作用不受标杆效应调节作用的影响，H19 未通过验证。

表 5-6 有调节的中介效应分析

自变量	中间变量	调节变量	Index	SE（Boot）	BootLLCI	BootULCI
NP	RO	IOT	0.0967	0.0449	0.0147	0.1939
		BME	0.0189	0.0401	−0.0634	0.0919

注：Bootstraping=5000，置信区间=95%。
资料来源：根据统计分析软件而得。

为了进一步判断不同程度的信任关系下中介效应是否存在差异，按照信任的强度将其分为低、中、高 3 种类型，分别研究 3 种情况下资源占用对权力配置和合作行为的中介效应是否显著，将组织间信任均值加减一个标准差来表示信任的高状态与低状态（见表 5-7）。

表 5-7 不同信任水平下资源占用中介过程的调节作用结果

中介变量	IOT	Effect	BootSE	BootLLCI	BootULCI
RO	−0.6943	0.1239	0.0715	−0.0053	0.2764
RO	0.0000	0.1910	0.0750	0.0583	0.3569
RO	0.6943	0.2581	0.0898	0.0872	0.4400

注：Bootstraping=5000，置信区间=95%。
资料来源：根据统计分析软件而得。

由表 5-7 可知，低信任并不对资源占用在网络权力配置与合作行为之间的中介效应产生调节，因为此时 Bootstrap 检验的置信区间为（−0.0053，0.2764），包含零点在内，即估计系数不显著；而中信任程度下，置信区间的上下限为（0.0583，0.3569），0 并未落在此区间，且估计系数为 0.191，表明中信任可以正向调节资源占用的中介作用；同样地，高强度信任下的置信区间为（0.0872，0.4400），也不包含 0，且估计系数为正，可判定高信任对资源占用的中介效应也具有正向调节影响。进一步地，资源占用的中介作用在高信任水平下要明显高于中信任水平下（0.2581＞0.1910）。以上这些结果均证实资源占用的中介作用确实因信任关系的强度高低而有所差异，即存在有调节的中介效应，H18 得到了验证。

四、实证结果分析

从总体来看，本书所设计的以集权式权力配置作为解释变量，企业间合作行为作为被解释变量，资源占用作为中介变量的概念模型是成立的，且组织间信任和标杆效应的调节效应也通过了验证。但分权式权力配置对合作行为并没有显著的影响，标杆效应对资源占用的中介作用也并没有起到调节作用。

在主效应方面，实证结果拒绝了 H12b，说明分权式权力配置格局并不会对合作行为产生消极影响，即合作行为的开展与企业网络中是否为分权式配置关系不大。而集权却可以促进组织调和，明确合作关系，使信息共享、知识学习、冲突解决等行为更加制度化。本书的实证结果支持 H12a，再次验证了这一观点。

在中介效应方面，H13a、H14 得到支持，H15a 得到支持，说明当企业网络呈集权式配置格局时，会导致资源占用失衡，进而影响合作行为。根据调查研究发现，相较于非核心节点而言，网络中核心节点的权力往往更大，即权力向核心节点的偏倚程度较大。由于网络权力的不对称分布，企业占用资源也会存在显著的差异性，权力较大的节点会掌握更多稀缺、难以模仿、不可替代的关键资源。而资源恰恰是企业寻求合作的行为之源，资源分布不均衡更容易诱发合作。但当资源占用较为均衡，即企业间占用资源在数量和质量上同质性高，则将大大降低开展合作的必要性和意愿。

在调节效应方面，实证结果支持 H16 和 H17，说明网络成员间彼此信任程度较高、标杆效应较强时，资源占用对合作行为的影响会更加明显。企业网络中节点之间合作只有建立了信任关系，才能对合作伙伴的能力和预期行为产生信心，使各节点企业能够为合作目标的实现贡献其力量，减少合作关系中可能出现的模糊性。不少地方政府都致力于树立标杆引领企业创新发展，着力打造龙头企业，确立行业标杆。先进典型标杆效应可有效助推网络中的各节点发展，企业标杆示范作用成效越强，其他成员企业越能明确自身的学习目标和赶超对象，与标杆企业深度合作的意愿也就越强。

第四节　技术权力、组织间信任对合作行为的影响

一、理论分析

从 20 世纪 80 年代起，企业之间网络化合作逐渐成为经济实践的新亮点。在经济全球化与贸易自由化逐步削弱地区间成本优势，企业所处的区域地理位置逐渐失去优势的背景下，企业网络却表现出明显的特定地区集聚现象，形成具有竞争优势的产业，并成为推动区域发展的重要力量。如美国硅谷、英国东英格利业、意大利艾米利亚等企业网络，均极大地促进了区域经济的发展。可以说当前各国、各地区的首要任务之一就是培育能推动经济发展的企业网络。

在环境日益复杂化的背景下，企业只有加入网络并且不断开展学习和创新活动，才能获得持续竞争优势。但是对网络中的合作企业来说，提升企业技术水平的关键问题是，在网络中如何有效建立和管理企业与合作伙伴之间的关系及行为。因此，研究网络中各节点的合作行为可以说是企业建立与维持竞争优势亟待解决的重要课题（罗珉等，2008）。

企业网络中具有一个典型的核心—边缘结构（Gouliani，2013），行动者的网络位置能够反映其权力或能力（Gay & Dousset，2005），拥有关键技术的企业亦经常处于网络中的中心地位（Anne，2011）。因此，企业网络中权力结构存在差序格局，核心节点权力较大，通过控制市场、技术、信息等手段主导着整个网络，统一网络成员思想，促进网络中共识和惯例的形成。而非核心节点权力较小，其行为和决策往往会受到核心节点的影响，展现较高程度的追随行为。对于非核心节点来说如果能准确预测核心节点的领导行为，并采取积极的追随行为与其互动将会得到核心节点的认同，最终提高其合作绩效和网络地位；对于核心节点来说，如果能准确预测非核心节点的追随行为，并采取合适的领导行为与其互动，将会强化网络中非核心节点的追随意愿，稳固核心节点的地位。在企业网络从宏观结构向微观行为转移的大背景下，从技术权力与组织间信任的视角研究组织合作行为，探索核心节点与非核心节点的领导—追随行为模式，将会加深网络中各节点的合作程度和

默契程度，促进合作质量的提高，最终提升网络整体治理绩效。

（一）合作行为

合作行为是指两个及两个以上的企业为了实现共同目标，通过一系列互动行为促进一种有利于合作各方期望结果出现的联合行动过程（柴国荣等，2011），是通过协调活动促进一种既有利于自身又有利于他人的结果出现的行为（苏红等，2005）。合作行为是指供应链的企业之间为了建立长久稳定、互惠互利的关系而产生的上下游协同行为（彭建仿等，2012）。成功的团队合作行为，应该具有更多的协调、更多的帮助和更多的沟通与分工（Chen，1998）。以上这些概念都是通俗意义上的理解，主要指的是合作企业为了实现共同目标，在共同的认知下达成的一系列互动行为。

在企业网络中合作行为可以解构为核心节点的领导行为和非核心节点的追随行为两个方面。其中，领导行为包括技术锁定、技术防御、技术定标和技术扶持。技术锁定指的是核心企业利用技术优势，在进行跨界投资时要求其追随者同步跟进（景秀艳、曾刚，1998）；技术防御指的是核心企业出于利益保护而不会向追随者透漏关键技术信息；技术定标指的是核心企业通过设立技术标准来决定追随企业能否进入网络（张云逸、曾刚，2010）；技术扶持指的是核心企业通过技术援助、人员培训、派员指导等方式帮助追随企业提升技术水平。追随行为包括：学习、胁迫、共促和疏离。学习行为指的是追随企业以正面态度回应核心企业任务上的指导并期望获得知识的行为；胁迫行为指的是追随企业因受限于核心企业的权力影响而不得不接受其任务上的指导，是一种非自愿的投靠行为；共促行为指的是追随企业将领导者视为战略伙伴，与其共同进退的协同互动行为；疏离行为指的是追随企业出于自身利益考量，远离核心企业的行为（陶厚永等，2014）。

（二）技术权力与合作行为

技术权力是企业网络研究领域的新课题，目前尚未形成系统的理论框架。从已有的相关理论与实证研究来看，当前大部分学者主要从宏观尺度研究技术权力在企业网络建立、发展和升级中的作用，缺乏从微观尺度研究技术权力和网络内合作行为的关系。但是，技术权力是网络权力的一种，是网络结构非均衡性的表现。网络权力指的是企业因拥有某项特殊资源而形成的对其他企业的影响力和控制力，而技术权力正是企业基于核心技术资源而对其他企业产生影响和控制的一种网络权力。已有学者研究了网络权力与合作行为的关系。网络权力影响合作的深度与合作关系的形成，并且网络权力大的领导者可能为了维护其权力和地位，阻碍深入合作甚至不愿与其他节点建立关系（Chaleff，1995）。网络中核心节点通过给其他节点提供技术建议和支持，不但会获得其他节点的尊重和信任，还会进一步增进合作行为的默契程度（Dacin et al.，2007）。谢永平（2014）则从权力强制性的角度提出核心企业强制性权力会减少成员之间的合作，加剧网络中成员的竞争，而非强制性权力的作用正好相反；但是也存在一种特殊情况，当核心企业关系能力较强时，核心企业强制权力与非强制权力都会减少各节点间的竞争行为，增进合作行为。最后，结合孙国强等（2010）的观点，本书认为虽然有学者开始关注网络权力对合作行为的影响，但都未能做出令人信服的解释。

（三）组织间信任与合作行为

组织间信任与绩效存在直接关系（Zaheer et al.，1998）表现出高度的容忍，极大地提高了合作的效率（Pakhe，1998）。信任会使各企业行动更加灵活，合作关系更能适应动态环境的要求（Poppo & Zenger，2002）。信任不但能消除内耗，而且能够促进组织的高效运转。组织间信任和联盟绩效之间存在着正相关关系，主要通过以下3个途径来实现：提高合作的灵活性、降低监督费用和交易费用、减少组织冲突带来的内耗（李东红等，2009）。信任不但能够降低交易成本，而且可以促进网络中资源的共享及合作关系的形成（叶瑛等，2009）。组织间信任会通过知识共享来影响创新绩效（谢永平等，2014）。在现有研究中，已有学者采用定性分析的方法研究组织间信任与合作行为及绩效的关系，但运用实证研究方法的较少。通过以上分析可以看出，当前国内外学者主要沿着组织间信任影响企业的合作行为、合作行为最终提高联盟效率和绩效这一逻辑思路展开，并且相对比较深入成熟。未来需要运用大样本数据进行更多的实证研究，以充分验证两者之间的关系。

从前人的研究成果分析可知，技术权力和组织间信任都会对企业网络内合作企业的行为产生较大的影响。但是，大部分学者只是研究了单方面因素对合作行为的影响，很少有学者研究两者结合起来对合作企业行为的影响。而且，在企业网络中普遍存在权力不平衡现象，网络中的核心节点权力较大，非核心节点权力较小，彼此之间存在着类似于层级组织中的领导—追随行为模式。因此，本书基于心理定位的视角，研究技术权力和组织间信任两个因素同时对领导行为和追随行为的影响，并运用匹配博弈论找出最稳定的领导—追随行为配对模式，最后通过案例研究的形式对理论模型和命题进行检验。

二、心理定位与领导—追随行为

（一）心理定位

根据网络合作组织心理契约观点，企业网络中存在节点企业之间的心理定位过程，但是组织具有高度抽象性，它仅能作为心理活动的环境，而并不能作为心理活动的主体。针对这点，由"组织代理人"概念用以代替组织，节点企业之间进行心理定位的主体实质上是"组织代理人"。在企业网络中的领导—追随行为中，领导者不可能对每个追随者都持同样的态度和行为。领导者先会对追随者进行心理定位，形成心理预判，然后才会采取相应的领导行为（陶厚永等，2014）。追随者同样如此。在网络经济中，由水平关系派生的信任和由垂直关系产生的权力都发挥着重大影响（孙国强等，2010）。因此，本书选择技术权力和组织间信任为合作企业进行心理定位的依据，其中各节点定位的四现象图如图 5-1 所示。

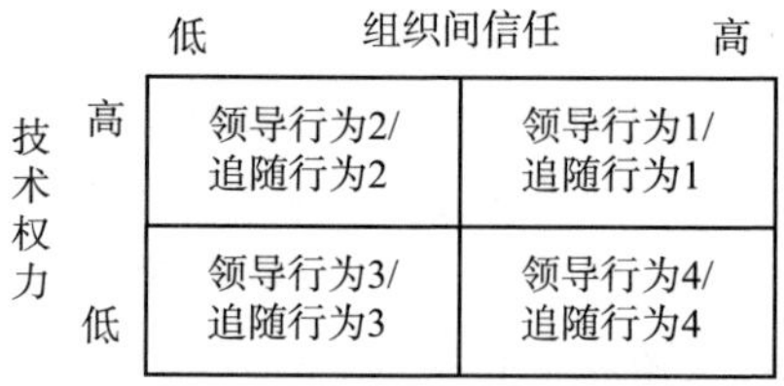

图 5-1　心理定位下的 4 种领导/追随行为模式

（二）核心企业与领导行为

领导者会根据下属的心理成熟度和工作成熟度进行定位，进而选择合适的领导方式。本书认为在企业网络中，领导者会根据"权力强弱"和"信任关系"对追随者进行定位进而采取合适的领导方式。由于权力和信任的高低会组成 2×2 种定位矩阵，因而领导者会实施 4 种不同的领导行为。

1. 高技术权力、高组织间信任

技术势差越小，技术扩散行为越容易发生（张玉杰等，2001）。领导者因为拥有核心技术，技术势能普遍高。因此，对于追随者而言，技术权力越高，领导者越容易对其进行技术扩散。但是具体的扩散程度还要取决于组织间信任度，领导企业信任追随企业，则技术扩散程度高，反之则不然。在这一现象中，领导者既愿意对追随者进行技术扩散，扩散条件又相对较低，因此技术扩散程度最高。一般处于这一现象的企业大部分是领导企业的子公司、合资公司或者关系紧密的合作伙伴。对于此类型追随者，领导者更倾向于利用技术锁定效应，直接影响其参与产业集群的形成与发展（张云逸、曾刚，2010）。控制关键技术的领导者会通过技术锁定直接影响一级供应商。领导公司在进入新的区域布局时，会要求追随公司同步进入，为其提供生产基地，否则就会中断所有合作关系（景秀艳、曾刚，2007）。同时，对于追随公司来说，与领导公司集聚在同一技术外溢空间才能更好地适应复杂的外部环境。而且企业距离技术扩散源越近，其获得扩散技术的可能性就越大。因此，追随公司为了更好地维持与领导公司的关系以迅速获得技术信息，会主动跟随领导公司进入新的地区布局。

命题 1：如果领导企业对追随企业的定位是高技术权力、高组织间信任时，会更倾向于采取技术锁定的领导行为。

2. 高技术权力、低组织间信任

如果领导者对追随者的定位是高权力、低信任，追随企业技术权力高、实力强、技术扩散条件相对较低，但由于不受领导者信任，领导行为会发生巨大转变，领导者难以对其进行技术扩散。此类追随者主要指一些与领导公司实力相当，有可能威胁到其领导地位的企业。受领导企业技术优势吸引此类追随者也会加入企业网络中（梁琦等，2000）。这些企业希望通过从竞争对手那里了解新的技术信息，进一步提升企业的实力，这些新加入的企业很有可能成为潜在的新的领导者（张云逸、曾刚，2010）。同时这类追随者又会吸聚其原有供货商加入网络，使整个网络由单核向多中心发展，网络内竞争性和创新性增强。面对此类追随者，领导者担心其会对自己构成威胁，甚至可能担心其被追随者取而代之，会处处设防，阻止其进入权力核心和参与决策。能力的高低并不是决定领导者防御行为的主要诱因，信任关系才是决定性因素（陶厚永等，2014）。

命题2：如果领导企业对追随企业的定位是高技术权力、低组织间信任时，会更倾向于采取技术防御的领导行为。

3. 低技术权力、低组织间信任

如果领导者对追随者的定位是低权力、低信任，此时追随企业权力低，实力弱，技术扩散门限高。而且领导者不信任该类型追随者，进行技术扩散的意愿很低。对于此类型追随者，领导者几乎不会进行任何程度的技术扩散，甚至会展现一定程度的技术防御行为，但防御动机与第二象限不同。主要原因是担心该类企业将技术传递给那些权力大但信任度低的企业，影响领导企业的地位（陶厚永等，2014）。领导公司协调和控制企业网络内经济活动的方式包括制定标准和规则。领导者的技术权力通过有权授予其他人"进入权"而得以体现（张云逸、曾刚，2010），如果其技术水平能达到标准，则会直接对其分派任务；否则会将这类企业排除在网络之外。

命题3：如果领导企业对追随企业的定位是低技术权力、低组织间信任时，会更倾向于采取技术定标的领导行为。

4. 低技术权力、高组织间信任

如果领导者对追随者的定位是低权力、高信任，技术权力低意味着追随者实力差、技术水平低，那么领导者进行技术扩散的难度较大。但是，由于处于第一现象的节点数量较少，以及地方企业技术水平不高，很难获得"进入权"，难以满足领导企业生产需求（陶厚永等，2014）。此时领导者为了维护自己的权益和地位，会选择一些信任度高但技术水平低的企业进行技术扶持，以降低成本，提升网络的生长速度（张云逸、曾刚，2010）。领导公司进行技术扶持的手段通常包括技术援助、派员指导、人员培训等。

命题4：如果领导企业对追随企业的定位是低技术权力、高组织间信任时，会更倾向于采取技术扶持的领导行为。

（三）非核心企业与追随行为

在企业网络中，追随行为是动态的、可相互转换的，追随者会随着多种因素的变化而采取合适的追随行为（罗瑾琏等，2018）。本书认为追随者会以自身利益为核心关注点，根据领导者的技术权力大小和相互之间的信任程度，形成特定的定位类型，进而采取相应的追随行为（见图5-2）。

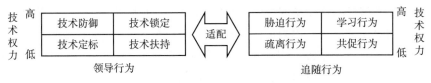

图5-2　心理定位下的领导—追随行为

1. 高技术权力、高组织间信任

如果追随者对领导者的定位是高权力、高信任，技术权力高则意味着技术实力强，当追随者判断领导者技术水平高时，会认可该领导者在业务上的指导，接受领导者的专业影响能力，但追随行为会因组织间的信任度而异。如果信任领导者，会以正面的态度回应领导者任务上的指导，期望向领导者学习，展现较高程度的学习追随行为。能力和信任共同决定领导者是否展现学习型追随行为（陶厚永等，2014）。网络中科学家和专业人士在不同组织内的流动非常常见，这种"雇佣式学习"（learning by hiring）的方式能有效促进组织创新。只有当领导者的能力强，同时又能赢得追随者的充分信任时，追随者才会展现较高程度的学习行为。

命题5：如果追随企业对领导企业的定位是高技术权力、高组织间信任时，会更倾向于采取学习型追随行为。

2. 高技术权力、低组织间信任

如果追随者对领导者的定位是高权力、低信任，当追随者判定领导者的技术权力高，专业能力较强时，会认可该领导者在任务上的指导，但如果对领导者缺乏信任，可能会出现非自愿并且消极的追随行为。只是因受限于对领导者资源的依赖仍会服从领导者的权力，实乃不得已而为之。可见，追随者虽然对该类型的领导者不信任，但仍会顺从领导者，消极地与该领导者互动，展现胁迫追随行为（信任不足但又不得不顺从）。这类型追随者完全听从领导者的安排，缺乏独立意识（Kelly，1992）。

命题6：如果追随企业对领导企业的定位是高技术权力、低组织间信任时，会更倾向于采取胁迫型追随行为。

3. 低技术权力、高组织间信任

如果追随者对领导者的定位是低权力、高信任，当追随者判断领导者的技术权力低时，就会对其领导资格产生疑虑，担心未来在该领导者的影响下无法实现预期目标，此时，追随者会进一步衡量彼此之间的关系，确立追随行为。基于信任的合作是网络组织的基本特征（孙国强，2001），若信任领导者，则追随者会将其视为自己的战略合作伙伴，与其共同进行决策，支持并主动配合其相关业务，将展现较高程度的良性互动的共促追随行为（核心节点技术水平不高但信任充分导致彼此共同成长）。

命题7：如果追随企业对领导企业的定位是低技术权力、高组织间信任时，会更倾向于采取共促型追随行为。

4. 低技术权力、低组织间信任

当对领导者为低信任时，此时追随者不认同该领导者，但碍于领导者掌握的关键资源，不得不依赖于领导者，从而导致追随者的追随行为将以利己为出发点。在任务执行过程中，追随者坚持己见，不接受领导者给予的指导，也不会主动拉近与领导者的距离，合作意愿消失殆尽，将展现较高程度的疏离追随行为（核心节点技术水平不高且彼此信任不足导致合作终止），随时可能另起炉灶退出网络。

命题8：如果追随企业对领导企业的定位是高、低技术权力，低组织间信任时，会更倾向于采取疏离型追随行为。

三、领导—追随行为的匹配博弈模型及算法

（一）领导—追随行为的匹配博弈模型

本书借助盖尔和沙普利（Gale & Shapley，1962）的双边匹配模型来构建企业网络领导—追随行为匹配博弈模型。该模型描述如下：存在非空有限且不相交的领导行为集合 L 和追随行为集合 F，其中 l_1、l_2、l_3、l_4 分别表示 4 种领导行为：技术锁定、技术防御、技术定标和技术扶持，f_1、f_2、f_3、f_4 分别表示 4 种追随行为：学习行为、胁迫行为、疏离行为和共促行为。L 中的每一个核心节点都对 F 中的每一个非核心节点有严格的偏好，F 中同样如此。网络中所有节点的偏好集合记为 P = $\{P(l_1)$，$P(l_2)$，$P(l_3)$，$P(l_4)$；$P(f_1)$，$P(f_2)$，$P(f_3)$，$P(f_4)\}$，整个企业网络可以表示为 $\{L, F, P\}$。

网络中各节点选择合作企业的偏好序指的是对对方行为的喜好程度和认同程度，各行为的偏好序界定如下：

当领导者采取技术锁定行为时，授权程度极高。当面对不同追随行为时，领导者的技术锁定行为与之交互会对双向认同产生不同的影响。如果授

权给学习型追随者时，其积极的学习行为容易获得领导者的赞赏；如果领导者授权给带有胁迫、疏离的追随者时，疏离型追随者往往带有负面情绪，而胁迫型追随者又缺乏主动性和独立判断能力，双方很难形成良性互动的局面，领导难以对下属产生认同。根据代理理论，领导者授权给值得"信任"且有能力的追随者，可以避免产生代理问题，是领导者最偏好的追随行为。因此，l_1 的偏好序为：

$$P(l_1) = f_4 > f_1 > f_2 > f_3$$

防御领导行为意味着领导者不会将重要技术信息透露给追随者，或者故意扭曲资源配置，从而使追随者在执行任务的过程中遇到阻碍，感受不到领导者的支持。高度共促的追随行为会缓和领导者的防御行为，最容易获得领导者的偏好。但是如果采取学习行为，会强化领导者的恐慌心理，是领导者最不愿意合作的追随行为。疏离型追随行为正符合领导者的要求，可以让其放松戒备。胁迫型追随行为虽然不信任领导者，但是由于领导者技术水平高，也会展现一定程度的学习行为，同样得不到防御型领导者的偏好。因此，l_2 的偏好序为：

$$P(l_2) = f_4 > f_3 > f_2 > f_1$$

技术定标行为意味着领导者会表现更多的任务行为。其中共促行为和学习行为容易获得领导的好感和认可。胁迫型追随行为表现出服从领导者指导、执行任务的特征，符合该领导行为的偏好。疏离型追随者只是表面顺从，实际上以自己的意见为主，不服从领导者安排，是技术定标型领导者最不偏好的行为。因此，l_3 的偏好序为：

$$P(l_3) = f_4 > f_1 > f_2 > f_3$$

对于技术扶持性领导者，会展现较高程度的栽培行为，积极学习的追随者最能获得其偏好。其中，学习型追随者的学习动机最强，胁迫型追随者次之，这两种行为在该类型领导行为的偏好序中排名靠前。疏离型追随者和共促型追随者都认为领导者技术权力低、实力弱，其学习动机都较低，不易引起此类领导者的认可。因此，l_4 的偏好序为：

$$P(l_4) = f_1 > f_2 > f_4 > f_3$$

如果追随者采取积极的学习型追随行为，领导者却采用不信任下属的技术定标行为，这会引发追随者对领导者的反感。技术扶持行为意味着领导者愿意栽培，能满足追随者的学习需求，符合此类追随者的偏好。共促型领导行为意味着授权程度较高，而授权行为致使追随者与领导者互动和交流减少，不利于追随者的学习。因此，学习型追随行为对其偏好降低。防御领导行为意味着领导者无意技术栽培，学习型追随者对这种行为的偏好程度最低。因此 f_1 的偏好序为：

$$P(f_1) = l_4 > l_1 > l_3 > l_2$$

消极型追随者更期待领导者直接告知其任务执行方式和预期目标，因此直接设立技术标准的领导行为最符合此行为的偏好。技术锁定型领导行为表现出对追随者的充分信任，并要求追随者实力较强，具有独立判断能力，而胁迫型追随者显然不具有这种特点，但是领导者这种绝对信任的行为容易获得追随者的好感。技术扶持型领导行为表现出对追随者的信任和器重，也容易获得追随者的好感。防御行为意味着领导者有可能采取扭曲任务的指导行为，最不容易获得该类型追随者的偏好。因此，f_2 的偏好序为：

$$P(f_2) = l_3 > l_1 > l_4 > l_2$$

疏离型追随者不信任领导者，也不相信其能力，只是因为对某种资源的依赖而与领导者保持合作。此类型追随者更希望与领导者只维持表面关系，缺乏深入合作。技术锁定的领导行为要求追随者参与领导者的经营活动，甚至决策活动，合作程度最深，偏好最低。同时技术扶持和技术定标行为也比较容易引起此类追随者的反感。最后，防御行为正好可以减少两者之间的交流，符合其预期。因此，f_3 的偏好序为：

$$P(f_3) = l_2 > l_3 > l_4 > l_1$$

当追随者表现共促追随行为时，由于对领导者的定位是技术权力低、能力差，所以领导者直接告知任务执行方式与预期目标，过多的干预会引起追随者的反感，因此技术扶持是该类型追随者最反感的类型。直接设立技术标准的领导行为次之。而技术锁定行为极大程度的授权表现出对追随者能力的认可和信任，最容易获得追随者的偏好。技术防御行为会使积极的共促型追随者受到打击，导致偏好程度较低。因此，f_4 的偏好序为：

$$P(f_4) = l_1 > l_3 > l_2 > l_4$$

（二）领导—追随行为的匹配算法

根据礼物交换理论（gift exchange），合作关系的形成如同人类社会中的礼物流动一样，不仅维持既有的人际网络，而且诊断与重塑新的关系网络。因此，在领导—追随行为的匹配博弈中，一般是领导者先发出邀约，追随者做出反应。运用延迟接受算法，4 种领导行为和 4 种追随行为的算法具体如下：

第一轮次：四种领导行为向追随行为发出邀约，其中 l_1、l_2、l_3 的最优偏好都是 f_4，此时 f_4 会根据其偏好序进行选择，最终与 l_1 匹配，拒绝 l_2、l_3，因为两者所选对象都为双方优先序第一，所以首先形成稳定匹配（l_1，f_4）。此时，l_2、l_3 匹配落空，暂时成为自由点。另外，l_4 向 f_1 发出邀约，因为 l_4 在 f_1 的优先表中排第一位，因此形成第二对稳定匹配（l_4，f_1）。至此第一轮匹配结束，（l_1，f_4）和（l_4，f_1）稳定，l_2、l_3、f_2、f_3 为自由点。

第二轮次：每个匹配不成功的领导行为与其优先序中第二位的追随行为进行第二轮匹配。根据优先序，l_2 会向 f_3 发出邀约，因为 f_3 是其最满意的，形成第三对匹配（l_2，f_3）。此外，l_3 向 f_1 发出邀约，此时 f_1 已找到稳定匹配行为，拒绝 l_3，l_3 落空。至此第二轮匹配结束，（l_2，f_3）稳定，l_3、f_2 为自由点。

第三轮次：最后的领导行为 l_3 向 f_2 发出邀请，正好 l_3 是其优先序第一位，形成稳定匹配（l_3，f_2）。至此，全部匹配结束得出最终结果如表 5-8 所示。

表 5-8　　　　　　　　　　领导—追随行为最终匹配结果

领导行为	技术锁定	技术扶持	技术定标	技术防御
追随行为	模范行为	学习行为	消极行为	疏离行为

（三）结果讨论

匹配博弈的过程中需要分别考虑每一方的偏好信息，匹配的目的是获得稳定的匹配结果。本书从匹配博弈的角度，描述了企业网络中各节点基于行为偏好最终形成的一个稳定结构：采取技术锁定行为的核心节点与采取共促行为的非核心节点形成稳定匹配，采取技术防御行为的核心节点与采取疏离行为的非核心节点形成稳定匹配，采取技术定标行为的核心节点与采取胁迫行为的非核心节点形成稳定匹配，采取技术扶持行为的核心节点与采取学习行为的非核心节点形成稳定匹配。

技术锁定领导行为要求追随者参与到领导者的决策中来，并跟随其到新的地区布局；而采取共促行为的追随者希望领导者能把其视为战略合作伙伴，会主动参与领导者的决策过程，并且配合领导者的业务，完全符合领导者的要求，因此采取这两种行为的节点之间的匹配是最稳定的。技术扶持领导行为要求追随者抓住机会，认真学习其扩散的技术知识，并且在较快的时间内掌握，进而有能力完成其分配的任务；而采取学习行为的追随者希望领导者能传授知识，并且会以积极的态度响应领导者任务上的指导，这种行为容易赢得领导者的认可，并且符合领导者的要求，因此采取这两种行为的节点之间的匹配也是最稳定的。技术定标型领导行为不会对追随者扩散技术，要求追随者听从其安排完成任务；而采取胁迫行为的追随者不会向领导者学习，并且缺乏独立意识，会完全听从领导者的安排，符合领导者的要求，因此采取这两种行为的节点之间的匹配是最稳定的。技术防御领导行为担心追随者会影响其核心地位，要求追随者尽量远离领导者的核心决策层；而采取疏离行为的追随者希望领导者不要过多地干预和指导，并且往往会坚持己见，也不愿主动参与领导者的决策过程，符合领导者的要求，因此采取这两种行为的节点之间的匹配是最稳定的。这些匹配合作往往会更加稳定和长久，合作绩效更高。对于整个企业网络来说，这种合作会增强整个网络结构的稳定性，促进整个企业网络的绩效提升与网络整体的升级发展。

第五节 结构权力对合作行为的影响

一、样本选择与数据收集

遵循典型性原则选取世界旅游小姐山西赛区支持网络为案例研究样本。该案例能够代表一类具有相同特征的企业及这类企业的合作实践，即以某项活动为导引，相关企业或机构参与其中组成网络并展开合作活动、发生合作行为。

世界旅游小姐山西赛区每年举办一次，每届从初赛到决赛历时 4 个多月。随着赛事知名度的提高，支持赛事的企事业单位也越来越多。山西省旅游局提出，在全省各地市招募地市分赛区承办方，在全省范围内展开活动。经过两个月的努力，2014 年山西赛区共开设了 5 个分赛区。中国赛区组委会通过在山西招募"赛事支持组织"来组建山西组委会，山西组委会成员经过大力的宣传和推广，吸引更多爱好"旅游和选美"事业的社会组织和经济组织，逐渐形成了以山西鑫思源文化传媒有限公司（第一主办方）为主的世界旅游小姐山西赛区支持网络，其成员包括山西相关政府部门、山西主流媒体、多家传媒公司、蟒河旅游景区，以及配套的相关行业的组织机构。鉴于山西赛区支持网络与其他赛区支持网络并无本质差别，为降低案例研究的外部变异性，选择山西赛区支持网络为研究案例具有代表性。

严格遵循案例研究的基本流程：理论回顾→研究方案设计→案例数据收集→案例数据分析，同时在后两个阶段中运用循环往复的策略。

在理论回顾阶段，首先收集并研读了网络权力方面的相关文献，确定研究问题和本书的探索性研究性质。在研究方案设计阶段，明确了数据收集和分析的方法，并设计了半结构化的访谈提纲。在数据收集阶段，以访谈、问卷与参与者观察为主，文件档案阅读为辅的方式收集数据。

收集数据的具体步骤如下：查阅新闻媒体报道、公司网站及出版物等公开的二手资料来获得初步的关于大赛的背景资料，涉及企业与机构的发展历史、企业文化建设情况、与大赛相关的信息等；问卷调查，设计调查问卷并选择直接参与支持网络的企业负责人或管理人员展开调查，以获取关于结点企业参与合作的一手关系数据与权力指标数据；进行半结构化的访谈，通过访谈参与企业的具体实施与管理人员、政府机构管理人员、非营利组织管理人员以及部分受益单位与个人，收集有关大赛的一手资料；向受访人员索要与大赛相关的内部资料，包括企业参与活动的文字记录、企业内部刊物、政府部门内部简报、非营利组织工作总结等；实地观察，运用角色扮演的方法，研究人员深入参与大赛的整个过程，身临其境详细观察活动期间合作企业的沟通互动过程，记录发生的事件以获得能够佐证问卷调查结果的数据，以形成完整证据链条。

二、案例研究

（一）变量界定

案例分析之前需对相关变量进行清晰界定，然后从案例中找到实证数据。根据文献回顾与理论分析，首先明晰每个变量的内涵和主要关注信息（见表5-9），作为访谈资料和二手资料分析的依据。

表5-9 各变量的内涵与主要关注信息

变量类型	变量内涵	关注信息
结点属性变量	网络结点本身所具有的性质，包括结点的性质及结点之间的关系	合作结点对网络的贡献有多大？结点具有哪些能力？结点对网络合作的认知如何？结点在多大程度上具有不可替代性
网络分析变量	网络中与一个结点直接相连的结点个数（点的度数），两个结点之间多条相连的途径中线数最少的那条路径（测地线）	与一个结点直接相连的点的个数？两个结点之间多条相连的路径中线数最少的路径
网络位置变量	网络中心度，即一个结点在网络中处于核心地位的程度	整个网络围绕一个中心结点的程度（度数中心度）、结点之间是否存在间接联系（中间中心度）、结点传播信息的独立性与有效性（接近中心度）、结点在多大程度上位于网络的核心位置（特征向量中心度）
网络权力变量	网络权力是网络结点间位置关系的函数，即地位决定权力	通过对中心度的计算得出网络权力的配置情况

结点属性变量：主要考察合作结点多网络的贡献、结点具有的能力、对网络合作的认知程度，以及结点的独特性与不可替代性程度，以反映结点的性质及其相互关系。

网络分析变量：一是点的度数（nodal degree），度数越多的结点与整个网络的联系紧密度越强，从某种意义上说它的网络位置较有优势。点的度数是测量"中心度"的基础。二是测地线，两点之间的测地线的长度（测地线包含的线数）为测地线距离。

网络位置变量：主要考察企业在网络中的位置高低，一方面通过计算各结点的标准化程度中心度来发现网络中的中心结点，通过计算结构洞指标（中间中心度），分析网络中两结点之间是否有直接联系的现象，从而测量结点对资源的控制程度；另一方面通过计算接近中心度，考察一个结点传播信息时不靠其他结点的程度即独立性与有效性，通过计算特征向量中心度测量结点在多大程度上居于网络的核心地位。

网络权力变量：网络权力由网络位置所决定，而网络位置由中心度来度量，即 4 个中心度指标反映结点在网络中所处的具体位置，也就决定结点拥有什么样的权力。

（二）模型构建

为了表述方便，将结点 i 的度数中心度记为 X_{i1}，中间中心度记为 X_{i2}，接近中心度记为 X_{i3}，特征向量中心度记为 X_{i4}。根据社会网络分析方法开发的中心性指标数学表达式，结点 i 的网络权力计量模型为：

$$Y_i = \sum_{j=1}^{4} W_j X_{ij} = W_1 C_{AD}(x)/(n-1) + W_2 2C_{ABi}/(n^2-3n+2)$$
$$+ W_3 C_{APi}^{-1}/(n-1) + W_4 \lambda_{max}$$

其中，W_j 为各中心度的权重；n 是网络规模即网络结点数量；$C_{AD}(x)$ 为与点 x 实际相连的点的个数；$C_{ABi} = \sum_{j}^{n} \sum_{k}^{n} b_{jk}(i)$，$b_{jk}(i) = g_{jk}(i)/g_{jk}$，$g_{jk}$ 为点 j 和点 k 之间的测地线数目；C_{APi}^{-1} 为点 i 与其他点之间的距离之和，$C_{APi}^{-1} = \sum_{j=1}^{n} d_{ij}$，$d_{ij}$ 是点 i 和点 j 之间的测地线长度；$\lambda_{max} = max \{\lambda_1, \lambda_{,2}, \lambda_{,3}, \cdots, \lambda_n\}$，$\lambda$ 是 $\eta \cdot \omega = \omega \cdot \lambda$ 的特征值，η 是网络结点之间的关系矩阵，ω 是一个 n×n 矩阵，其各列是矩阵 η 的 n 个特征向量。

（三）数据分析

权重确定。通过专家打分法来确定 4 个中心指标的权重系数。通过对网络组织领域的 30 位专家进行问卷调查，让其根据自己的判断与理解对 4 个指标的相对重要性进行打分，结果如下：度数中心度得分为 24 分，中间中心度得分为 26 分，接近中心度得分为 16 分，特征向量中心度得分为 9 分，4 个指标的总得分为 75 分。将各个指标的得分除以总得分即可计算出每个指标的权重，结果为：度数中心度 0.32，中间中心度 0.35，接近中心度 0.21，特征向量中心度 0.12。

合作结点及其关系确认。本书根据行动者之间的相对互动频次和关系密度来确定网络边界，根据观察、访谈与问卷调查得到山西赛区的支持网络合作机构共 24 家，为了研究方便，将 24 个结点分别进行编号（见表 5－10）。

表 5 - 10　世界旅游小姐山西赛区支持网络成员统计

序号	1	2	3	4	5	6	7	8	9	10	11	12
代号	A	B	C	D	E	F	G	H	I	J	K	L
行业特性	政府机构	纸质媒体	电视媒体	传媒公司	传媒公司	旅游公司	摄像企业	通信公司	大型酒店	连锁酒店	传媒公司	网络媒体
频次	30	30	29	30	28	29	28	24	28	28	25	26
频率（%）	100	100	97	100	93	97	93	80	93	93	83	87
序号	13	14	15	16	17	18	19	20	21	22	23	24
代号	M	N	O	P	Q	R	S	T	U	V	W	X
行业特性	非营利机构	服装品牌	服装机构	印刷公司	餐饮业	造型机构	事业单位	传媒公司	传媒公司	传媒公司	策划公司	广告公司
频次	28	26	25	28	24	28	24	30	30	30	30	24
频率（%）	93	87	83	93	80	93	80	100	100	100	100	80

资料来源：根据访谈与问卷调查而得。

表5-10的频次和频率可以看出，绝大部分被调查者都认为这24个组织都可以被看作网络成员，因为这24个组织被选择的频率都在80%以上。通过与山西赛区支持网络各结点的参与人员及管理人员进行访谈，对收集的数据进行处理得到各网络结点的关系数据，进而利用UCINETE 6.199软件画出这24个结点之间联系的网络结构图（见图5-3）。

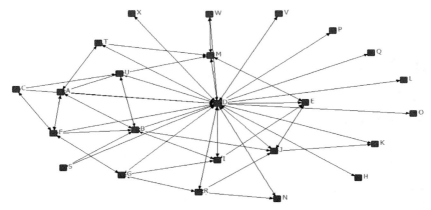

图5-3 世界旅游小姐山西赛区支持网络结构

从图5-3可以看出各结点之间的关系，结点D与其他结点都存在联系，因而是此网络的核心结点。而像结点H、K、O、P、Q、V、X，只与图中的核心结点D有联系，跟其他结点之间毫无联系，因此属于世界旅游小姐山西赛区支持网络的边缘结点。而结点B是除了结点D以外联系最多的结点，结点F、J、M、U在此网络中与其他结点联系相对紧密。从此图的复杂程度看，该图形是一个较为简单的拓扑结构图，此网络是一个具有核心结点的网络。但仅从网络结构图并不能得出具体的数据信息，因而需要进一步利用UCINET 6.199软件计算出各个结点的网络权力指标值，进而得出网络权力的配置情况。

进而，进行网络权力测度。利用社会网络分析UCINET 6.199软件对网络权力的4个指标进行计算，并进行标准化处理之后，得到各中心度数据，如表5-11所示。

表 5 - 11　　　　　世界旅游小姐山西赛区支持网络结点中心度数值

序号	代号	X_1	X_2	X_3	X_4
1	A	0.182	0.008	0.182	0.239
2	B	0.272	0.029	0.272	0.292
3	C	0.091	0.001	0.091	0.167
4	D	1.000	1.000	1.000	0.581
5	E	0.136	0.006	0.136	0.191
6	F	0.182	0.010	0.182	0.233
7	G	0.136	0.006	0.136	0.189
8	H	0.000	0.000	0.000	0.092
9	I	0.136	0.006	0.136	0.199
10	J	0.000	0.014	0.000	0.217
11	K	0.045	0.000	0.045	0.217
12	L	0.000	0.000	0.000	0.092
13	M	0.182	0.014	0.182	0.205
14	N	0.045	0.000	0.045	0.120
15	O	0.000	0.000	0.000	0.092
16	P	0.000	0.000	0.000	0.092
17	Q	0.000	0.000	0.000	0.092
18	R	0.136	0.007	0.136	0.176
19	S	0.045	0.000	0.045	0.139
20	T	0.091	0.002	0.091	0.163
21	U	0.182	0.010	0.182	0.236
22	V	0.000	0.000	0.000	0.092
23	W	0.045	0.000	0.045	0.125
24	X	0.000	0.000	0.000	0.092

资料来源：根据 UCINET 软件并经标准化处理而得。

根据网络权力的计量模型为：

$$Y_i = \sum_{j=1}^{4} W_j X_{ij} = 0.32X_{i1} + 0.35X_{i2} + 0.21X_{i3} + 0.12X_{i4}$$

　　计算该网络中各结点的网络权力配置，进而求出各结点的权力分配比例（见表5－12）。

表5－12　　　　　世界旅游小姐山西赛区支持网络权力配置统计

序号	1	2	3	4	5	6	7	8	9	10	11	12
代号	A	B	C	D	E	F	G	H	I	J	K	L
网络权力配置	0.13	0.19	0.07	0.95	0.10	0.13	0.10	0.01	0.10	0.13	0.05	0.01
分配比例（%）	5.06	7.39	2.72	36.96	3.89	5.06	3.89	0.39	3.89	5.06	1.95	0.39
序号	13	14	15	16	17	18	19	20	21	22	23	24
代号	M	N	O	P	Q	R	S	T	U	V	W	X
网络权力配置	0.13	0.04	0.01	0.01	0.01	0.10	0.04	0.07	0.13	0.01	0.04	0.01
分配比例（%）	5.06	1.56	0.39	0.39	0.39	3.89	1.56	2.72	5.06	0.39	1.56	0.39

资料来源：根据相关数据整理而得。

　　在山西赛区支持网络中，各结点网络权力配置的排名情况如表5－13所示。

表5－13　　　世界旅游小姐山西赛区支持网络权力分配比例排名

排名	代号	网络权力分配比例（%）
1	D	36.96
2	B	7.39
3	A、F、J、M、U	5.06
4	E、G、I、R	3.89
5	C、T	2.72
6	K	1.95
7	N、S、W	1.56
8	H、L、O、P、Q、V、X	0.39

资料来源：根据相关数据整理而得。

（四）行为解释

E、G、I 和 R 排名相同，源于这 4 个结点的本质属性，它们都属于服务行业，而且网络贡献相差不大，它们分别为赛事提供舞台灯光音响支持、全程跟踪摄像支持、赛事场地及食宿支持、赛事形象设计支持。A 和 M 的网络权力位居第三，源于其功能的不可替代性程度。但有些结点其本质属性是相近的，但行为却截然不同，这需要进一步解释。

初创期公司为何敢与政府机构"叫板"。D 是 2012 年 5 月才成立的一个新公司，员工不足 10 人，而 A 是政府机构，从常理上讲，在山西赛区支持网络中，A 提出的建议，D 应该积极采纳才对，而事实并非如此。按照 A 的"指示"，大赛应该以"旅游"为主题，总决赛的流程也应沿着"旅游"这条主线，D 表面上尊重 A 的"指示"，但是在总决赛流程策划上却几乎与"旅游"毫不相干。数据分析可说明问题，在山西赛区支持网络中，D 的网络权力大于 A 的网络权力。因为 D 是世界旅游小姐中国组委会直接授权的单位，不仅是山西赛区的第一主办方，同时也是太原赛区的承办方，不仅负责赛事的举办，同时还是招募赞助商的主要单位，因此是山西赛区的发起者和控制者。从网络位置的角度而言，D 与山西赛区支持网络的每一个结点都有密切的联系，属于此网络的核心结点，其网络权力最大，因此敢与政府机构"叫板"就不难理解。

同是酒店为何待遇悬殊。I 从 2007 年 11 月开业迄今已有 6 年，是太原五星级旅游酒店，在本次比赛中，为组委会提供太原赛区初赛、复赛和集训场地，以及集训期间的选手和工作人员的食宿。J 虽然是万达国际品牌的连锁酒店，但是 2012 年 7 月才开业，仅仅为比赛提供了新闻发布会和山西总决赛的场地。不出意外的话，I 应该比 J 更能得到组委会的重视。但事实上，组委会总是在"命令"I，I 一直很"服从"组委会的安排，而 J 却处处难为组委会，组委会很是无奈，只能接受 J 的要求。数据分析可解除疑惑，在山西赛区支持网络中，J 的网络权力大于 I 的网络权力。比赛期间，太原市正在进行全城道路维修，而 I 位于太原市尖草坪区，离市中心相对较远，交通特别不便，因此其客流量急剧下降，世界旅游小姐大赛是为其增加客流量的大好契机。而 J 地理位置优越，不受太原道路维修的影响，道路维修反而为他们增加了客流量，J 是一个国际品牌的连锁酒店，档次很高，跟世界旅游小姐大赛的档次非常相匹配。从网络权力的来源之一资源依赖角度上讲，山西组委会对 J 的依赖程度大于对 I 的依赖程度。另外，从网络认知角度上讲，I 对山西赛区支持网络的认知精准度没有 J 的认知精准度高，虽然 I 地理位置较差，但愿意为组委会提供诸多服务的酒店还是难以找到的，如果 I 认识到这一点就可以提供更少的服务依然能够得到其想要的宣传效果，而 J 就清醒地认识到这一点，而且当时临近总决赛，但总决赛场地还未解决，J 各方面都符合组委会的要求，即便要求组委会做出让步，组委会也会答应，所以 J 借此"刁难"组委会就不难理解。

6 个分赛区承办方为何起点同而终点异。本次大赛一共开设了 6 个分赛区，其中，太原赛区直接由主办方举办，忻州赛区由于某些原因没有举办。其余的 4 个赛区承办方之间的网络权力可以比较，其行为应该很相近，然而调查过程中却发现，山西组委会主任只莅临了阳泉赛区的新闻发布会现场，总决赛庆功晚宴也只宴请了阳泉赛区的承办方，4 个分赛区的获奖名额也不同，阳泉赛区最多。从数据分析可知，这 4 个赛区的网络权力分配比例为：阳泉赛区 > 长治赛区 > 大同赛区 > 吕梁赛区。从网络权力的来源之一"关系权力"角度上讲，4 个主办方、A 以及 M 属于山西赛区支持网络中的"权力组织"，这 4 个分赛区承办方与"权力组织"的关系越密切其网络权力就越大。从回收的数据可以看出，阳泉赛区除了与第一主办方建立联系之外，与第二、第三、第四主办方以及 M 之间都建立了联系，长治赛区与第三主办方和 M 建立了联系，大同赛区与 M 建立了联系，而吕梁赛区与其他网络结点之间毫无联系。

4 种媒体机构为何地位各异。B、C、H、L 这 4 个组织是山西赛区支持网络的媒体宣传机构，它们的地位和待遇应该也是相近的，但事实并非如此。第一主办方与 B 的沟通都是用商量的口吻，而对 L 的态度却总是"命令"的口吻。从数据分析可知，这 4 个媒体机构的网络权力排序为：B > C > H > L。B 是赛事的第二主办方，山西主流纸质媒体，它不仅对赛事进行纸质媒体报道，还是联合黄河新闻网、山西新闻网、中新社等多家网络媒体进行全媒体综合报道的桥梁，在第一主办方和多家网络媒体的结构洞中扮演"桥"的角色，在 F 举行的户外挑战赛以及 S 的爱心捐赠活动也是由其与第一主办方联合策划和执行的，显然其网络能力比较强；C 挂着第四主办方的名义，其实仅仅是听从第一主办方的安排，对活动进行电视报道；H 和 L 更是如此，如果不是高层之间的人际关系，这两个媒体机构可能就不会成为山西赛区的宣传窗口。B 的网络权力明显大于其他 3 个媒体机构主要源于其自身的网络能力以及其在结构洞中的"桥"角色。

同是服装提供商为何积极消极并存。N 和 O 是为山西赛区提供服装的品牌和机构。调查发现，N 非常积极地参与赛事，并分派了 8 位员工到总决赛现场进行协助，而 O 根本无此意识，只在最后回收服装时检查而已。从数据分析可知，在山西赛区支持网络中，N 的网络权力大于 O 的网络权力。从网络贡献角度上讲，N 不仅提供了时尚服装，还提供了 5 万元优惠券的支持；O 不仅没有资金方面的支持，还让组委会交了 2 万元现金的服装保证金。因此，N 为了防止服装受损，专门派人看管，一旦组委会工作人员有失误，就会受到指责；而 O 只需要在赛事结束后检查服装即可，一旦发现问题即可用保证金来抵扣，组委会工作人员不用看脸色行事。从网络认知角度上讲，N 是一个知名的服装品牌，其管理人员水平比较高，对网络的认知精准度比较高，而 O 是一个开业不久的小婚纱店，其法人是一个资历较浅的年轻人，对山西赛区支持网络缺乏清醒认知，其实虽然该婚纱店开业不久，但组委会对其依赖程度还是比较高的，因为当时临近总决赛，但晚礼服的问题还没有解决，如果 O 借此提出要求，组委会还是会做出让步。

第六章

中国企业网络合作行为的
引导与治理研究

第一节　合作行为的诠释、预判与引导

本书沿着 3 条线路对权力配置下的节点行为进行分析：其一，基于社会网络分析思想，依据结构决定权力、权力影响行为的研究思路，在网络权力配置效率评价的基础上，对节点企业在合作过程中的"行为博弈"与"权力游戏"基于行为理性的视角做出科学诠释；其二，依据结构角色理论（structural role theory），从结构对等、结构内聚性、角色对等等方面对网络中的节点企业相互影响对方的态度和行为做出合理预判，为企业行为引导提供方向；其三，对节点企业行为进行正确引导，以形成行为合力，促进中国企业积极参与全球价值网络重构，在更高端层次寻求适合自身生存与发展的生态位。依此，由面及点，实现由宏观结构向微观行为的转变，深入到节点企业对合作满意程度、未来合作意向及节点运行绩效的影响结果，落实到企业合作实践的行为动机与行为模式上来，如图 6 - 1 所示。

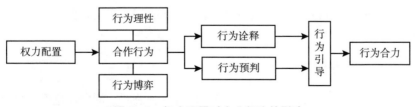

图 6 - 1　权力配置对企业行为的影响

第二节 行为自律机制培育

根据文献分析与样本预调查来厘定网络合作节点的行为动机（增强实力、分散风险、联合研发、优势互补等）及其驱动因素（Rinaldi & Cavicchi，2016）；采用影响力量化指标来分析核心节点的行为，进而对网络群体极化行为（group polarization behavior）进行探讨，对核心节点行为不断加强并最终支配整个网络运作的深层次原因进行探索，进而分析自主行为与被迫行为以及合作行为与竞争行为，以诚信机制、市场声誉机制与联合制裁机制为基础，最终过渡到合作节点行为自律机制（网络主体能动机制、外部因素推动机制、道德价值抉择机制）。通过合约治理与关系治理相互补充来抑制机会主义行为，促进合作企业由行为失范到行为自律、由行为无序到行为有序、由行为分力到行为合力的升华，使合作企业步入网络转型升级的良性发展轨道。

第三节 合作行为治理逻辑

本书从政府政策、网络整体与合作节点 3 个层面构建合作行为的治理逻辑。

（一）政府政策层面

一方面，政府作为国有企业的治理者和中国特色制度安排下的权力拥有者，积极参与并推动合作，尤其是在全球价值链合作中发挥主导作用；另一方面，混合所有制企业中各种性质股权所决定的权力不同，基于共商、共建、共享理念，进行顶层设计，制定促进合作的相关政策，保证权力在阳光下运行。

（二）网络整体层面

优化网络结构，通过适度嵌入提升权力配置效率，清晰定位企业网络战略，注重发挥企业网络独特功能，制定必要的行为准则与议事规程，建立并完善资源共享平台，保证合作企业能及时有效地捕捉到最前沿的知识与技术。

（三）合作节点层面

基于优势互补与资源依赖，夯实信任基础，营造融洽氛围，依据行为分析合理引导行为，促进行为合力的形成，培育行为自律机制，注重发挥核心企业的标杆效应，协调个体之间的行为互动，减少恶意竞争与冲突，避免资源浪费与内耗。由此，形成一个合作行为治理的逻辑平台，借助此平台不断完善企业网络组织这一新型商业模式，进而提出合作行为治理的政策建议与决策参考。如图 6 - 2 所示。

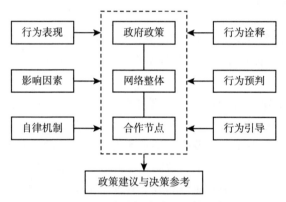

图 6 - 2　合作行为治理逻辑平台

第四节　企业网络的领导—追随行为研究

一、研究设计

（一）案例选择

本书采用单一案例的研究方法在第五章第四节的基础上，选择沁水煤层气网络这一单一案例展开分析。选择沁水煤层气网络作为研究案例有以下四点考虑：一是单一案例研究在证实与证伪已有命题假设方面独具优势，技术权力、组织间信任与合作行为具有复杂的行为情景，需要有丰富的案例数据作为支撑，以探索网络合作背景下的企业合作行为模式，因此适合于采用单一案例方法进行分析；二是沁水的各煤层气企业之间已经建立起了广泛的合作关系，已有 10 余年的合作实践经历，形成了介于企业和市场之间的相对稳定的网络型合作组织，是典型的企业网络；三是沁水煤层气网络中各企业网络权力分布不对称，网络结构不平衡，存在核心—边缘结构中的领导—追随行为模式，案例具有很强的代表性；四是鉴于作者的籍贯属于本地，多位研究成员曾经在该网络开展过深入调查研究，对所选案例的合作实践较为了解，资料获取相对便捷。

（二）研究样本

本书遵循典型性原则选择沁水煤层气网络为研究对象，该案例能代表一类具有相同特征的企业间合作实践，即存在明显的领导—追随行为模式。

首先，沁水煤层气企业网络涵盖了煤层气开采、液化、压缩、瓦斯发电、管道外输、公路运输、综合利用等环节的所有企业，形成了较为完善的煤层气产业链。在多年的发展中，沁水的煤层气企业网络较大幅度地提升了当地的财政收入，并且解决了当地的就业问题。但是，在沁水煤层气企业网络中，国有企业与民营企业地位悬殊，民营企业常常存在区块短缺的问题；而且由于各企业的综合实力存在较大差异，在网络中的话语权和控制力差异明显，网络中存在严重的权力分布不平衡现象。

其次，本书以沁水地区为边界，选择在沁水地区注册的煤层气公司以及在沁水有煤层气项目的公司作为网络节点。共选取 21 个企业，其中在沁水注册登记的节点有 9 个，有项目的节点有 12 个，而且这 21 个节点企业涉及的业务涵盖了煤层气作业的全部环节，包括开采、压缩、液化、管道外输、发电、公路运输和综合利用，保证了企业网络的完整性。

最后，为了验证领导—追随行为匹配的稳定性，本书所选的节点成立年限都比较长，并且与网络中的其他节点都保持了较长时间的合作关系。

为了行文方便起见，本书对 21 个节点分别进行编号（见表 6 - 1）。

表6-1   沁水煤层气网络成员情况统计

序号	企业名称	代号	主营业务	成立年限（年）
1	中石油华北油田煤层气勘探开发分公司	A	开采、管道外输	11
2	沁水县浩坤煤层气有限公司	B	液化	7
3	沁水蓝焰煤层气有限责任公司	C	开采、压缩	14
4	中联煤层气有限公司	D	开采、压缩	21
5	萨摩亚美中能源沁水分公司	E	开采	11
6	奥瑞安公司	F	开采	12
7	晋城铭石煤层气利用公司	G	综合利用	14
8	山西煤层气集输有限公司	H	管道外输	11
9	山西港华煤层气公司	I	液化	11
10	山西易高煤层气公司	J	液化	11
11	山西沁水顺泰能源发展有限公司	K	液化	11
12	山西沁水新奥燃气有限公司	L	液化	9
13	沁水县汇金源有限公司	M	压缩	10
14	沁水县兰金瓦斯发电有限公司	N	发电	9
15	山西能源煤层气有限公司	O	液化、压缩	11
16	沁水县隆鑫瓦斯发电有限公司	P	发电	9
17	格瑞克能源公司	Q	开采、压缩	14
18	山西通豫煤层气输配有限公司	R	管道外输	10
19	诚安物流	S	公路运输	9
20	沁水县名扬煤层气有限公司	T	压缩	11
21	山西兰花煤层气有限公司	U	开采	7

资料来源：根据调查数据整理而得。

（三）资料收集

沁水煤层气网络的资料收集具体步骤如下：一是通过联系沁水煤层气公司的工作人员，初步了解沁水当地煤层气网络的大体情况，企业之间是否存在技术差距以及网络中是否存在结构不平衡的现象，从而确定了沁水煤层气网络为本书研究的案例。二是通过在网上查阅相关资料及文献，了解了沁水煤层气资源的分布情况以及各区块的开采程度和开采现状，并通过在沁水县政府网、沁水县经济和商务局、山西煤层气协会以及各企业的官网中找出在沁水当地注册以及有煤层气项目的企业 21 个，并掌握各企业之间合作及联系的情况，尤其是关于技术上的联系情况，对于一些不确定的情况电话联系企业，完善沁水煤层气网络的关系数据，最后根据得出的网络关系矩阵确定了网络中的核心节点和非核心节点。三是在沁水当地政府人员以及煤层气企业员工的帮助下，对网络中的 21 个企业进行半结构化访谈，访谈对象主要包括企业的管理人员以及项目负责人。在简单介绍调研目的后，先对之前确定的关系数据进行验证和补充，再根据访谈提纲进行提问，其中针对核心节点和非核心节点的访谈提纲略有差异，并且对个别节点进行了多次提问。四是向受访者收集与沁水煤层气网络相关的内部资料，包括企业参与合作活动的文字记录、企业内部刊物、政府部门内部简报等。五是实地观察，研究人员深入参与沁水煤层气网络合作实践之中，详细观察并记录合作中发生的领导行为与追随行为，以获取能佐证访谈调查的数据，形成完整的证据链条。

二、案例研究

（一）核心节点识别

核心节点在网络中拥有较大的权力，其权力往往建立在与其他节点间联系的基础上，因而可以从联系角度对节点权力进行量化，利用节点中心度判定其是否为核心节点。本书通过电话联系和网站收集资料的方式得出沁水煤层气网络的关系数据，并在收集到调查访谈的资料后对其进行了修正，主要从组织内部的母子公司关系、子公司与子公司关系以及组织之间的合作关系三方面来寻找网络中各节点之间的关系，进而识别沁水网络的关系矩阵。例如，节点 S 是节点 G 的子公司，节点 D 和节点 O 都有参股节点 R，他们之间的关系就属于母子公司关系；节点 C、节点 G 和节点 O 同属于一个母公司——晋煤集团，他们三者之间的关系就属于子公司之间的关系；节点 F 凭借其先进的水平井技术及储层改造技术，负责节点 A、节点 D 和节点 E 等公司的水平井施工，他们之间的关系属于合作关系。最终得出 21 个节点之间的关系矩阵（见表 6－2）。其中，矩阵中的"1"表示相对应的两个节点之间有联系，"0"表示相对应的两个节点之间没有联系。

表6－2　　　　　　　　　　沁水煤层气网络节点关系矩阵

	A	B	C	D	E	F	G	H	I	J	K	L	M	N	O	P	Q	R	S	T	U
A	0	1	0	0	1	1	0	1	0	0	0	0	0	0	1	0	1	1	0	0	1
B	1	0	0	0	0	0	0	0	0	0	0	0	0	0	0	0	0	0	0	0	0
C	0	0	0	0	0	1	1	0	1	1	1	0	0	0	0	0	0	0	1	1	0
D	0	0	0	0	1	1	0	0	0	0	0	0	1	1	0	1	1	1	0	0	0
E	1	0	0	1	0	1	0	0	0	0	0	1	0	0	0	0	0	0	0	0	0
F	1	0	1	1	1	0	0	0	0	0	0	0	0	0	0	0	0	0	0	0	0
G	0	0	1	0	0	0	0	0	0	0	0	0	0	0	0	0	0	0	0	1	0
H	1	0	0	0	0	0	0	0	0	0	0	0	0	0	0	0	0	0	0	0	0
I	0	0	1	0	0	0	0	0	0	1	0	0	0	0	0	0	0	0	0	0	0
J	0	0	1	0	0	0	0	1	0	0	0	0	0	0	0	0	0	0	0	0	0
K	0	0	1	0	0	0	0	0	0	0	0	0	0	0	0	0	0	0	0	0	0
L	0	0	0	0	1	0	0	0	0	0	0	0	0	0	0	0	0	0	0	0	0
M	0	0	0	1	0	0	0	0	0	0	0	0	0	0	0	0	0	0	0	0	0
N	0	0	0	1	0	0	0	0	0	0	0	0	0	0	0	0	0	0	0	0	0
O	1	0	0	0	0	0	0	0	0	0	0	0	0	0	0	0	1	1	0	0	0
P	0	0	0	1	0	0	0	0	0	0	0	0	0	0	0	0	0	0	0	0	0
Q	1	0	0	1	0	0	0	0	0	0	0	0	0	0	1	0	0	0	0	0	0
R	1	0	0	1	0	0	0	0	0	0	0	0	0	0	1	0	0	0	0	0	0
S	0	0	1	0	0	0	0	0	0	0	0	0	0	0	0	0	0	0	0	0	0
T	0	0	1	0	0	0	1	0	0	0	0	0	0	0	0	0	0	0	0	0	0
U	1	0	0	0	0	0	0	0	0	0	0	0	0	0	0	0	0	0	0	0	0

资料来源：根据节点间关系设置。

　　为了更直观地看出这些节点之间的关系和整个网络的中心性，本书运用
UCINET 6 软件画出了这 21 个节点之间联系的可视化图谱（见图 6－3）。

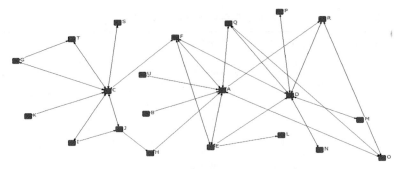

图6-3 沁水煤层气网络可视化图谱

从图6-3可以看出，在整个沁水煤层气网络中，节点A、C、D在此网络中与其他节点的联系都比较多，均属于该网络的核心节点。而节点E、F、G、H、I、J、O、Q、R、T与网络中其他节点之间的联系相对较少；节点B、K、L、M、N、P、S、U只与图中的单个节点有联系，与其他节点无关；这两类节点都属于该网络的非核心节点。但仅从这个可视化图谱中只能得出初步的判断，并不能得出具体的数据信息，因而需要进一步计算沁水煤层气网络中各节点的中心度。

中心度反映了节点在网络组织中的重要程度，体现在度数中心度、接近中心度、中间中心度和特征向量中心度4个方面。其中前3个中心度都高的节点，与其他节点联系较多，并且距离较短，可以在第一时间获取最新信息，具有显著的结构优势。特征向量中心度反映一个网络节点位于核心位置的可能性。本书利用UCINET 6软件根据21个节点之间的关系矩阵，计算出各个节点的中心度指数（见表6-3），得出整个网络的权力配置情况，进而找出网络中的领导者和追随者。

表6-3　　　　　　　　　沁水煤层气网络各节点中心度指数

序号	代号	度数中心度	接近中心度	中间中心度	特征向量中心度
1	A	40.000	50.000	36.667	67.996
2	B	5.000	33.898	0.000	17.143
3	C	35.000	47.618	44.912	26.740
4	D	35.000	47.618	33.158	55.143
5	E	17.000	37.618	12.105	46.480

序号	代号	度数中心度	接近中心度	中间中心度	特征向量中心度
6	F	17.000	37.618	21.228	49.505
7	G	10.000	33.333	0.000	9.014
8	H	10.000	40.000	5.088	20.829
9	I	10.000	33.898	0.000	10.428
10	J	15.000	38.462	4.561	14.622
11	K	5.000	32.787	0.000	6.742
12	L	5.000	32.787	0.000	11.718
13	M	5.000	32.787	0.000	13.902
14	N	5.000	32.787	0.000	13.902
15	O	15.000	37.736	0.175	37.572
16	P	5.000	32.787	0.000	13.902
17	Q	15.000	40.000	3.158	40.517
18	R	15.000	40.000	3.158	40.517
18	S	5.000	32.787	0.000	6.742
20	T	10.000	33.333	0.000	9.014
21	U	5.000	33.898	0.000	17.143

资料来源：根据 UCINET 软件而得。

本书借助徐俪凤（2015）提出的网络权力计量模型，计算该网络中各节点的权力大小，进而得出各节点的权力配置排名（见表6-4）。

表6-4　　　　　　　　沁水煤层气网络各节点技术权力配置

序号	代号	技术权力配置	排名
1	A	46.15959	1
2	B	14.47146	15
3	C	40.50697	3
4	D	41.44699	2
5	E	26.7263	5

序号	代号	技术权力配置	排名
6	F	29.00513	4
7	G	15.94823	11
8	H	20.76796	9
9	I	16.31566	10
10	J	20.97415	8
11	K	13.88449	16
12	L	14.48161	14
13	M	14.74369	13
14	N	14.74369	13
15	O	22.55299	7
16	P	14.74369	13
17	Q	24.32522	6
18	R	24.32522	6
18	S	13.88449	16
20	T	15.94823	11
21	U	15.52146	12

资料来源：根据相关数据整理而得。

由表6-4可知，节点A的网络权力最大，节点C、D的权力相近，且都与节点A相差不大，其余节点的技术权力都远低于这3个节点。因此，本书将A、C、D这3个节点确定为网络中的核心节点（领导者），其余节点为网络中的非核心节点（追随者）。并且根据哈利卡斯等（Hallikas et al.，2008）的观点，网络结构多由一个或几个核心节点所掌控，并且逐渐由单核心向多核心结构转变。沁水煤层气网络是一个典型的多核心结构的企业网络。

所选取的21个节点企业成立年限都较长，并且与网络中的其他节点联系时间较长，保证了各节点之间合作关系的稳定性。在对这21个节点的领导行为和追随行为的分析和判定的基础上，本书进一步对核心节点与非核心节点之间的领导—追随行为模式的匹配情况进行汇总，以验证前文提出的稳定匹配结构（见表6-5）。

表6－5　　　　　　　　　　领导—追随行为配对结果汇总

核心节点—非核心节点	领导行为	追随行为	核心节点—非核心节点	领导行为	追随行为
A－B	技术定标	胁迫	C－J	技术定标	胁迫
A－E	技术防御	疏离	C－K	技术定标	胁迫
A－F	技术锁定	共促	C－S	技术定标	共促
A－H	技术定标	疏离	C－T	技术定标	胁迫
A－O	技术锁定	共促	D－E	技术锁定	共促
A－Q	技术防御	疏离	D－F	技术锁定	共促
A－R	技术扶持	学习	D－M	技术定标	胁迫
A－U	技术扶持	学习	D－N	技术扶持	学习
C－F	技术锁定	共促	D－P	技术定标	胁迫
C－G	技术扶持	学习	D－Q	技术防御	疏离
C－I	技术防御	疏离	D－R	技术扶持	学习

（二）领导行为

核心节点为该网络中的领导者，研究领导行为时共访谈了3家核心企业，分别为节点A（中石油华北油田煤层气勘探开发分公司）、节点C（沁水蓝焰煤层气有限责任公司）和节点D（中联煤层气有限公司），结合访谈结果对每个核心节点领导行为的具体分析如下。

研究发现沁水煤层气网络属于典型的多中心企业网络，存在3个核心节点，因此在研究领导行为的过程中，分别对3个核心节点进行了调查访谈。其中，在所选的18个非核心节点中，与中石油存在联系的有8个，与蓝焰有联系的有7个，与中联有联系的有7个，因此，本书共调查和分析了3个核心节点的22种领导行为。通过分析可以发现：当领导者将追随者定位为高技术权力、高组织间信任时，会展现较高程度的技术锁定领导行为；当领导者将追随者定位为高技术权力、低组织间信任时，会展现较高程度的技术防御领导行为；当领导者将追随者定位为低技术权力、低组织间信任时，会展现较高程度的技术定位领导行为。命题1、命题2和命题3成立。在命题4的验证中，节点C对节点S的定位是低技术权力、高组织间信任，但是采取的却是设立技术标准的领导行为。其主要原因在于节点S所处行业对于技术的依赖度低，而且节点C也没有相关方面的技术，无法对其进行技术扩散，更多的是直接技术定标，并且对其不断施压。除此之外，案例中当领导者对追随者定位为低技术权力、高组织间信任时，采取的都是技术扶持的领导行为，因此，命题 4 也基本成立。

（三）追随行为

在对追随者进行调查中发现某些非核心节点会对应多个领导者，而且他们对不同领导者的评价存在差异。通过对 18 个非核心节点的 22 种追随行为的分析发现：当追随者将领导者定位为技术权力高、组织间信任度也高时，会展现积极的学习型追随行为；当追随者将领导者定位为技术权力高、组织间信任度低时，会展现较高程度的胁迫型追随行为；当追随者将领导者定位为技术权力低、组织间信任度也低时，会展现较高程度的疏离型追随行为；当追随者将领导者定位为技术权力高、组织间信任度也高时，会展现较高程度的共促行为。这 22 种追随行为完全验证了命题 5～命题 8。

（四）领导—追随行为的匹配分析

本书所研究的沁水煤层气网络到现在已有 20 多年的历史，而且所选的节点的成立年限都在 7 年及以上，各节点之间的合作关系已经比较稳定。因此，核心节点与非核心节点之间的领导—追随行为模式也已经是经过各节点不断地匹配才形成的稳定结构。本书利用现存的各节点之间的领导—追随行为模式来验证前文所提出的领导—追随行为匹配的稳定结构。由表 6－5 可见，现有的 22 对领导—追随行为模式中，技术锁定领导行为对应共促追随行为、技术扶持领导行为对应学习追随行为、技术防御领导行为对应疏离追随行为，这三种稳定的匹配模式已经基本得到了验证，只有技术定标领导行为与追随行为的匹配与本书提出的稳定结构存在一定的差异。在研究的 22对行为模式中，有 8 对领导者采取的技术定标领导行为，其中有 6 对对应的是消极型追随行为，有 2 对对应的是其他追随行为。对于出现的这 2 对例外，根据再次调查发现其中的缘由：对于模式 A-H 来说，虽然节点 A 的业务也涉及管道外输，在这方面也具有一定的技术实力，但是在节点 H 进行管道的铺设以及运行时，并没有依靠 A 的技术，技术依赖度低，对于 H 来说，节点 A 的技术权力较低，双方之间的合作主要依赖的是设备而非技术，因此节点 H 更倾向于采取疏离型追随行为，而非胁迫型追随行为；对于模式 C-S 来说，问题主要在于核心节点 C，其认为节点 S 技术水平低，组织间信任度高，本来会进行一定程度的技术扩散，但是由于节点 S 属于公路运输行业，对技术的要求程度低，更注重的是设备的规模和种类，因此并没有对节点 S 扩散技术，更多的是直接对节点 S 安排任务，并采取强制性措施，展现的是较高程度的技术定标行为。综合来看，这两对行为模式与本书提出的稳定结构有差异的原因主要在于非核心节点主营业务的特殊性以及双方之间关系的特殊性。技术定标领导行为与胁迫追随行为匹配的稳定性也可以基本得到验证。

三、研究意义

网络中的追随者往往由于技术水平低或者资源缺乏等原因，处于网络结构的边缘，在网络中的控制力和话语权都较弱，其行为往往受到核心节点的影响。追随企业一方面要不断进行创新，提升自己的技术实力，并且不断寻找或者创造与核心企业的任何关联；另一方面，能够准确地预测核心企业的领导行为，并且采取积极行动，响应核心企业的领导行为，获得核心企业的认同，最终不断提升合作绩效。无论是领导者还是追随者，都可以将心理定位与行为之间的关联作为改变领导行为和追随行为的依据。对于领导者而言，可借由追随者对自己的信任程度以及追随者对自己技术权力的预判，预期可能会面对的追随行为。在合作过程中面对不同的追随者，领导者应当做出不同的回应。总体而言，共促型追随者最易于领导，学习型追随者仍需精心引导；面对胁迫型追随者，领导者无须预设立场；疏离型追随者将带给领导者最大考验。从技术权力与组织间信任视角研究组织合作行为，分析领导—追随行为模式，是对企业网络微观行为的有益探索，也是对企业间合作实践的抽象与归纳，无疑会拓展网络组织的研究内容，丰富网络组织及其治理理论。

研究结论对领导者和追随者都具有重要的行为指导价值。对于领导者来说，如果预测到非核心节点的追随行为是共促类型时，要检查自身的领导行为是否符合技术锁定行为的特征，符合则继续保持；否则要找出问题的症结所在，并不断地改变领导方式，转变为技术锁定领导行为以促进双方合作程度的加深以及效率的最大化。追随者同样如此，要不断促进双方的合作关系。网络中核心节点要充分发挥其地位优势，为网络中创造一种合作共赢、知识共享的文化环境，并且要结合高效稳定的领导—追随行为模式对不同节点采取相对应的领导行为模式，带头示范，将这种稳定结构上升到网络惯例的高度；非核心节点要响应领导者的号召，遵循网络惯例。由此，通过核心节点主动引领，非核心节点积极跟进的模式最终形成所有企业的行为合力促进整个网络合作绩效的提升。

第五节 数字化背景下网络权力与合作行为

一、问题的提出

21 世纪以来，以信息与通信技术（ICT）为代表的信息革命推动了数字经济的全面发展，现代社会已经进入了数字经济时代（Yoo et al.，2010）。其中数据作为关键生产要素的价值化正在加速推进，各行各业的发展都处在大数据环境之下。但在数字经济的实际发展过程中，相当一部分企业尤其是中小企业在进行大量数字化投入后，短期内却看不到产生的效益，导致积极性和主动性受到严重阻碍（王核成等，2010）。在这样的发展现状下，国家发展改革委联合 17 个部门以及互联网平台、行业龙头企业等共同启动的"数字化转型伙伴行动"，围绕中小微企业数字化转型"不会转、不能转、不敢转"的问题，通过构建"政府引导—平台赋能—龙头引领—机构支撑—多元服务"的联动机制带动中小微企业迈出数字化转型的第一步。同时，党的十九届五中全会通过的《中共中央关于制定国民经济和社会发展第十四个五年规划和二〇三五年远景目标的建议》也针对"加快数字化发展"做出全面部署，要求"推进数字产业化和产业数字化，推动数字经济和实体经济深度融合，打造具有国际竞争力的数字产业集群"。在大数据背景下，数字经济产业集聚效应日益凸显，更加印证了企业之间所形成的网络组织是获取外部资源的有效途径。因此，探究数字经济与企业网络的深度融合成为需要思考的问题。

那么，数字经济与企业网络通过何种路径融合？数字经济如何赋能企业网络中的个别企业实现龙头引领？数字经济如何促进网络中企业间合作？这些问题成为急需讨论的议题。对于上述问题虽然目前国内外已有不少学者研究了数字经济对企业创新绩效的提升、企业组织结构的改变以及企业数字化平台建设的影响（Nambisan et al.，2017；Yan et al.，2017），并且对国内数字化转型龙头企业海尔进行了扎实的案例研究（吕文晶，2019）。但已有研究大都是从单个企业层面探究数字经济的影响，鲜有对数字经济如何影响企业网络的研究。

已有理论研究认为，企业的网络权力和网络能力均对网络中的合作行为有影响（Magee & Galinsky，2008；McEvily & Marcus，2005），企业间的资源依赖关系是网络权力产生的原因，并且网络能力的提升也离不开企业具有的信息资源优势。而数字经济能够赋能正在数字化转型的企业获得大量数字化信息和资源，包括其他组织不具备的稀缺资源。因此，本书从数字经济赋能企业网络权力和网络能力的视角展开研究，尝试基于一个完整的路径探讨数字经济如何与企业网络融合发展。需要考虑的是，由于企业数字化转型不是一蹴而就的过程，那么在数字经济发展的不同阶段，网络中各企业是否仍遵循此路径与数字经济发生融合也需进一步讨论。

二、理论分析与研究假设

（一）数字化赋能与企业间合作行为

数字化赋能是随着数字技术的普及和发展而出现的一种新现象，数字技术与传统产业的深度融合是中国经济转型升级的突破口，但包括数字基础设施在内的数字技术本身并不会产生价值，而是从结构赋能、资源赋能以及心理赋能三个维度为企业实现降本增效（Brynjolfsson，2011）。结构赋能的直接体现是消除阻碍组织获得信息、机会和资源的结构性障碍，资源赋能重点提高了企业获取、控制和管理资源的能力，心理赋能侧重于改善社会心理、内在动机和个人的主观解释（Leong，2011）。由于本书研究的是企业与企业之间的组织外部关系，所以重点从结构赋能和资源赋能两个维度来度量数字化赋能。

在数字经济驱动全球经济社会发展现状下，数字产业化和产业数字化作为数字经济的核心，为其高质量发展注入活力。为了促进企业间数据资源的有效流通，数字经济发展集聚效应显现，企业间开始相互寻求合作，渐渐形成以龙头企业为引领的产业生态系统。在数字产业化方面，各地的数字产业园区逐步落成，吸引各类高新技术企业入驻园区，实现企业间网络化联结；在产业数字化方面，以数字经济为依托，撬动传统企业数字化转型，龙头企业引领中小微企业实现合作发展，共享数字经济红利。底层数字技术的应用为企业提供了强有力的助推，凭借数字化赋能带来的优势，企业打破了组织边界，实现跨界合作（戚聿东、肖旭，2020）。

基于上述分析，提出以下假设：

H20：数字化赋能产业集聚效应凸显，促进企业间合作行为。

（二）数字化赋能对网络权力和网络能力的影响

基于社会网络视角，企业网络是由存在合作关系的多个节点相互连接而成的网状结构，其中每个节点所占有的知识信息量的大小影响着该节点的权力配置（Ahituv & Carmi，2007）。同时，在网络中知识资源异质性较高的节点对其他节点具有较强的吸引力，有利于构建与特定合作伙伴的外部关系，即具有自身信息优势的企业有较强的网络能力（Walter et al.，2006）。随着数字技术的发展，数字化赋能通过结构赋能和资源赋能增强网络节点的知识量和信息流，使率先数字化转型的企业拥有海量的异质性资源，达到提升网络权力和网络能力的效果。

综上所述，因为网络节点拥有的知识信息量影响着该网络节点的网络权力，拥有的异质性资源的多少影响着它对网络中其他企业吸引力和影响力的大小，数字化赋能从结构赋能和资源赋能两个方面分别消除了节点获取信息资源的结构性障碍和提高了获取信息资源的能力，从而通过数字化赋能使节点网络权力提升，并且数字化赋能使率先转型的节点能够获得丰富的异质性资源从而提升该节点的网络能力，基于此提出以下假设：

H21：数字化赋能企业网络中率先数字化转型的节点占据资源优势，促进该节点网络权力提升；

H22：数字化赋能企业网络中率先数字化转型的节点影响力扩大，促进该节点网络能力提升。

（三）网络权力和网络能力对企业间合作行为的影响

网络权力和网络能力对合作行为的影响国内外学者已经有不少的研究。权力作为网络中的核心力量，影响着资源的控制、网络的动态，以及合作和竞争关系（Zolkiewski，2001）。现有研究认为在网络中稳定的权力等级有助于激励成员改善协调与合作关系（Halevy，2011）。还有一些学者将网络权力划分为强制权力和非强制权力来考虑对合作的影响关系，强制权力会引发成员不满和冲突，不利于网络内合作关系的构建（谢永平等，2014），而非强制权是指网络内核心企业能够对其他成员提供协助与支持而产生的权力，非强制权力的正确运用能够增加合作，促进共赢（Zhuang et al.，2010）。

网络能力作为企业利用组织间关系获取其他参与者资源的一种能力，该能力越强越能促使网络成员相互调试和彼此协同合作（Parida & Ortqvist，2015）。瑞德等（Ritter et al.，2003）在对 308 家德国机械和电气工程公司进行抽样调查后得出网络能力对组织间技术合作程度有积极影响。沙振权等（2013）以珠三角地区的中小企业为研究对象，将网络结构和吸收能力作为中介变量，得到了网络能力间接提升合作绩效的结论。宋晶等（2015）从网络利用能力和网络开拓能力两方面对网络能力进行划分，探究不同地域文化下网络能力对合作创新绩效的影响。

企业网络中核心企业率先数字化转型后，数字化赋能为核心企业带来的资源和数字信息吸引其他企业学习和吸收经验，核心企业网络权力提升。因为通过与核心企业合作能够提升自身获取资源和收益的能力，所以非核心企业合作和学习意愿强烈。同时，企业网络能力越强，证明企业拥有的异质性资源越多，其他企业想建立合作关系获取自身不具备的信息和资源，基于此提出以下假设：

H23：在企业网络中，占据资源优势的节点能够为其他企业提供协助和支持，即节点网络权力越大，越有利于促进企业间合作行为；

H24：在企业网络中，影响力大的节点能够更好地协调企业间关系，即节点网络能力越强，越有利于促进企业间合作行为。

（四）网络能力对网络权力的影响

从能力基础观的角度来看，网络能力构成了企业间领导力的基础，网络权力的形成离不开强大的网络能力，企业的网络能力越强，越有利于在网络中拥有更高的网络权力（郝斌、任浩，2011）。网络权力是节点占据核心位置和稀缺资源后具有的影响和控制其他企业的能力，网络能力是企业改善其网络位置和通过构建外部关系来获得各类资源的能力。核心企业网络能力越强，越能有效引领及统筹网络中的创新发展，提升自身网络权力（谢永平等，2013）。张巍等（2011）基于西安高新技术开发区 39 家企业的调研结果，利用典型相关分析的方法发现了技术创新网络中存在于企业网络能力与网络权力之间的显著正相关关系。基于此提出以下假设：

H25：在企业网络中，节点网络能力越强，越有利于提升其网络权力。

（五）网络权力与网络能力的中介效应

从数字产业化和产业数字化两方面出发，不论是数字产业园区还是传统产业集群的数字化转型，数字经济均为网络中各企业的数字化转型升级提供示范和模板。但由于各企业对数字经济的嵌入难度不同，其数字化转型过程也呈现明显差异（杨骁等，2020），进而催生企业网络中核心节点网络权力和网络能力产生变化，这也是促进企业间合作的重要原因。企业网络中核心企业一般具有规模大、成立时间长、资金雄厚、拥有其他企业难以模仿的技术和异质性资源等特点（倪渊，2019）。因此，当企业网络迎接数字化经济浪潮时，网络中企业数字化转型不可能同时发生，核心企业能承受更高的试错成本，有能力在网络中带头数字化转型，使其他节点对核心节点产生了不同程度的非对称依赖，核心节点拥有更强的影响力和控制力，优化数字经济产业集聚，推动企业网络协调发展。企业网络与数字经济的融合过程如图6-4所示，充分体现了网络权力和网络能力在企业网络与数字经济融合过程中起到的纽带作用。

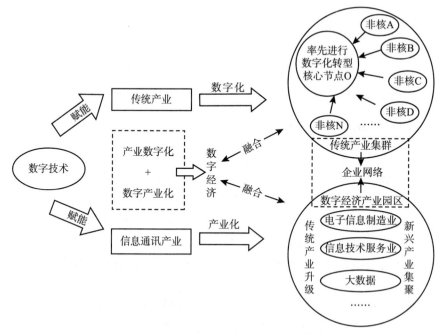

图6-4 企业网络与数字经济融合过程

总之，在数字经济发展中，数据逐渐融入企业日常运营管理流程，企业渐渐向数字化全面贯通阶段迈进。网络中的其他企业看到核心企业数字化转型初具成效便纷纷开始进行数字化转型，但非核心节点各项能力薄弱，只能学习核心企业成功经验，渴望通过合作来推动自身数字化转型，此阶段中数字技术赋能核心企业网络权力显著提升。数字化赋能核心企业提升从企业网络中获取其他企业资源的能力，并且使核心企业调动协调其他企业的能力增强，促进网络中企业间合作行为，数字化赋能对网络权力和网络能力均有正向影响，同时网络权力又中介于网络能力和合作行为之间。数字化赋能节点网络能力增强，节点向优势网络位置靠拢的同时能够调动更多网络内资源，网络权力相应提升，吸引其他节点合作学习。基于此提出以下假设：

H26：网络权力在数字化赋能深化企业间合作行为的过程中具有中介效应；

H27：网络能力在数字化赋能深化企业间合作行为的过程中具有中介效应；

H28：网络能力和网络权力在数字化赋能与合作行为之间具有链式中介效应。

依据假设 H20 – H28，构建数字化赋能对企业间合作行为的研究理论模型，如图 6 – 5 所示。

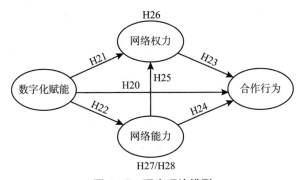

图 6 – 5　研究理论模型

三、研究设计

（一）研究方法

本书使用 Smart PLS 对数据进行处理，基于偏最小二乘法的结构方程模型（PLS-SEM）方法对研究模型和假设进行验证。相对于普遍使用的基于最大似然估计的协方差结构分析方法，PLS-SEM 更适合预测以及探索性的理论研究，对样本需求量较前者低同时也能够有效地处理非正态的样本数据，而且 PLS 还能够有效避免不正确解和因子不确定等一系列问题。因此，本书采用 PLS-SEM 进行实证分析。

（二）样本选择与数据收集

山西作为资源转型大省，传统产业的数字化转型迫在眉睫，随着腾讯云工业基地、百度云计算中心、华为大数据中心分别落地在长治、阳泉和大同等地，山西数字经济与实体经济正在加速融合，逐步推动山西中小制造企业高质量发展。为了研究不同数字经济发展阶段的产业，本书选取了传统产业集群和以数字产业化为主体的新兴产业集群，包括山西老陈醋生产基地、运城河津铝基地、清徐精细化工循环产业园、太原—忻州半导体产业集群、长治—晋城光电产业集群、太原—阳泉人工智能产业集群。通过问卷调查的方法，在相关专家的建议下，先后确定了上述 6 个产业集群中的龙头组织，再滚动式地确定其上下游机构和同行企业，采取现场发放和电子邮件两种方式向企业的中高层管理者发放问卷，共回收问卷 346 份，回收率达到 73.9%，剔除无效问卷后获得有效问卷 315 份，有效回收率为 67.3%。

（三）样本数字经济发展阶段测度

汪淼军等（2006）在研究信息化对组织的影响时，将企业信息划分为三个发展阶段来考虑，而信息通信技术是数字经济的核心，数字化替代信息化不仅应用于企业内的单个部门而且影响跨部门的整合与集成，数字化渐渐成为更高阶的企业发展方式。既然企业处于信息化的不同阶段时企业内部组织行为会发生相应变革，那么当企业在数字化的不同阶段时，数字化赋能企业的网络权力和网络能力的程度可能也会有所不同。其中数字化阶段的衡量指标借鉴刘军等对中国数字经济的测度研究，得到企业的数字经济指数（DEI）为：

$$DEI_i = \sum_{j=1}^{11} X_i \times W_j \ (j = 1, 2, \cdots, 11)$$

X_i 代表不同企业网络从信息化发展、互联发展和数字交易 3 个维度衡量的数字经济指标，指标值通过问卷中的李克特 5 级量表衡量，所有指标值均在 1~5 之间，数值越大代表指标水平越高。W_j（$j = 1, 2, \cdots, 11$）代表第 j 个三级指标相对于数字经济指数的权重，通过熵权法对各三级指标的权重赋值，本书的数字经济指数评价指标体系如表 6 – 6 所示。

表 6 – 6　　　　　　　　　数字经济指数评价指标体系

主指标	一级指标	二级指标	测度指标	信息熵值 e_j	权重系数 w_j
数字经济指数（DEI）	A 信息化发展指标	A1 信息化基础	A11 信息化从业人员占比	0.98	9.40%
		A2 信息化影响	A21 电信业务总量	0.98	11.04%
			A22 软件业务收入	0.97	15.29%
	B 互联网发展指标	B1 固定端互联网基础	B11 企业设备接入互联网密度	0.99	5.75%
		B2 移动端互联网基础	B21 企业业务移动电话使用率	0.99	3.68%
		B3 固定端互联网影响	B31 日常业务使用宽带互联网员工人数占比	0.99	8.41%
		B4 移动端互联网影响	B41 日常业务使用移动互联网员工人数占比	0.98	10.76%
	C 数字交易发展指标	C1 数字交易基础	C11 企业网站建设及维护费用支出占比	0.97	14.19%
			C12 企业使用计算机数占比	0.99	3.69%
		C2 数字交易影响	C21 电子商务销售额	0.98	7.09%
			C22 网上零售额	0.98	10.69%

资料来源：根据熵权法进行数据处理而得。

通过问卷收集到的对各产业集群数字经济发展题项的取值，将熵权法得到的指标权重以及题项值代入 DEI 计算公式得到各产业集群的数字经济指数如表 6-7 所示，将所有企业的数字经济发展指标进行聚类分析，得到了 3 个不同大类，说明本书所收集样本处于数字经济发展的不同阶段，样本采集具有代表性和广泛性。

表 6-7　　　　　　　　　　样本集群数字经济指数

集群名称	DEI 值
山西老陈醋生产基地	1.87
运城河津铝基地	1.95
清徐精细化工循环产业园	3.27
太原—忻州半导体产业集群	3.37
长治—晋城光电产业集群	3.18
太原—阳泉人工智能产业集群	4.11

资料来源：根据数字经济指数模型计算而得。

四、变量定义与测度

在综合参考国内外文献以及专家建议的基础上设计调查问卷，量表题项均通过李克特五点量表测量。数字化赋能参考国内外学者研究，从结构赋能（structural empowerment，SE）和资源赋能（resource empowerment，RE）2 个维度衡量，并提取出能够反映赋能程度的题项（Leong et al.，2015；胡海波、卢海涛，2018；池毛毛，2020）；参考郭献强（2014）和魏龙等（2017）的研究，从知识权力（knowledge power，KP）和结构权力（structural power，SP）2 个维度测度网络权力；参考穆（Mu，2012）和李随成等（2013）的研究，从寻找网络合作伙伴的能力（finding ability，FA）、管理网络关系的能力（management ability，MA）和利用网络关系的能力（utilization ability，UA）3 个测度衡量网络能力；参考吴晓云（2015）和吴松强等（2017）的研究制定合作行为（cooperation behavior，CB）的题项，在进行正式问卷调查前，先进行了小范围预调研后对量表中的部分题项进行了修正，最终确定的具体题项如表 6-8 所示。

表6-8　　　　　　　　　　变量因子分析与信效度检验

潜变量	观测变量	因子载荷系数	Cronbach's α系数	C. R.	AVE
结构赋能	数字技术消除阻碍组织员工获取信息、机会和资源等的结构性障碍的程度（SE1）	0.87	0.84	0.93	0.87
	数字化技术优化组织结构和政策，提高组织效率的程度（SE2）	0.85			
资源赋能	利用数字技术实现组织内多个企业资源协作与创新的能力（RE1）	0.80	0.88	0.94	0.83
	利用数字技术促进员工之间直接沟通和自由获取信息的能力（RE2）	0.82			
	利用数字技术在资源有限的情况下取得企业创新突破的能力（RE3）	0.82			
知识权力	企业的技术知识别人难以模仿（KP1）	0.75	0.88	0.91	0.68
	企业具有指导其他企业的合作经验（KP2）	0.74			
	企业退出创新网络给合作企业带来较大影响（KP3）	0.70			
	企业能够通过知识交流约束其他企业行为（KP4）	0.71			
	企业能采取惩罚措施降低其他企业盈利（KP5）	0.73			
结构权力	与本企业有合作的企业个数的多少（SP1）	0.81	0.87	0.92	0.74
	企业在该领域内具有较高的知名度（SP2）	0.81			
	企业是其他企业需要技术支持或指导时的首要选择（SP3）	0.76			
	企业与合作伙伴之间合作频率较高（SP4）	0.83			
寻找网络合作伙伴能力	公司能在当地找到恰当的合作伙伴（FA1）	0.80	0.83	0.91	0.78
	企业能在其他地区发现合适的合作伙伴（FA2）	0.84			
	企业广泛地寻找合适的合作伙伴（FA3）	0.76			
管理网络关系能力	企业努力改善与合作伙伴的关系（MA1）	0.75	0.83	0.92	0.78
	企业经常评估和分析合作关系中存在的问题（MA2）	0.75			
	企业战略要求在运作过程中开展网络整合行为（MA3）	0.81			

续表

潜变量	观测变量	因子载荷系数	Cronbach's α 系数	C. R.	AVE
利用网络关系能力	企业能及时找到正确的合作伙伴提高自身不足（UA1）	0.80	0.85	0.94	0.83
	企业能够及时准确地获得合作伙伴的协助（UA2）	0.84			
	合作伙伴能够为企业带来第三方提供的帮助（UA3）	0.83			
合作行为	与其他企业之间合作关系程度（CB1）	0.70	0.81	0.92	0.70
	与其他企业之间信息共享程度（CB2）	0.65			
	与其他企业之间资源共享程度（CB3）	0.65			
	与其他企业的长期稳定合作有助于本企业在网络中建立地位以及影响力（CB4）	0.70			
	与其他企业的信任程度（CB5）	0.73			

资料来源：根据统计分析软件而得。

五、实证分析与假设检验

（一）信度和效度分析

采用 SPSS 和 Amos 对量表进行信度和效度分析。首先，使用 SPSS 进行探索性因子分析（EFA），所有构念的 Cronbach's α 系数均在 0.8 以上（见表 6－8），确保了本书量表的信度。KMO 统计量为 0.91 大于 0.8，并在 0.001 显著水平下通过检验，表明样本数据非常适合进行因子分析，具有较好的结构效度。最终共析出结构赋能、资源赋能、知识权力、结构权力、寻找网络合作伙伴的能力、管理网络关系的能力、利用网络关系能力和合作行为 8 个特征根大于 1 的因子，累计解释了 72.56% 的方差，因子载荷系数均在 0.6 以上，说明本书的指标具有良好的聚合效度。

本书分别使用 Amos 和 Smart PLS 进行验证性因子分析（CFA），如表 6－4所示，结果显示模型拟合优度较高。同时大部分维度的 AVE 大于 0.7，构成信度（C. R.）则均大于 0.9，且 AVE 的平方根大于相关系数，表明测量模型具有较好的聚合效度和区分效度。进一步，采用 HTMT 比率对区分效度进行评估，该方法相较于通过 AVE 来评判区分效度来说更加灵敏，结果发现比率均低于建议的临界值 0.85（见表 6 - 9），测量模型的区分效度得到进一步验证。描述性统计、相关分析及效度检验如表 6 - 10 所示。总之，本书的测量模型满足了信度和效度的基本要求。

表 6 - 9　　　　　　　　　　　模型拟合结果

拟合指标	χ^2/df	RMSEA	GFI	AGFI	NFI	CFI	TLI
拟合值	1.07	0.01	0.92	0.91	0.93	0.99	0.99
判定标准	<3	<0.08	>0.9	>0.8	>0.9	>0.9	>0.9
结论	拟合	拟合	拟合	拟合	拟合	拟合	拟合

资料来源：根据统计分析软件而得。

表 6 - 10　　　　　　　描述性统计、相关分析与效度检验

变量	均值	标准差	1	2	3	4	5	6	7	8
结构赋能	3.61	0.93	0.93							
资源赋能	3.86	0.85	0.47**	0.91						
知识权力	3.63	0.90	0.38**	0.48**	0.83					
结构权力	3.33	0.93	0.25**	0.32**	0.53**	0.86				
寻找网络合作伙伴能力	3.74	0.83	0.36**	0.38**	0.37**	0.22**	0.88			
管理网络关系能力	3.66	0.86	0.37**	0.44**	0.47**	0.30**	0.54**	0.88		
利用网络关系能力	3.60	0.87	0.27**	0.29**	0.41**	0.27**	0.35**	0.34**	0.91	
合作行为	3.79	0.78	0.32**	0.45**	0.54**	0.33**	0.38**	0.44**	0.44**	0.84

注：（1）** 表示在 0.01 级别（双尾），皮尔逊相关性显著；（2）对角线表示对应变量的 AVE 平方根。

资料来源：根据统计分析软件而得。

（二）同源偏差检验

本书采用问卷调查法收集数据，由于所有题项均由同一被试填写，可能会出现同源偏差（CMV）的问题。本书采用事前预防程序的措施对可能出现的同源偏差进行避免和检测，采用匿名填写和选项重测等方式进行程序控制，在统计控制上，通过赫尔曼单因子检测，将问卷中所有题项在一起做因子分析，在未旋转时得到的第一个因子的方差解释量为 34.084%，小于临

界标准40%，因此本书数据不存在显著的同源偏差。

（三）全模型检验

本书采用基于偏最小二乘法的结构方程模型进行实证分析，采用一致性的 PLS 方法进行路径分析，运用经过检验合格的潜变量量表，对图 6-5 所示的研究理论模型进行检验，得到拟合标准化的路径系数如图 6-6 所示。

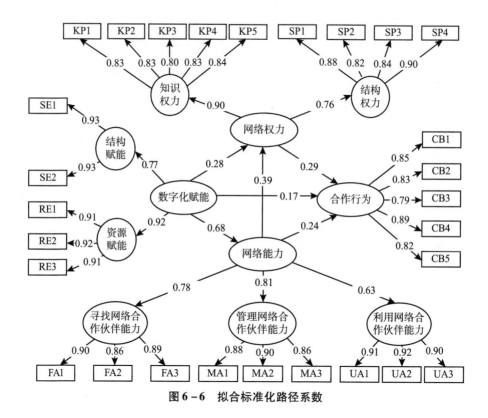

图 6-6　拟合标准化路径系数

结果模型的检验结果显示为：一是数字化赋能正向影响企业间合作行为（$\beta = 0.17$，$p < 0.05$）；二是数字化赋能显著正向影响节点网络权力（$\beta = 0.28$，$p < 0.001$）和网络能力（$\beta = 0.68$，$p < 0.001$）；三是节点网络权力和网络能力显著正向影响企业间合作行为（$\beta = 0.29$，$p < 0.001$；$\beta = 0.24$，$p < 0.001$）；四是节点网络能力显著正向影响网络权力（$\beta = 0.17$，$p < 0.001$）。

综上所述，假设 H20～H25 成立，说明数字化赋能显著正向影响企业间合作行为，同时初步判定网络权力和网络能力在数字化赋能和企业合作行为之间可能存在部分中介作用，接下来将对中介效应进行进一步验证。

（四）中介效应检验

就中介作用而言，采用当前主流的 Bootstrapping 对网络权力和网络能力的中介效应进行检验。为了研究数字化赋能通过网络权力和网络能力对合作行为的间接影响，本书用 5000 个自举样本以 95% 的置信区间自举。结果如表 6 - 11 所示，网络权力和网络能力在数字化赋能对企业间合作行为的各自中介作用以及链式中介作用显著（置信区间上限和下限均不含 0）。因此，假设 H26 ~ H28 成立。

表 6 - 11　　　　　HTMT 比率值

变量	结构赋能	资源赋能	知识权力	结构权力	寻找网络合作伙伴能力	管理网络关系能力	利用网络关系能力
结构赋能							
资源赋能	0.53						
知识权力	0.43	0.61					
结构权力	0.27	0.34	0.45				
寻找网络合作伙伴能力	0.53	0.57	0.43	0.22			
管理网络关系能力	0.53	0.61	0.56	0.32	0.56		
利用网络关系能力	0.28	0.36	0.52	0.32	0.25	0.30	
合作行为	0.36	0.55	0.66	0.26	0.41	0.48	0.44

资料来源：根据相关数据整理而得。

（五）融合路径分析

将图 6 - 6 中一阶因子系数汇入表 6 - 8 和表 6 - 9 中，可以更为细致地解读数字经济与企业网络融合的路径，探究出网络权力和网络能力在数字化赋能企业间合作行为中的作用机制。依据表 6 - 8 中的路径系数，数字化赋能影响企业间合作行为的路径系数 W = 0.29，其中结构赋能和资源赋能对企业间合作行为的路径系数分别是 W1 = 0.13 和 W2 = 0.16。说明企业网络与数字经济融合的直接路径表现为数字化赋能对企业间合作行为的促进作用，同时数字化赋能从结构赋能和资源赋能两个方面均能直接深化企业间合作行为。

企业网络与数字经济融合的间接路径是数字化赋能通过网络权力和网络能力两个中介来间接影响企业间合作行为。结构赋能通过网络权力影响企业间合作行为的路径系数 $W_{1j1} = 0.10$，资源赋能通过网络权力影响企业间合作行为的路径系数 $W_{2j1} = 0.13$，说明结构赋能和资源赋能均能提升网络中节点的网络权力以促进合作。结构赋能通过网络能力影响企业间合作行为的路径系数 $W_{1j2} = 0.28$，资源赋能通过网络权力影响企业间合作行为的路径系数 $W_{2j2} = 0.33$，说明结构赋能和资源赋能通过加强节点网络能力实现协同合作。并且网络能力和网络权力具有链式中介效应，结构赋能通过网络能力影响节点网络权力进而作用于企业间合作行为的路径系数 $W_{1j3} = 0.22$，资源赋能通过网络能力影响节点网络权力进而作用于企业间合作行为的路径系数 $W_{2j3} = 0.26$，说明结构赋能和资源赋能加强节点网络能力后促进了节点网络权力的提升，进一步深化了企业间的合作行为。

中介路径、直接路径、间接路径分析如表6-12、表6-13和表6-14所示。

表6-12　　　　　　　中介路径的 Bootstrapping 统计分析

路径	原始样本	样本均值	标准误	T统计量	自助法抽样（N=5000）			
					95%置信区间		偏差校正	
					下限	上限	下限	上限
数字化赋能→网络权力→合作行为	0.08	0.08	0.03	3.17***	0.04	0.14	0.04	0.14
数字化赋能→网络能力→合作行为	0.16	0.16	0.05	3.49***	0.07	0.25	0.07	0.25
数字化赋能→网络能力→网络权力→合作行为	0.08	0.08	0.02	3.90***	0.04	0.12	0.05	0.12

注：*** $p < 0.001$，** $p < 0.01$，* $p < 0.05$。
资料来源：根据统计分析软件而得。

表6-13　　　　　　数字经济与企业网络融合直接路径系数

自变量		直接路径		因变量		影响系数
名称	因数（X_i）	路径	系数（M）	名称	因数（Z）	$W_i = (X_i \times M \times Z)$
结构赋能	$X_1 = 0.77$	SE→CB	$M = 0.17$	合作行为	$Z = 1$	$W_1 = 0.13$
资源赋能	$X_2 = 0.92$	RE→CB	$M = 0.17$	合作行为	$Z = 1$	$W_2 = 0.16$
累计（$W_1 + W_2$）						$W = 0.29$

资料来源：根据统计分析软件而得。

表6-14　　　　　　　　数字经济与企业网络融合间接路径系数

自变量		中介变量		间接路径		因变量		影响系数
名称	因数 (X_i)	名称	因数 (Y_j)	路径	系数 (M_a)	名称	因数 (Z)	$W_{ijt} = (X_i \times Y_j \times M_a \times Z)$
结构赋能	$X_1 = 0.77$	知识权力	$Y_1 = 0.90$	SE→KP →CB	$M_1 = 0.08$	合作行为	$Z = 1$	$W_{111} = 0.06$
		结构权力	$Y_2 = 0.76$	SE→SP →CB	$M_1 = 0.08$	合作行为	$Z = 1$	$W_{121} = 0.05$
		寻找网络合作伙伴能力	$Y_3 = 0.78$	SE→FA →CB	$M_2 = 0.16$	合作行为	$Z = 1$	$W_{132} = 0.10$
		管理网络关系能力	$Y_4 = 0.81$	SE→MA →CB	$M_2 = 0.16$	合作行为	$Z = 1$	$W_{142} = 0.10$
		利用网络关系能力	$Y_5 = 0.63$	SE→UA →CB	$M_2 = 0.16$	合作行为	$Z = 1$	$W_{152} = 0.08$
		累计（$W_{111} + W_{121}$）（$W_{132} + W_{142} + W_{152}$）						$W_{1j1} = 0.10$ $W_{1j2} = 0.28$
		寻找网络合作伙伴能力→知识权力	$Y_6 = Y_3 \times Y_1 = 0.70$	SE→FA→ KP→CB	$M_3 = 0.08$	合作行为	$Z = 1$	$W_{163} = 0.04$
		寻找网络合作伙伴能力→结构权力	$Y_7 = Y_3 \times Y_2 = 0.59$	SE→FA→ SP→CB	$M_3 = 0.08$	合作行为	$Z = 1$	$W_{173} = 0.04$
		管理网络关系能力→知识权力	$Y_8 = Y_4 \times Y_1 = 0.73$	SE→MA→ KP→CB	$M_3 = 0.08$	合作行为	$Z = 1$	$W_{183} = 0.04$
		管理网络关系能力→结构权力	$Y_9 = Y_4 \times Y_2 = 0.62$	SE→MA→ SP→CB	$M_3 = 0.08$	合作行为	$Z = 1$	$W_{193} = 0.04$
		利用网络关系能力→知识权力	$Y_{10} = Y_5 \times Y_1 = 0.57$	SE→UA→ KP→CB	$M_3 = 0.08$	合作行为	$Z = 1$	$W_{1103} = 0.03$
		利用网络关系能力→结构权力	$Y_{11} = Y_5 \times Y_2 = 0.48$	SE→UA→ SP→CB	$M_3 = 0.08$	合作行为	$Z = 1$	$W_{1113} = 0.03$
		累计（$W_{163} + W_{173} + W_{183} + W_{193} + W_{1103} + W_{1113}$）						$W_{1j3} = 0.22$

续表

自变量		中介变量		间接路径		因变量		影响系数
名称	因数 (X_i)	名称	因数 (Y_j)	路径	系数 (M_a)	名称	因数 (Z)	$W_{ijt} = (X_i \times Y_j \times M_a \times Z)$
资源赋能	$X_2 = 0.92$	知识权力	$Y_1 = 0.90$	RE→KP →CB	$M_1 = 0.08$	合作行为	$Z=1$	$W_{211} = 0.07$
		结构权力	$Y_2 = 0.76$	RE→SP →CB	$M_1 = 0.08$	合作行为	$Z=1$	$W_{221} = 0.06$
		寻找网络合作伙伴能力	$Y_3 = 0.78$	RE→FA →CB	$M_2 = 0.16$	合作行为	$Z=1$	$W_{232} = 0.12$
		管理网络关系能力	$Y_4 = 0.81$	RE→MA →CB	$M_2 = 0.16$	合作行为	$Z=1$	$W_{242} = 0.12$
		利用网络关系能力	$Y_5 = 0.63$	RE→UA →CB	$M_2 = 0.16$	合作行为	$Z=1$	$W_{252} = 0.09$
		累计（$W_{211} + W_{221}$）（$W_{232} + W_{242} + W_{252}$）						$W_{2j1} = 0.13$ $W_{2j2} = 0.33$
		寻找网络合作伙伴能力 →知识权力	$Y_6 = Y_3 \times Y_1 = 0.70$	SE→FA→ KP→CB	$M_3 = 0.08$	合作行为	$Z=1$	$W_{263} = 0.05$
		寻找网络合作伙伴能力 →结构权力	$Y_7 = Y_3 \times Y_2 = 0.59$	SE→FA→ SP→CB	$M_3 = 0.08$	合作行为	$Z=1$	$W_{273} = 0.04$
		管理网络关系能力 →知识权力	$Y_8 = Y_4 \times Y_1 = 0.73$	SE→MA→ KP→CB	$M_3 = 0.08$	合作行为	$Z=1$	$W_{283} = 0.05$
		管理网络关系能力 →结构权力	$Y_9 = Y_4 \times Y_2 = 0.62$	SE→MA→ SP→CB	$M_3 = 0.08$	合作行为	$Z=1$	$W_{293} = 0.05$
		利用网络关系能力 →知识权力	$Y_{10} = Y_5 \times Y_1 = 0.57$	SE→UA→ KP→CB	$M_3 = 0.08$	合作行为	$Z=1$	$W_{2103} = 0.04$
		利用网络关系能力 →结构权力	$Y_{11} = Y_5 \times Y_2 = 0.48$	SE→UA→ SP→CB	$M_3 = 0.08$	合作行为	$Z=1$	$W_{2113} = 0.03$
		累计（$W_{263} + W_{273} + W_{283} + W_{293} + W_{2103} + W_{2113}$）						$W_{2j3} = 0.26$

资料来源：根据统计分析软件而得。

第六节　治理对策建议

一、对合作企业的建议

（1）关注网络权力在新创企业成长过程中的重要作用，将网络权力的提升提高到战略高度。众多学者证实，处于权力弱势地位对初创业来说是非常有害的。高网络权力地位的一方不仅可以设法建立有利于自己的交换关系，还能控制网络中知识、信息等资源的扩散和配置，而低网络权力的企业则处于被动地位，限制了自身的发展。因此，新创企业应当提升对网络权力的重视程度，抓住机会争取优势的网络位置，以改善结构权力；增强自主创新，避免在成长过程中对其他节点企业的知识依赖，以改善知识权力，最终提升网络权力。

（2）基于优势互补与资源依赖，夯实信任基础，营造融洽氛围，依据行为分析合理引导行为，促进行为合力的形成，培育行为自律机制，注重发挥核心企业的标杆效应，协调个体之间的行为互动，减少恶意竞争与冲突，避免资源浪费与内耗。

（3）鉴于新创企业社会网络不同维度影响网络权力的差异，新创企业应当把握好社会网络构建的尺度。创业企业的资源缺陷使其不具备并购、合资的实力以降低对网络中核心企业的依赖，其最可能采取构建社会网络的形式，提高资源获取能力，通过调整企业网络的依赖结构，实现企业网络权力重构，以扭转非对称依赖格局，推动创业企业权力地位的提升。但社会网络的建设一定能正向影响网络权力的提升，其维度对网络权力的影响存在差异。

（4）社会网络规模与新创企业网络权力呈倒"U"型关系，因此初创阶段的企业，不宜追求网络规模的扩大而建立过多非必要的网络连接。新创企业应重视社会网络强联结关系的重要性，强联结关系加强了组织间信任，降低企业的信息搜寻成本，在知识、信息等资源获取方面更具有优势。同时强关系减弱了合作关系中的机会主义行为，有利于新创企业与其他机构建立长期互惠的战略伙伴关系。新创企业不应过度重视异质性联结和政治关联所带来的权力优势，应当结合企业的不同发展阶段，特别是当企业建立了足够的合法性时，异质性联结和政治关联对新创企业网络权力的影响不再显著。因为异质性联结导致企业占据过多的结构洞，在中国文化背景下，企业忠诚度、信任度会被质疑，所以不利于企业信誉的提升。政治关联虽能帮助新创企业获取一定的战略性资源，但需要遵循的各项政治制度要求对新创企业来说也是较大的挑战。

（5）企业网络化合作需要政策法规来规范协调，但仅依靠强制手段又难以取得理想效果，因此合作企业需要注重自律行为的培育。本质上来讲，企业网络的形成是一种市场行为，是企业之间相互需要而产生的自发行为，因而如何由他律走向自律就显得十分重要。在自律行为机制的作用下，合作各方以充分信任为基础，不去利用彼此之间的信息不对称来谋取私利，不会以牺牲合作伙伴利益为代价来中饱私囊，也正因为如此，声誉机制就会发挥主要功能。

（6）保证合作企业能及时有效地捕捉到最前沿的知识与技术，积极拥抱信息技术，与数字经济、区块链、大数据深度融合。数字经济已经是大势所趋，中国传统产业的数字化转型成为必然。在大数据迅猛发展的今天，企业网络中的核心企业有能力抢占先机，通过数字化转型获得丰富的数字化资源，从而提升自身在企业网络中的权力和网络能力，吸引其他企业积极合作。在大部分中小企业转型基础薄弱的现实环境下，通过企业网络内核心企业数字化转型的龙头引领是推动其他中小企业成功实现数字化转型的有效途径，企业网络中核心企业带动其他企业整体数字化转型会比单个企业摸索进行数字化转型具有更高的成功率，通过联动机制能够带动中小微企业迈出数字化转型的第一步。同时数字化赋能作为动态和不断变化的螺旋上升过程，能够逐渐让网络中的边缘企业与核心企业之间架起新的数字桥梁，通过数字化赋能网站组织内企业合作程度加深，有利于各企业长足发展。

二、对企业网络的建议

（1）优化网络结构，通过适度嵌入提升权力配置效率，清晰定位企业网络战略，注重发挥企业网络独特功能，制定必要的行为准则与议事规程，建立并完善资源共享平台。

（2）集群网络应当意识到网络权力对企业发展的重要意义，采取有效的措施巩固和提升自身在集群中的网络权力，避免过度依赖其他网络节点，以削弱在合作过程中受到的制约，提升在信息获取、合作谈判等方面的话语权和控制权。

（3）集群企业开展外部搜寻活动有利于网络权力的形成和发展，但不同搜寻策略结果的差异需要引起重视。集群企业要加强集群域内技术动态、市场信息等知识资源搜寻力度，培育更加丰富和紧密的本地关系网络，充分利用本地知识资源和关系资源助力网络权力培育。当然在全球化背景下，集群企业还要拓宽搜寻视野，扫描和监测国内乃至国际的技术进步和市场动态，汲取集群外的异质性知识，以创造新的知识资源优势。不过，集群域外关系的开发要采取谨慎策略，非本地关系的构建和利用对企业关系管理能力要求更高，并且这种以弱联结为主的异地关系能否转化为集群企业可利用的社会资本有较大不确定性。

（4）从长远来看，企业网络的健康运行，仅仅依靠合作节点的外部搜寻策略还不够，更为重要的是加强动态能力的培育，提升内外资源的整合水平。在动态能力的培育方面，可以充分发挥外部搜寻的资源获取优势，首先考虑与合作企业现有运营流程和战略惯例契合程度较高的外部知识和关系资源，为动态能力的培育提供有效和充足的资源支持。

（5）充分挖掘传统中华文化的精髓，利用好团结协作、和气生财、与人为善、集中力量办大事的优良传统，积极推进企业网络在运行过程中需要形成合作规范，利用合作行为规范约束各方的合作行为，以促进企业网络这一新型商业模式健康发展，通过优势互补、资源共享、互联互通、风险共担，充分挖掘蕴藏在合作企业之间的潜在价值，为区域经济或跨域经济的高质量发展奠定基础。

三、对政府的建议

（1）政府是市场失灵情况下的"有形之手"，尽管互利合作的企业网络是企业的自发行为的结果，但离开政府的宏观政策与基本的法律法规不可想象。所以政府作为国有企业的治理者和中国特色制度安排下的权力拥有者，积极参与并推动合作，尤其是在全球价值链合作中发挥主导作用。

（2）在优化环境上，要拓宽知名民企投资的领域和范围，积极鼓励、支持和引导非公有制经济发展，切实维护民企的合法权益。强化投资服务，在国家法律法规和政策允许范围内，各地各有关部门要进一步简化办事程序，规范服务流程，提供高效、便捷的服务。鼓励和引导知名民企通过参股、控股、资产收购等方式参与国有企业改制重组，支持有条件的知名民企通过联合重组等方式进一步壮大实力。对知名民企合作项目要强化投资服务、加强财政资金引导、加大金融服务支持、完善配套措施。

（3）混合所有制企业中各种性质股权所决定的权力不同，基于共商、共建、共享理念，进行顶层设计，制定促进合作的相关政策，保证权力在阳光下运行。政府出台有更多利于企业合作的政策，完善保障合作业务顺利开展的法律法规。对于跨区域、跨部门、跨行业的企业网络，则需要相关地方政府沟通协调联合颁布，以促进企业跨域合作或跨界合作。

（4）在合作领域方面，要紧紧围绕做大做强工业主导产业、加快发展现代服务业、推进现代农业和农业产业化、建设重大基础设施项目、发挥区域优势五大重点领域深化合作发展，充分发挥各地和知名民企双方比较优势，实现资源共享、优势互补、合作共赢。

（5）在保障措施上，加强组织领导，健全工作机制，加强跟踪服务，营造合作发展氛围。各地、各有关部门要全面落实项目跟踪服务和分级协调处理等工作机制，主动加强沟通衔接，更加有效地贴近知名民企的发展需求，及时解决合作发展中遇到的困难和问题，为项目实施提供有效服务和便利条件。鉴于诚信是合作的基础，也是企业网络运行的基本机制，政府需要下功夫在社会层面积极构建诚信体系，尽管近年来政府在此方面已经做了不少工作，也收到良好成效，但距离需求还差很远，尚不能满足企业间诚信合作的需要。

（6）对于违法经营、破坏合作、投机取巧、恶意竞争等现象，需要加大惩处力度，加大失信成本，使失信者、违约者得不偿失。继续完善现有打击违规违法经营、破坏阻碍合作的各项法律法规，积极补充制定尚存空缺的适应新形势发展需要的法律条文，如大数据背景下企业如何开展合作，物联网、云计算技术日益成熟落地情况下如何促进合作，区块链技术应用场景日趋增多的条件下合作权益如何有效保护等。

第 七 章

研究结论与展望

第一节 研究结论

一、新创企业网络权力的研究结论

（1）新创企业的社会网络规模保持在合理范围之内更有利于网络权力的提升。相对于过大和过小的社会网络规模，新创企业拥有适度的社会网络规模，有利于网络权力处于一个较高的水平。该结果也验证了学者们对于网络规模并非越大越好的推论，较大的社会网络规模需要企业付出较高的维护成本和关系筛选成本，不利于结构权力的提升。并且网络规模增大导致的弱连接使创业企业难以获取缄默的隐性知识，不能为知识权力的提升带来直接的帮助。

（2）社会网络强度有利于新创企业网络权力的提升。在强联结作用下，信息搜寻的成本更低，能够有效促进企业创新和知识获取，进而提升创业企业知识权力。并且强联结有助于企业间关系承诺的建立，增强组织间信任关系，进而有利于创业企业结构权力的提升，由此网络权力逐渐形成。

（3）社会网络异质性程度越大越有利于企业网络权力的提升。异质性网络联结给企业带来非冗余性资源，促进新创企业知识的创造，推进企业创新，从而减弱企业对外部专有知识的依赖，提高创业企业知识竞争力。同时，异质性连接有利于创业企业占据结构洞的有利位置，占据领先地位并获取优先权和主动权，最终拥有网络权力。

（4）政治关联对新创企业网络权力具有显著的正向影响。能够与政府等权威机构保持关联的新创企业，可以将政治资源转化为企业经济资源，从政府部门获取更多扶持，有助于缓解新创企业资源劣势的困境，减少企业对合作企业资源的依赖，进而提升网络权力。

（5）组织合法性正向调节网络规模以及网络强度对新创企业网络权力的影响。高组织合法性有助于新创企业在社会网络规模扩张过程中吸引到有互补关系的合作伙伴，有利于新创企业获取稀缺的互补性知识，因此组织合法性加强了网络联结对新创企业网络权力的正向影响。同时，组织合法性的提升，会加强关系传递效应，原有的交易伙伴倾向于将与其他企业的关系传递给新创企业，新创企业解决关系维护和资源转化的问题加剧，导致并不能切实地提升其利用网络资源提升网络权力的能力。因此，组织合法性加强了较大的网络规模对新创企业网络权力的负向影响。即组织合法性越高，网络规模与网络权力之间的关系更为强烈。组织合法性在网络强度和网络权力之间的调节作用也通过了显著性检验，新创企业合法性程度越高，网络成员与新创企业进行深层次合作的信心提升，网络内资源共享活动增多，由此获得更多的来自网络成员的依赖，最终获取网络权力。

（6）组织合法性正向调节网络异质性与政治关联对网络权力的影响假设没有通过检验。可能的原因是：第一，组织合法性较高时，有助于提高新创企业的吸引力，获得更多的与异质性伙伴建立合作的机会，但在异质性联结中搭建合作关系的中间人角色，可能存在"两边捞好处""脚踏两只船"的嫌疑，不利于企业权威的树立，由此导致异质性联结对新创企业网络权力的影响不再显著。第二，当新创企业建立了较高程度合法性后，网络地位得以提升，其更易被网络成员认可和接受，在知识信息等资源的获取上能够开辟更多的渠道，而不再依赖于政府等权威部门的帮扶。因此政治关联对网络权力的提升不再显著。

二、外部搜索对企业网络权力影响的研究结论

（1）外部搜寻是影响集群网络权力的重要前因变量。具体而言，本书证实了本地知识搜寻和超本地知识搜寻均正向影响集群网络权力，并且本地知识搜寻（$\beta = 0.441$）的效用要大于超本地知识搜寻（$\beta = 0.288$），这可

能是由于地理临近和社会文化背景的同质性，在一定程度上克服了知识距离造成的搜寻障碍，本地知识搜寻帮助集群企业迅速和低成本地获取与自身内环境兼容的互补知识，因此对网络权力影响更大。本书研究结果还发现本地关系搜寻正向影响集群网络权力，此发现回应了现有研究对关系资本的关注，这一结果表明集群企业不仅要注重知识资源的获取，还要加强本地关系网络的构建，通过充分挖掘和利用潜藏在本地网络的关系资本实现自身网络权力升级。

（2）动态能力及其3个维度（吸收能力、适应能力和创新能力）对网络权力有显著正向影响这一结论契合了已有学者的观点。网络权力理论渊源的能力论提出，企业能力决定企业话语权，尤其是在技术变革加速的背景下，企业网络权力提升的关键在于通过动态能力迅速响应环境变化。吸收能力促进外部新知识的内化与利用，提升知识价值性；适应能力有利于利用新兴市场机遇，优化网络位置；创新能力创造关键性知识，提高合作伙伴的依赖，这些能力使企业在交互过程中对其他合作网络成员的影响力和控制力，即网络权力不断攀升。这也与基于动态能力的资源基础观一致，动态能力是一种关键性的、难以模仿的、有价值的稀缺资源，在动态环境下，这一能力拉大了企业之间的差距，成为企业获取高于其他网络成员话语权的内在驱动力。

（3）外部搜寻通过动态能力这一中介机制影响集群网络权力。从细化后的分维度检验结果来看，本书共提炼出外部搜寻作用于网络权力的7条实现路径，分别是"本地知识搜寻—吸收能力—网络权力""本地知识搜寻—适应能力—网络权力""本地知识搜寻—创新能力—网络权力""本地关系搜寻—吸收能力—网络权力""本地关系搜寻—创新能力—网络权力""超本地知识搜寻—适应能力—网络权力""超本地知识搜寻—创新能力—网络权力"。这一结论契合了已有学者的观点，外部搜寻能否顺利推动网络权力的提升，很大程度上依赖企业自身的动态能力，动态能力将企业从外部获取的各类知识与关系资源实现整合和内化，有效克服了组织的"排异"反应，是外部搜寻这一实践活动作用于网络权力的关键中介机制。值得注意的是，也有部分假设未通过实证检验：一是超本地关系搜寻对网络权力以及动态能力各维度都没有产生显著影响，这也再次验证了这种以弱联结为主的超本地社会关系并没有给集群企业带来有利的作用效果，在中国文化背景下没有预先设定的强联结关系，弱联结关系难以帮助集群企业获取实现有价值的、稀缺的和关键性的优势资源，也就导致了超本地关系搜寻不显著的作用效果。二是本地关系搜寻对适应能力的影响假设没有通过验证，因而"本地关系搜寻—适应能力—网络权力"这条中介路径也没有通过检验，本书认为，不同于知识资本，关系资本可能无法在短时间内影响集群企业自身的资源配置和协调能力。三是超本地知识搜寻对吸收能力的影响假设没有通过验证，因而"超本地知识搜寻—吸收能力—网络权力"这条中介路径也没有通过检验，考虑到吸收能力需要先验知识的积累，超本地知识对集群企业而言异质性程度较大，与其本身的知识基础距离较远造成融合难度加大，因而难以对企业吸收能力产生显著影响。

三、企业集团网络权力配置效率的研究结论

（1）将集团网络的决策权横向解构为战略决策权与经营决策权，纵向将配置过程分解为形成过程与作用过程，进而构建出四种决策权的配置模式：掌控型、母公司主导型、子公司主导型、自由型，为集团网络决策群配置效率的评价奠定必要基础。

（2）基于38个集团网络的实证数据，运用两阶段DEA方法，对集团网络决策权配置效率进行评价，结果显示：掌控型配置模式效率最高，更有利于集团整体的绩效，其次是子公司主导型配置模式；掌控型配置模式需注重提升顾客满意度、维护老顾客，提升总体绩效；母公司主导型配置模式更有利于集团内部的学习成长，不利于客户的维护和内部运营；子公司主导型不利于决策权形成过程，但对于集团网络的财务、客户以及内部运营具有独特的优势。

（3）母公司主导型配置模式整体效率最低，尤其第二阶段改进幅度最大，通过第二阶段各要素改进幅度分析可知，母公司主导型在客户维度需要改进的幅度最大，其次是内部运营，而在学习成长维度基本无需改进。在财务方面，虽只有0.06的改进幅度，但是依然是三种配置模式中最高的，因此母公司主导型相比较其他三种模式易对集团网络的财务带来不利的影响。由于在三种配置模式中，掌控型配置模式在两个阶段整体效率最高，最有利于集团整体绩效，但不太利于客户维护。因此，对于集团网络，可采用掌控型配置模式，整体配置效率最高，但需注意在客户方面的维护。对于母公司主导型配置模式，要发挥其内部学习成长的优势，努力保持集团整体的持续

发展，同时要努力提升内部运营以及客户维护，才能提高集团网络的整体绩效。此外，母公司要努力协调集团内部资源，提升集团内部运营，同时逐渐下放经营决策权，提高子公司的运营积极性，提高决策权整体配置效率。对于子公司主导型配置模式，要提升决策权配置的第一阶段效率，母公司要努力获取关键性资源、专有知识、独特的网络结构以及网络能力等，并充分发挥它们的优势，提高集团绩效。

（4）可以清晰地看出，决策权配置效率在各个阶段所存在的问题，指导集团网络在其不同的决策权配置阶段采用不同的决策权配置模式，提高两个阶段的决策权配置效率，以获得集团网络绩效的提升。同时，可以深入认识集团在网络决策权配置模式中的最优匹配关系，对网络环境下集团持续竞争优势的获取具有实践指导意义，对处于经济转型期的中国集团网络，有助于探索其升级路径。

四、合作行为治理的研究结论

（1）企业网络中的核心节点扮演网络中的领导者角色，会对网络中的不同追随者采取 4 种差异化的领导行为。当其将追随者定位为高技术权力、高组织间信任时，会展现较高程度的技术锁定领导行为；当领导者将追随者定位为高技术权力、低组织间信任时，会展现较高程度的技术防御领导行为；当领导者将追随者定位为低技术权力、低组织间信任时，会展现较高程度的技术定标领导行为；当领导者对追随者定位为低技术权力、高组织间信任时，会展现较高程度的技术扶持领导行为。

（2）企业网络中除个别核心节点之外，更多节点属于网络中的追随者，面对不同的领导者，他们也会采取 4 种不同的追随行为。当追随者将领导者定位为技术权力高、组织间信任度也高时，会展现积极的学习型追随行为；当追随者将领导者定位为技术权力高、组织间信任度低时，会展现较高程度的胁迫型追随行为；当追随者将领导者定位为技术权力低、组织间信任度也低时，会展现较高程度的疏离型追随行为；当追随者将领导者定位为技术权力高、组织间信任度也高时，会展现较高程度的模范行为。

（3）4 种领导行为和 4 种追随行为互动会产生不同的效果。采取技术锁定行为的核心节点与采取共促行为的非核心节点互动，采取技术防御行为的核心节点与采取疏离行为的非核心节点互动，采取技术定标行为的核心节点与采取胁迫行为的非核心节点互动，采取技术扶持行为的核心节点与采取学习行为的非核心节点互动，才会形成最稳定的匹配结构，形成稳定和高效的合作关系。

五、数字经济背景下合作行为的研究结论

信息技术的普及，让大众在更大范围内获取知识，因知识而获得更多的力量甚至权力（陈春花，2022）。在数字经济高速发展的当下，以大数据为代表的数字技术能够满足企业细碎化的异质性需求和海量资源获取需求，企业更倾向于以网络化组织的方式进行生产与协同发展。本书基于企业网络与数字经济的视角，研究二者的融合路径，构建了数字化赋能企业网络中网络权力和网络能力影响企业间合作行为的理论模型。针对山西处于数字经济不同发展阶段的产业集群的问卷数据，结合基于偏最小二乘法的 PLS 结构方程模型对数字经济与企业网络的融合路径进行探索，拓展了数字经济与企业网络以及二者融合方面的相关文献。

研究结果表明：数字经济与企业网络融合路径为"数字化赋能—网络能力和网络权力—合作行为"。

（1）数字经济时代下数字技术通过结构赋能和资源赋能促进企业网络中的合作行为。数字经济为企业带来了利用先进数字技术的机遇，在大数据背景下，传统企业逐渐形成以数据为中心的新思维，在网络中核心企业率先数字化转型的过程中，其他企业为了弥补转型后发劣势会积极向核心优势企业寻求合作，实现网络内在联结和协同转型。

（2）数字化赋能企业网络内节点网络权力和能力提升。随着数据逐渐成为企业新的经济资产和重要的生产要素，数字化赋能使网络中率先进行数字化转型的核心企业具有先发优势，从而拥有相较于组织内其他企业更为丰富和更具异质性的数据和资源，网络地位和权力得到提升。同时，更易于核心企业利用组织间关系获取其他企业的有用资源，网络能力得到加强。并且本书样本选择了处在数字经济不同发展阶段的企业网络，结果发现随着数字化赋能程度的加深，企业网络权力和网络能力不断提升。

（3）节点网络权力和能力越大越能促进企业网络内合作行为。在一个网络中某个企业的网络权力越大，说明该节点占据着资源优势，此时其他企业为了打破网络中存在的信息不对称局面会主动寻求合作。同时网络中企业

的网络能力越强，说明该企业有能力协调构建组织间关系，增进企业间合作。

（4）网络权力和网络能力在数字化赋能影响企业合作行为关系中均起到了部分中介作用，同时网络能力正向影响网络权力，在数字化赋能企业合作行为中具有链式中介效应。在数字经济与企业网络融合的过程中，数字经济势必会为敢于先转型的核心企业带来红利，提升其在网络中的权力地位。在大数据等数字技术赋能企业发展的现状下，数字化赋能核心企业获得更多数据和信息资源，强化核心企业为其他企业提供支持的非强制权力，增加核心企业调动网络内资源和关系的网络能力，企业网络能力的提升又进一步深化了企业在网络中的领导力，推动网络内各企业积极合作，实现企业网络可持续发展。

第二节　主要贡献

（1）面对越来越引起人们关注的网络权力问题，已有研究尚未取得突破性进展。本书在前人的研究基础上，以资源依赖论与结构嵌入论为理论基础，面对中国传统文化背景下的争权夺利、权力游戏、权力博弈等现实，结合我国法治和信用体系不健全、非正式联系的信任关系占主导等情景展开研究，通过探索性多案例研究，梳理典型案例的网络权力特点与来源，构建赫克曼两阶段模型，收集中国情景的数据并展开实证分析，为探求网络权力形成机理做出有说服力的解答，在一定程度上弥补了具有本土特色的网络权力理论的重要缺口。

（2）信任与合作是企业网络的充分必要条件，但是如果权力配置失衡，机会主义行为将会蚕食信任基础，导致合作者滥用市场配置权力。因此，权力配置与合作行为互为因果、相互作用，那么如何保证合作节点不利用彼此信息不对称和不完全契约来谋取私利，学术界尚无明显进展。本书基于网络权力配置研究提出，在合作行为规则之下科学分析行为动机，诠释并预判未来行为，有目的地促进行为合力的生成，进而培育自律行为机制，从政府、网络、节点3个不同层面提出治理对策，为网络组织的健康运行提供方向性指导与新的洞察。

（3）本书借鉴科尔曼（Coleman，1990）的"浴缸模型"，从合作节点与网络整体两个不同层面进行跨层次研究，微观层面上深入探索合作节点的权力来源、决定要素与行为特征，总结提炼出中国企业网络合作的行为动机与行为模式；宏观层面上系统分析网络权力的配置格局与配置效率及对合作行为的影响机制，归纳提炼一般意义的网络权力配置体系。有助于人们对网络权力有一个全新的认识，跳出本地企业生产网络内部的"权力游戏"，促进由原生型网络向外生型网络转变。研究成果丰富了网络组织理论，拓宽了网络组织研究领域，深化了网络权力及其配制效率研究，为"网络治理学"的学科体系建立奠定必要基础，具有重要的学术价值与理论意义。

（4）网络权力的研究西方国家领先于我国，所取得的成果多以西方发达国家的企业网络为对象，然而对处于经济转型期的我国企业网络是否适用仍未得到有效检验。本书以中国转型期新常态下企业网络化合作实践为背景，正视不同网络模式的差异，以具有典型网络合作特征的企业集群网络、技术创新网络、企业集团网络等为案例，从节点权力来源与决定要素、网络权力配置及其对合作行为的影响等方面进行多案例比较研究，分类探究网络权力实践，检验西方网络权力理论在中国的适用性，可弥补网络权力研究的系统性缺陷。研究成果可为网络组织的有序运作提供可操作性的指导工具，也可为地方政府引导企业网络的形成和发展提供有效的政策建议，还将为破解中国企业在价值网低端长期徘徊的困境提供新的思路，因此在"讲好中国故事"方面具有重要的实际应用价值。

第三节 研究局限与未来展望

（1）由于中国企业网络的特殊性，加之缺乏大量的二手统计数据，资料收集困难给本书带来了巨大挑战，本书分别选取部分典型案例，根据典型案例挖掘中国企业网络的权力的形成与配置及其对合作的影响，因而可能使研究结论的普适性受到一定限制。未来研究将进行长期跟踪研究，注重收集历史数据，并初步建立企业网络权力数据库，展开更为深入的研究。

（2）数字化时代，信息传播速度快，个体价值诉求多元，管理对象越来越像复杂巨系统（陈春花，2022）。影响企业网络权力的形成与配置因素多而复杂，相互之间交互作用，是一个复杂的系统工程，本书通过文献分析与实地调研选择部分关键因素展开分析，全面系统性尚存不足。未来将把多因素的交互作用纳入企业网络权力的研究之中，借助定性比较分析法综合分析多因素的组态效应，弥补现有缺陷。

（3）人类迈进了数字化时代，今天稀缺的不再是信息，而是处理信息的能力。信息技术快速发展及普遍应用，给企业网络权力带来颠覆性影响，如大数据、云计算、区块链等技术的日趋成熟，成功应用场景也越来越多，已有对企业网络权力影响的显现，本书只是初步分析了在数字经济背景下的企业网络权力及其行为，尚未深入系统探索。未来研究将把信息技术作为调节变量纳入分析之中，探索在信息技术背景下企业网络权力配置的新变化及其合作行为治理的新对策。

（4）中国企业网络权力的研究才刚刚开始，前期成果相对匮乏，这就造成了许多研究尚处于探索性研究阶段，难以得出具有通则性的结论，本书只是一次有益的尝试，难免存在不足与缺陷。未来研究将进一步结合中国现实，深入挖掘企业网络权力的深刻内涵，把中国传统文化、管理哲学、制度体制、法制法规等特有的中国情景因素纳入企业网络权力研究之中，真正回答中国企业网络权力配置所面临的现实问题。

主要参考文献

［1］边燕杰，张文宏 . 经济体制、社会网络与职业流动 ［J］. 中国社会科学，2001（2）.

［2］曹丽莉 . 产业集群网络结构的比较研究 ［J］. 中国工业经济，2008（8）.

［3］曹春方等 . 市场分割与异地子公司分布 ［J］. 管理世界，2015（9）.

［4］崔月慧，葛宝山，董保宝 . 双元创新与新创企业绩效：基于多层级网络结构的交互效应模型 ［J］. 外国经济与管理，2018（8）.

［5］陈逢文，冯媛 . 新创企业社会网络、风险承担与企业绩效——环境不确定性的调节作用 ［J］. 研究与发展管理，2019，31（2）.

［6］陈剑，陈剑锋 . 基于收益共享合同的虚拟企业控制权力分配 ［J］. 清华大学学报，2009（3）.

［7］陈伟，杨早立，张永超 . 网络结构与企业核心能力关系实证研究：基于知识共享与知识整合中介效应视角 ［J］. 管理评论，2014（6）.

［8］陈学光 . 网络能力、创新网络及创新绩效关系研究 ［D］. 杭州：浙江大学，2008.

［9］陈友鹏 . 汽车轻量化新材料应用技术分析 ［J］. 车辆与动力工程，2017（4）.

［10］戴维奇，林巧，魏江 . 本地和超本地业务网络、吸收能力与集群企业升级 ［J］. 科研管理，2013，34（4）.

［11］党兴华，刘立 . 技术创新网络中企业知识权力测度研究 ［J］. 管理评论，2014（6）.

[12] 党兴华，张巍．技术创新网络中企业网络权力与网络能力关联性研究 [J]．科学学研究，2011（7）．

[13] 邓智团．全球生产网络中的网络权力及其运行机制研究 [J]．南京社会科学，2013（3）．

[14] 丁萌萌．我国金融控股集团经营效率分析：基于两阶段 DEA 视角 [J]．金融理论与实践，2016（12）．

[15] 杜运周，张玉利．互动导向与新企业绩效：组织合法性中介作用 [J]．管理科学，2012，25（4）．

[16] 杜丹丽，康敏，曾小春，魏思鹏．网络结构视角的科技型中小企业协同创新联盟稳定性研究——以黑龙江省为例 [J]．科技管理研究，2017，37（18）．

[17] 杜洪涛，孟庆国，王君泽．基于社会网络分析的微博社区网络结构及传播特性研究 [J]．情报学报，2016，35（8）．

[18] 池毛毛，叶丁菱，王俊晶，翟姗姗．我国中小制造企业如何提升新产品开发绩效——基于数字化赋能的视角 [J]．南开管理评论，2020，23（3）．

[19] 柴国荣，李振超，王潇耿．供应链网络下集群企业合作行为的演化分析 [J]．科研管理，2011，32（5）．

[20] 葛玉辉．高管团队人力资本与权力配置差异化程度的关系研究 [J]．企业经济，2011（10）．

[21] 郭献强，党兴华，刘景东．基于资源依赖视角下企业创新网络中知识权力的形成研究 [J]．科学学与科学技术管理，2014，35（4）．

[22] 郭晓川．企业网络合作化技术创新及其模式比较 [J]．科学管理研究，1998（10）．

[23] 韩莹，陈国宏．集群企业网络权力与创新绩效关系研究：基于双元知识共享行为的中介作用 [J]．管理学报，2016（6）．

[24] 韩炜，杨俊，陈逢文．创业企业如何构建联结组合提升绩效？——基于"结构—资源"互动过程的案例研究 [J]．管理世界，2017，33（10）．

[25] 韩炜，杨婉毓．创业网络治理机制、网络结构与新企业绩效的作用关系研究 [J]．管理评论，2015，27（12）．

[26] 韩忠明，吴杨，谭旭升，刘雯，杨伟杰．社会网络结构洞节点度

量指标比较与分析 [J]. 山东大学学报（工学版），2015，45（1）.

[27] 胡平，卢磊，王瑶. 协同创新的网络特征与结构分析——以北京市协同创新中心为例 [J]. 科学学与科学技术管理，2016，37（2）.

[28] 胡海青. 网络能力、网络位置与创业绩效 [J]. 管理工程学报，2011（4）.

[29] 胡海波，卢海涛. 企业商业生态系统演化中价值共创研究——数字化赋能视角 [J]. 经济管理，2018，40（8）.

[30] 郝斌，任浩. 企业间领导力：一种理解联盟企业行为与战略的新视角 [J]. 中国工业经济，2011（3）.

[31] 花磊，王文平. 不同创新类型下的有效创新网络结构 [J]. 管理工程学报，2014（3）.

[32] 景秀艳. 生产网络、网络权力与企业空间行为 [M]. 北京：中国经济出版社，2008.

[33] 景秀艳. 网络权力与企业投资空间决策——以台资网络为例 [J]. 人文地理，2009，24（4）.

[34] 蒋军锋，党兴华，薛伟贤. 技术创新网络结构演变模型：基于网络嵌入性视角的分析 [J]. 系统工程，2007（2）.

[35] 蒋军锋，张玉韬，王修来. 知识演变视角下技术创新网络研究进展与未来方向 [J]. 科研管理，2010，31（3）.

[36] 康淑娟，安立仁. 网络嵌入、创新能力与知识权力——基于全球价值链的视角 [J]. 科学学与科学技术管理，2019，40（9）.

[37] 黄薇. 中国保险机构资金运用效率研究：基于资源型两阶段 DEA 模型 [J]. 经济研究，2009（8）.

[38] 李东红，李蕾. 组织间信任理论研究回顾与展望 [J]. 经济管理，2009（4）.

[39] 李红锦，李胜会. 基于 DEA 模型的城市群效率研究——珠三角城市群的实证研究 [J]. 软科学，2011（5）.

[40] 李海东. 基于社会网络分析方法的产业集群创新网络结构特征研究——以广东佛山陶瓷产业集群为例 [J]. 中国经济问题，2010（6）.

[41] 李随成，李勃，张延涛. 供应商创新性、网络能力对制造企业产品创新的影响——供应商网络结构的调节作用 [J]. 科研管理，2013，34（11）.

［42］李健，金占明．战略联盟伙伴选择、竞合关系与联盟绩效研究［J］．科学学与科学技术管理，2007（11）．

［43］李四海，江新峰，张敦力．组织权力配置对企业业绩和高管薪酬的影响［J］．经济管理，2015（7）．

［44］李平，杨伟松，汪秉宏．结构洞综合评价指标的构建与应用［J］．江西科技师范大学学报，2017（6）．

［45］梁鲁晋．结构洞理论综述及应用研究探析［J］．管理学家（学术版），2011（4）．

［46］李永波，朱方明．企业技术创新理论研究的回顾与展望［J］．西南民族大学学报（哲学社会科学版），2002（3）．

［47］李志刚，汤书昆，梁晓燕，赵林捷．产业集群网络结构与企业创新绩效关系研究［J］．科学学研究，2007（5）．

［48］吕文晶，陈劲，刘进．工业互联网的智能制造模式与企业平台建设——基于海尔集团的案例研究［J］．中国软科学，2019（7）．

［49］林兰，曾刚．企业网络中技术权力现象研究评述［J］．人文地理，2010（3）．

［50］刘立，党兴华．企业知识价值性、结构洞与网络权力影响研究［J］．科学学与科学技术管理，2014（6）．

［51］刘立，党兴华．知识价值性、网络位置与网络权力的关系研究［J］．科技管理研究，2015（1）．

［52］刘立，党兴华．知识价值性、企业权力对知识转移的影响研究［J］．科研管理，2015，36（12）．

［53］刘军，杨渊鋆，张三峰．中国数字经济测度与驱动因素研究［J］．上海经济研究，2020（6）．

［54］刘凤朝，姜滨滨．中国区域科研合作网络结构对绩效作用效果分析——以燃料电池领域为例［J］．科学学与科学技术管理，2012（1）．

［55］刘军．社会网络分析导论［M］．北京：社会科学文献出版社，2004．

［56］刘军．社会网络分析简介［M］．上海：上海格致出版社，2009．

［57］刘兰剑，司春林．创新网络17年研究文献述评［J］．研究与发展管理，2009，21（4）．

［58］刘小平，田晓颖．媒体微博的社会网络结构及其影响力分析［J］．

情报科学, 2018, 36 (1).

[59] 骆大进, 王海峰, 李垣. 基于社会网络效应的创新政策绩效研究 [J]. 科学学与科学技术研管理, 2017 (11).

[60] 罗珉, 王雎. 组织间关系的拓展与演进: 基于组织间知识互动的研究 [J]. 中国工业经济, 2008 (1).

[61] 罗瑾琏, 闫佳祺, 贾建锋. 社会建构视角下员工积极追随特质对追随行为的影响研究 [J]. 管理学报, 2018, 15 (7).

[62] 马连福, 张琦, 王丽丽. 董事会网络位置与企业技术创新投入——基于技术密集型上市公司的研究 [J]. 科学学与科学技术管理, 2016 (4).

[63] 马克·格兰诺维特著, 王水雄, 罗家德译. 社会与经济: 信任、权力与制度 [M]. 北京: 中信出版社, 2019.

[64] 孟韬, 孔令柱. 社会网络理论下"大众生产"组织的网络治理研究 [J]. 经济管理, 2014 (5).

[65] 倪渊. 核心企业网络能力与集群协同创新: 一个具有中介的双调节效应模型 [J]. 管理评论, 2019, 31 (12).

[66] 彭正银, 黄晓芬. 网络组织认知模式与战略的博弈选择——基于信息要素的视角 [J]. 华东经济管理, 2017 (11).

[67] 钱锡红, 徐万里, 杨永福. 企业网络位置、间接联系与创新绩效 [J]. 中国工业经济, 2010 (2).

[68] 邱本. 论知识权力 [J]. 吉林大学社会科学学报, 1999 (11).

[69] 戚聿东, 肖旭. 数字经济时代的企业管理变革 [J]. 管理世界, 2020, 36 (6).

[70] 彭伟, 符正平. 联盟网络、资源整合与高科技新创企业绩效关系研究 [J]. 管理科学, 2015 (3).

[71] 阮建青, 石琦, 张晓波. 产业集群动态演化规律与地方政府政策 [J]. 管理世界, 2014 (12).

[72] 沙振权, 周飞. 企业网络能力对集群间企业合作绩效的影响研究 [J]. 管理评论, 2013, 25 (6).

[73] 盛亚, 范栋梁. 结构洞分类理论及其在创新网络中的应用 [J]. 科学学研究, 2009, 27 (9).

[74] 任志安, 毕玲. 网络关系与知识共享: 社会网络视角分析 [J].

情报杂志，2007（1）.

[75] 苏靖. 产业技术创新战略联盟构建和发展的机制分析 [J]. 中国软科学，2011（11）.

[76] 苏红，李艳华，任永梅. 关于合作行为影响因素的研究述评 [J]. 昆明理工大学学报（社会科学版），2005，5（3）.

[77] 孙国强等. 网络组织负效应研究 [M]. 北京：经济科学出版社，2013.

[78] 孙国强等. 网络组织理论与治理研究 [M]. 北京：经济科学出版社，2016.

[79] 孙国强等. 网络权力理论研究前沿综述及展望 [J]. 外国经济与管理，2014（12）.

[80] 孙国强等. 网络结构、网络权力与合作行为：基于世界旅游小姐大赛支持网络的微观证据 [J]. 南开管理评论，2016（1）.

[81] 孙国强，吉迎东. 集团网络决策权配置模式与配置效率研究 [J]. 经济管理，2017（11）.

[82] 孙国强，潘晶晶，吉迎东. 集团网络决策权配置效率评价模型构建：基于两阶段 DEA 模型 [J]. 软科学，2017（2）.

[83] 孙国强等. 网络权力演化理论回顾与展望 [J]. 华东经济管理，2018，32（3）.

[84] 孙国强等. 技术权力、组织间信任与合作行为：基于沁水煤层气网络的领导—追随行为研究 [J]. 南开管理评论，2019，22（1）.

[85] 孙永磊，宋晶，陈劲. 企业家社会网络对商业模式创新的影响研究——竞争强度的调节作用 [J]. 管理评论，2019（7）.

[86] 宋晶，陈菊红，孙永磊. 网络能力与合作创新绩效的关系研究——文化异质性的作用 [J]. 管理评论，2015，27（2）.

[87] 宋志强，葛玉辉，梁丹. 企业高管团队人力资本与内部权力配置关系研究 [J]. 预测，2013（2）.

[88] 陶厚永，李薇，陈建安，李玲. 领导—追随行为互动研究：对偶心理定位的视角 [J]. 中国工业经济，2014（12）.

[89] 唐厚兴. 社会网络结构对企业间知识共享影响研究综述 [J]. 情报科学，2017，35（6）.

[90] 田雪莹，叶明海. 基于平衡计分法的企业战略联盟绩效评价 [J].

经济论坛，2008（19）．

［91］王大洲．企业创新网络的进化机制分析［J］．科学学研究，2006，24（5）．

［92］王大洲．企业创新网络的进化与治理：一个文献综述［J］．科研管理，2001（9）．

［93］王海峰，李垣．结构洞的前沿探析与未来展望［J］．科技管理研究，2016，36（11）．

［94］王建刚，吴洁．网络结构与企业竞争优势——基于知识转移能力的调节效应［J］．科学学与科学技术管理，2016，37（5）．

［95］王明喜．汽车轻量化技术应用分析［J］．科技论坛，2017（13）．

［96］王涛，顾新．知识网络的结构及其知识活动分析［J］．图书情报工作，2011（16）．

［97］王玲玲，赵文红．创业资源获取、适应能力对新企业绩效的影响研究［J］．研究与发展管理，2017，29（3）．

［98］王海花，谢萍萍，熊丽君．创业网络、资源拼凑与新创企业绩效的关系研究［J］．管理科学，2019，32（2）．

［99］王文平，张兵．动态关系强度下知识网络知识流动的涌现特性［J］．管理科学学报，2013（2）．

［100］王琴．网络治理的权力基础：一个跨案例研究［J］．南开管理评论，2012（6）．

［101］王美强，李勇军．具有双重角色和非期望要素的供应商评价两阶段 DEA 模型［J］．中国管理科学，2016（12）．

［102］王小娟．知识网络与集群企业竞争优势研究［D］．杭州：浙江大学，2007．

［103］汪淼军，张维迎，周黎安．信息技术、组织变革与生产绩效——关于企业信息化阶段性互补机制的实证研究［J］．经济研究，2006（1）．

［104］魏龙，党兴华．网络权力、网络搜寻与网络惯例：一个交互作用模型［J］．科学学与科学技术管理，2017（2）．

［105］魏权龄，卢刚．DEA 方法与模型的应用——数据包络分［J］．系统工程理论与实践，1990（5）．

［106］魏权龄，肖志杰．生产函数与综合 DEA 模型［J］．系统科学与数学，1991（1）．

［107］邬爱其，李生校．外部创新搜寻战略与新创集群企业产品创新［J］．科研管理，2012，33（7）.

［108］文嫮，曾刚．全球价值链治理与地方产业网络升级研究：以上海浦东集成电路产业网络为例［J］．中国工业经济，2005（7）.

［109］文庭孝，汪全莉，王丙炎，周永红．知识网络及其测度研究［J］．图书馆，2009（1）.

［110］吴松强，孙波，王路．集群中核心企业网络权力对配套企业合作行为的影响：关系资本的调节效应［J］．科技进步与对策，2017（13）.

［111］吴晓云，张欣妍．企业能力、技术创新和价值网络合作创新与企业绩效［J］．管理科学，2015，28（6）.

［112］吴昀桥，郝斌．非对称性关系网络下核心企业网络权力获取与企业间领导力生成［J］．广州大学学报（社会科学版），2016（11）.

［113］吴贵生，李纪珍，孙议政．技术创新网络和技术外包［J］．科研管理，2000（4）.

［114］谢永平，党兴华，张浩森．核心企业与创新网络治理［J］．经济管理，2012（3）.

［115］谢永平，孙永磊，张浩淼．资源依赖、关系治理与技术创新网络企业核心影响力形成［J］．管理评论，2014，26（8）.

［116］谢永平，韦联达，邵理辰．核心企业网络权力对创新网络成员行为影响［J］．工业工程与管理，2014（3）.

［117］谢永平，郑倩林，刘敏，王晶，王亚云．技术创新网络核心企业领导力影响因素研究［J］．科技进步与对策，2016，33（24）.

［118］席酉民，张晓军．从实践者视角看管理研究的价值和范式［J］．管理学报，2017（3）.

［119］邢小强，仝允桓．网络能力：概念、结构与影响因素分析［J］．科学学研究，2004（12）.

［120］徐向艺，谢明亮．协调与合作视角下的企业集团治理框架研究［J］．文史哲，2008（1）.

［121］徐蕾，魏江，石俊娜．双重社会资本、组织学习与突破式创新关系研究［J］．科研管理，2013，34（5）.

［122］徐蕾，魏江．网络地理边界拓展与创新能力的关系研究——路径依赖的解释视角［J］．科学学研究，2014，32（5）.

［123］徐俪凤．基于社会网络视角的网络权力研究［D］．太原：山西财经大学，2015．

［124］许骞．创新开放度、知识吸收能力对企业创新绩效的影响机制研究——基于环境动态性视角［J］．预测，2020，39（5）．

［125］易明．产业集群治理结构与网络权力关系配置［J］．宏观经济研究，2010（3）．

［126］易明，李想姣，陈延辉．产业集群网络权力关系配置与集群剩余分配合理化［J］．理论月刊，2011（8）．

［127］叶斌，陈丽玉．基于网络 DEA 的区域创新网络共生效率评价［J］．中国软科学，2016（7）．

［128］叶瑛，姜彦福．创业投资机构的信任影响新创企业绩效的跨案例研究［J］．管理世界，2009（10）．

［129］叶英平．产学合作中的网络权力、网络惯例与创新绩效关系研究［D］．长春：吉林大学，2017．

［130］杨骁，刘益志，郭玉．数字经济对我国就业结构的影响——基于机理与实证分析［J］．软科学，2020，34（10）．

［131］杨隽萍，唐鲁滨，于晓宇．创业网络、创业学习与新创企业成长［J］．管理评论，2013，25（1）．

［132］杨阳，王凤彬，戴鹏杰．集团化企业制度同构性与决策权配置关系研究［J］．中国工业经济，2016（1）．

［133］杨阳，王凤彬，孙春艳．集团网络决策权配置研究：基于母子公司治理距离的视角［J］．中国工业经济，2015（1）．

［134］杨仕辉．技术进步评价比较研究［J］．系统工程理论与实践，1993（1）．

［135］余雅风，郑晓齐．合作创新中企业知识学习行为的制度化研究［J］．科研管理，2002（5）．

［136］袁剑锋，许治．中国产学研合作网络结构特性及演化研究［J］．管理学报，2017，14（7）．

［137］张艳，钟文胜．我国公司治理结构中的权力格局分析［J］．企业经济，2005（2）．

［138］张践明，雷志华．论科学知识与权力的交融［J］．求索，2007（2）．

［139］张红娟，谭劲松．联盟网络与企业创新绩效：跨层次分析［J］．管理世界，2014，30（3）．

［140］张敏，童丽静，许浩然．社会网络与企业风险承担——基于我国上市公司的经验证据［J］．管理世界，2015，31（11）．

［141］张巍，党兴华．企业网络权力与网络能力关联性研究：基于技术创新网络的分析［J］．科学学研究，2011（7）．

［142］张昕．网络权力及其影响下的企业策略：基于某省电力市场建设的研究［D］．上海：上海大学，2011．

［143］张云逸，曾刚．技术权力影响下的产业集群演化研究——以上海汽车产业集群为例［J］．人文地理，2010（4）．

［144］张建青．结构洞视角下基于第三方机构的校企合作模式研究［J］．福建论坛（人文社会科学版），2016（10）．

［145］张伟峰．企业创新网络的构建动因与模式研究［J］．研究与发展管理，2004（3）．

［146］张晓，盛建新，林洪．我国产业技术创新查略联盟的组建机制［J］．科技进步与对策，2009，26（20）．

［147］张永安，李晨光．创新网络结构对创新资源利用率的影响研究［J］．科学学与科学技术管理，2010（1）．

［148］章丹．网络结构洞对企业技术创新活动的影响研究［J］．科研管理，2013，34（6）．

［149］赵蓉英．论知识网络的结构［J］．图书情报工作，2007（9）．

［150］庄贵军，周筱莲．权力、冲突与合作：中国工商企业之间渠道行为的实证研究［J］．管理世界，2002（3）．

［151］朱丽，柳卸林，刘超，杨虎．高管社会资本、企业网络位置和创新能力："声望"和"权力"的中介［J］．科学学与科学技术管理，2017（6）．

［152］朱丽，刘军，刘超．异质性行业连接、网络权力与创新绩效关系研究——基于中国上市公司全网络［J］．经济管理，2021（9）．

［153］朱秀梅，李明芳．创业网络特征对资源获取的动态影响——基于中国转型经济的证据［J］．管理世界，2011，27（6）．

［154］周建，罗肖依，余耀东．董事会与CEO的战略决策权配置研究［J］．外国经济与管理，2015（1）．

［155］周涵婷，余晓，宋明顺. 浙江省高校产学研协同创新网络结构特征分析［J］. 科研管理，2017，38（S1）.

［156］Aggarwal V A, Posen H E, Workiewicz M. Adaptive capacity to technological change: A microfoundational approach［J］. Strategic Management Journal, 2016, 38（6）.

［157］Aime F, Humphrey S, Derue D S, et al. The riddle of heterarchy: Power transitions in cross-functional teams［J］. Academy of Management Journal, 2014, 57（2）.

［158］Ahituv N, Carmi N. Measuring the power of information in organizations［J］. Human Systems Management, 2007, 26（4）.

［159］Ahuja G. Collaboration networks, structural holes, and innovation: A longitudinal study［J］. Administrative Science Quarterly, 2000, 45（3）.

［160］Aken J E, Weggeman M P. Managing learning in informal innovation networks: Overcoming the Daphn-dillemma［J］. R&D Management, 2000, 9（30）.

［161］Anne L J, Ter Wal, Ron Boschma. Co-evolution of Firms, Industries and Networks in Space［J］. Regional Studies, 2011, 45（7）.

［162］Anni Kaisa. Sources of structual power in the context of value nets［J］. Journal of Purchasing & Supply Management, 2011（17）.

［163］Astley W G, Sachdeva P S. Structural sources of intraorganizational power: A theoretical synthesis［J］. Academy of Management Review, 1984, 9（1）.

［164］Assis J A. External linkages and technological innovation: (some) Topical issues［J］. International Journal of Entrepreneurship and Innovation Management, 2003, 3（1/2）.

［165］Bames J A. Class and eornrnittees in a Norwegian isl and Parish［J］. Human Relation, 1954（3）.

［166］Bachmann R. Trust, power and control in trans-organization relations［J］. Organization Studies, 2016, 22（2）.

［167］Barney J, Wright M, Ketchen D J. The resource-based view of the firm: Ten years after 1991［J］. Journal of Management, 2001, 27（6）.

［168］Bathelt H, Malmberg A, Maskell P. Clusters and knowledge: Local buzz, global pipelines and the process of knowledge creation [J]. Progress in Human Geography, 2002, 28 (1).

[169] Bell G G. Clusters, networks, and firm innovativeness [J]. Strategic Management Journal, 2005, 26 (3).

[170] Biedenbach T, Miiller R. Absorptive, innovative and adaptive capabilities and their impact on project and project portfolio performance [J]. International Journal of Project Management, 2012, 30 (5).

[171] Blau P M. Exchange and power in social life [M]. New York: Wiley, 1964.

[172] Black J A, Boal K B. Strategic resources: Traits, configurations and paths to sustainable competitive advantage [J]. Strategic Management Journal, 1994 (15).

[173] Bonacich P. Some unique properties of eigenvector centrality [J]. Social Networks, 2007, 29 (4).

[174] Bonacich P B. Power and centrality: A family of measures [J]. American Journal of Sociology, 1987, 92 (5).

[175] Bonner J M, Kim D, Cavusgil S T. Self-perceived Strategic Network Identity and Lts Effects on Market Performance in Alliance Relationships [J]. Journal of Business Research, 2005, 58 (10).

[176] Boccaletti S, Latora V, Moreno Y, Chavez M, Hwang D U. Complex networks: Structure and dynamics [J]. Physics Report, 2006, 424 (4-5).

[177] Brass D J, Burkhardt M E. Potential power and power use: An investigation of structure and behavior [J]. Academy of Management Journal, 1993 (36).

[178] Bridge G. Mapping the terrain of time-space compression: Power networks in everyday life [J]. Environment and Planning, D: Society and Space, 1997, 15 (5).

[179] Bullinger H et al. Managing innovation networks in the knowledge driven economy [J]. International Journal of Production Research, 2004 (42).

[180] Burt R S. Structural holes: The social structure of competition [M]. Boston: Harvard University Press, 1992.

［181］ Byrne R, Power D. Exploring agency, knowledge and power in an Australian bulk cereal supply chain: A case study ［J］. Supply Chain Management: An International Journal, 2014, 19 (4).

［182］ Cai S et al. Knowledge sharing in collaborative supply chain: Twin effects of trust and power ［J］. International Journal of Production Research, 2013, 51 (7).

［183］ Camison C, Villar-Lopez A. Organizational innovation as an enabler of technological innovation capabilities and firm performance ［J］. Journal of Business Research, 2014, 67 (1).

［184］ Castells, Manuel. A network theory of power ［J］. International Journal of Communication, 2011 (5).

［185］ Capaldo A. Network structure and innovation: The leveraging of a dual network as a distinctive relational capability ［J］. Strategic Management Journal, 2007, 28 (6).

［186］ Certo S T, Hodge F. Top management team prestige and organizational legitimacy: An examination of investor perceptions ［J］. Journal of Managerial Issues, 2007, 19 (4).

［187］ Charnes A, Cooper W W, Rhodes E. Measuring the efficiency of decision making units ［J］. European Journal of Operational Research, 1978, 2 (6).

［188］ Chaleff I. The courageous follower: Standing up to and for our leaders ［M］. San Francisco, CA: Berrett-Koehler , 1995.

［189］ Cohen W M, Levinthal D A. Absorptive capacity: A new perspective on learning and innovation ［J］. Administrative Science Quarterly, 1990, 35 (1).

［190］ Cohen W M, Akira G, Akiya N, et al. R&D spillovers, patents and the incentives to innovate in Japan and the United States original research article ［J］. Research Policy, 2002, 31 (8/9).

［191］ Coombs R, Metcalfe S. Organizing for innovation: Coordinating distributed innovation capabilities ［A］. In Foss N ed, Competence, Governance and Entrepreneurship ［C］. New York: Oxford University Press, 2002 (3).

［192］ Coombs R, Metcalfe S. Innovation in pharmaceuticals: Perspectives on the coordination, combination and creation of capabilities [J]. Technology Analysis & Strategic Management, 2002, 14 (3).

[193] Consoli D, Patrucco P P. Innovation platforms and the governance of knowledge: Evidence from Italy and the UK [J]. Economics of innovation and New Technology, 2008, 17 (7).

[194] Coombs R, Metcalfe S. Innovation in pharmaceuticals: Perspectives on the coordination, combination and creation of capabilities [J]. Technology Analysis & Strategic Management, 2002, 14 (3).

[195] Cowan R, Jonard N, Zimmermann J B. Bilateral collaboration and the emergence of innovation networks [J]. Management Sciencem, 2007, 53 (7).

[196] Crona B, Ö Bodin. Power asymmetries in small-scale fisheries: A barrier to governance transform ability? [J]. Ecology and Society, 2010, 15 (4).

[197] Cruz-González J, López-Sáez P, Navas-López J E, et al. Open search strategies and firm performance: The different moderating role of technological environmental dynamism [J]. Technovation, 2015 (35).

[198] Cullen J B, Perrewé P L. Decision making configurations: An alternative to the centralization decentralization conceptualization [J]. Journal of Management, 1981 (7).

[199] Dacin M T, Oliver C, Roy J P. The legitimacy of strategic alliances: An institutional perspective [J]. Strategic Management Journal, 2007, 28 (2).

[200] Daniela C, Chiara C, Annalisa T. Actors' heterogeneity in innovation networks [J]. Industrial Marketing Management, 2012, 41 (5).

[201] De Bresson C, Amesse F. Networks of innovation [J]. Research Policy, 1991, 20 (5).

[202] Diewert W E. Capital and the theory of productivity measurement [J]. American Economic Review, 1980 (5).

[203] Emerson R M. Power-dependence relations [J]. American Sociological Review, 1962, 17 (1).

[204] Emerson R M. Exchange theory: A psychological basis for sociological exchange [A]. Berger J et al. Sociological Theories in Progress [C]. Hough-

ton Mifflin, 1972.

[205] Emerson R M. Exchange theory: A psychological basis for sociological exchange [A]. J Berger, M Zelditch Jr. , B Anderson (eds.). Sociological theories in progress [C]. Houghton-Mifflin, 1972.

[206] Estades J, Ramani S V. Technological competence and influence of networks [J]. Technology Analysis & Strategic Management, 1998, 10 (4).

[207] Fainshmidt S, Wenger L, Pezeshkan A, et al. When do dynamic capabilities lead to competitive advantage? The importance of strategic fit [J]. Journal of Management Studies, 2019, 55 (4).

[208] Fare R, Grosskopf S. Network DEA [J]. Socio-Economic Planning Sciences, 2000 (34).

[209] Fare R, Whittaker G. An Intermediate input model of dairy production using complex survey data [J]. Journal of Agricultural Economics, 1995 (46).

[210] Ferreras-Mendez J L, Newell S, Fernandez-Mesa A, et al. Depth and breadth of external knowledge search and performance: The mediating role of absorptive capacity [J]. Industrial Marketing Management, 2015, 47 (5).

[211] Finne, Max, Taija Turunen, Ville Eloranta. Striving for network power: The perspective of solution integrators and suppliers [J]. Journal of Purchasing & Supply Management, 2015, 21 (6).

[212] Fischer, Manuel, Pascal Sciarini. Unpacking reputational power: Intended and unintended determinants of the assessment of actors' power [J]. Social Networks, 2015 (42).

[213] Finne M, Turunen T, Eloranta V. Striving for network power: The perspective of solution integrators and suppliers [J]. Journal of Purchasing and Supply Management, 2015, 21 (1).

[214] Freeman, Linton C, et al. Cognitive structure and information accuracy [M]. American Anthropologist, 1987.

[215] Freeman L C. Graphic techniques for exploring social network data [C]. In Carring P J, Scott J, Wasserman S (Eds.), Models and methods in social network analysis [A]. New York, NY: Cambridge University Press, 2005.

[216] Freeman L C. The development of social network analysis: A study in

the sociology of science [M]. Vancouver B C: Empirical Press, 2004.

[217] Fritsch M, Kauffeld-Monz M. The impact of network structure on knowledge transfer: An application of social network analysis in the context of regional innovation networks [J]. The Annals of Regional science, 2010, 44 (1).

[218] Foucault M. Power: The essential works so of michel Foucault 1954 – 1984 [M]. London: Allenlane, 2000.

[219] Gale D, Shapley L. College admissions and the stability of marriage [J]. American Mathematical Monthly, 1962 (69).

[220] Galinsky A. Embedded ties and the acquisition of competitive capabilities [J]. Strategic Management Journal, 2005, 26 (11).

[221] Gay B, Dousset B. Innovation and network structural dynamics: Study of the alliance network of a major sector of the biotechnology industry [J]. Research Policy, 2005, 34 (10).

[222] Gebreeyesus M, Mohnen P. Innovation performance and embeddedness in networks: Evidence from the ethiopian footwear cluster [J]. World Development, 2013, 41 (3).

[223] Gereffi G. Global commodity chains: New forms of coordination and control among nations and firms in international industries [J]. Competition and Change, 1996 (1).

[224] Gereffi G. International Trade and Industrial Upgrading in the Apparel Commodity Chains [J]. Journal of International Economics, 1999 (48).

[225] Giuliani E. Network dynamics in regional clusters: Evidence from Chile [J]. Research Policy, 2013, 42 (8).

[226] Giddens A. The third way : The renewal of social democracy [M] . Cambridge: Polity, 1995.

[227] Gulati R, Sytch M. Dependence asymmetry and joint dependence in interorganizational relationships: Effects of embeddedness on a manufacturer's performance in procurement relationships [J] . Administrative Science Quarterly, 2007, 52 (1).

[228] Gulati R. Alliance and networks [J]. Strategic Management Journal, 2000 (19).

[229] Granovetter M. Economic action and economic structure: The problem

of embeddedness [J]. American Journal of Sociology, 1985 (91).

[230] Granovetter M. The impact of social structure on economic outcomes [J]. Journal of Economic Perspectives, 2005 (19).

[231] Grewal D S. Network power: The social dynamics of globalization [M]. New Haven: Yale University Press, 2008.

[232] Jensen M, Meckling W. Theory of the firm: Managerial behavior, agency costs, and ownership structure [J]. Journal of Financial Economics, 1976 (3).

[233] Jones Candace, William Hesterly, Stephen Borgatti. A general theory of network governance: Exchange conditions and social mechanisms [J]. Academy of Management Review, 1997 (22).

[234] Ibarra H. Network centrality, power and innovation involvement: Determinants of technical and administrative roles [J]. Academy of Management Journal, 1993, 36 (3).

[235] Ireland R D, Webb J W. A multi-theoretic perspective on trust and power in strategic supply chains [J]. Journal of Operations Management, 2007, 25 (2).

[236] Hayek F A. The use of knowledge in society [J]. American Economic Review, XXXV, 1945 (4).

[237] Harrison B. Industrial districts: Old wine in new bottles [J]. Regional Studies, 1992 (26).

[238] Hagedoorn J. Inter-firm R&D partnerships: An overview of major trends and patterns since 1960 [J]. Research Policy, 2002, 31 (4).

[239] Hallikas J, Varis J, Sissonen H, et al. The evolution of the network structure in the ICT sector [J]. International Journal of Production Economics, 2008, 115 (2).

[240] Hakansson H, Snehota I. Nobusiness is an island: The network concept of business strategy [J]. Scandinavian Journal of Management, 1989 (5).

[241] Hakansson J. A model of industrial networks, industrial networks: A new view of reality [M]. London: Rout ledge Press, 1993.

[242] Hakansson H. Industrial technological development: A network approach [M]. London, 1987.

［243］Hayek F A. The use of knowledge in society ［J］. American Economic Review, 1945 (4).

［244］Halevy N, Y Chou E, D Galinsky A. A functional model of hierarchy: Why, how, and when vertical differentiation enhances group performance ［J］. Organizational Psychology Review, 2011, 1 (1).

［245］He Z L, Wong P K. Reaching out and reaching within: A study of the relationship between innovation collaboration and innovation performance ［J］. Industry & Innovation, 2012, 19 (7).

［246］Heimans Jeremy, Timms Henry. Understanding "new power" ［J］. Harvard Business Review, 2014 (12).

［247］Hingley M, Angell R, Lindgreen A. The current situation and future conceptualization of power in industrial markets ［J］. Industrial Marketing Management, 2015 (48).

［248］Hislop D, Newell S, Scarbrough H, et al. Networks, knowledge and power: Decision making, politics and the process of innovation ［J］. Technology Analysis & Strategic Management, 2000, 12 (3).

［249］Hoskisson R E, Johnson R A, Moesel D D. Corporate divestiture intensity in restructuring firms: Effects of governance, strategy, and performance ［J］. Academy of Management Journal, 1994 (37).

［250］Hotho J J, Becker-Ritterspach F, Saka-Helmhout A. Enriching absorptive capacity through social interaction ［J］. British Journal of Management, 2012, 23 (3).

［251］Huo Baofeng, Flynn B B. Supply chain power configurations and their relationship with performance ［J］. Journal of Supply Chain Management, 2017, 53 (2).

［252］Jamroga W, Hoek W. Agents that Know How to Play ［J］. Fundamenta Informaticae, 2004, 63 (2).

［253］Jensen M, Meckling W. Theory of the Firm: Managerial Behavior, Agency Costs, and Ownership Structure ［J］. Journal of Financial Economics, 1976 (3).

［254］Laursen K. Keep searching and you'll find: What do we know about variety creation through firms' search activities for innovation? ［J］. Industrial and

Corporate Change, 2012, 21 (5).

[255] Laursen K, Salter A. Open for innovation: The role of openness in explaining innovation performance among U. K. manufacturing firms [J]. Strategic Management Journal, 2006, 27 (2).

[256] Latiff H S, Hassan A. Rise and fall of knowledge power: An in-depth investigation [J]. Humanomics, 2008, 24 (1).

[257] Lechner C, Dowling M, Welpe I. Firm networks and firm development: The role of the relational mix [J]. Journal of Business Venturing, 2006, 21 (4).

[258] Leong C M L, Pan S L, Ractham P, et al. ICT-enabled community empowerment in crisis response: Social media in Thailand flooding 2011 [J]. Journal of the Association for Information Systems, 2015, 16 (3).

[259] Li H Y, Zhang Y. The role of managers' political networking and functional experience in new venture performance: Evidence from China's transition economy [J]. Strategic Management Journal, 2007, 28 (8).

[260] Lichtenthaler U. Open innovation: Past research, current debates, and future directions [J]. Academy of Management Perspectives, 2011, 25 (1).

[261] Lopez-Vega H, Tell F, Vanhaverbeke W. Where and how to search? Search paths in open innovation [J]. Research Policy, 2016, 45 (1).

[262] Liu Y, Li Y, Tao L, et al. Relationship Stability, Trust and Relational Risk in Marketing Channels: Evidence from China [J]. Industrial Marketing Management, 2008, 37 (4).

[263] Kahkonen A K. The influence of power position on the depth of collaboration [J]. Supply Chain Management, 2014, 19 (1).

[264] Kahkonen A. The influence of power position on the depth of collaboration [J]. Supply Chain Management: An International Journal, 2014, 18 (1).

[265] Kahkonen A K, Virolainen V M. Sources of structural power in the context of value nets [J]. Journal of Purchasing and Supply Management, 2011, 17 (2).

[266] Krackhardt D. Assessing the political landscape: Structure, cognition, and power in organizations [J]. Administrative Science Quarterly, 1990 (35).

[267] Kao C, Hwang S-N. Efficiency decomposition in two-stage data en-

velopment analysis: An application to non-life insurance companies in Taiwan [J]. European Journal of Operational Research, 2008, 185 (1).

[268] Kelly R E. The Power of followership [M]. New York: Currency Doubleday, 1992.

[269] Kesidou E, Szirmai A. Local knowledge spillovers, innovation and export performance in developing countries: Empirical evidence from the Uruguay software cluster [J]. European Journal of Development Research, 2008, 20 (2).

[270] Kim H, Kwon N. The advantage of network size in acquiring new subscribers: A conditional logit analysis of the Korean mobile telephony market [J]. Information Economics and Policy, 2003, 15 (8).

[271] Kogut B. The network as knowledge: Generative rules and the emergence of structure [J]. Strategic Management Journal, 2000, 21 (3).

[272] Krackhardt D. Assessing the political landscape: Structure, cognition, and power in organizations [J]. Administrative Science Quarterly, 1990, 35 (2).

[273] Jensen M, Meckling W. Theory of the firm: Managerial behavior, agency costs, and ownership structure [J]. Journal of Financial Economics, 1976 (3).

[274] Jung H J, Lee J. The quest for originality: A new typology of knowledge search and breakthrough inventions [J]. Academy of Management Journal, 2016, 59 (5).

[275] John Ramsay. Power measurement [J]. European Journal off Purchasing & Supply Management, 1996, 2 (2/3).

[276] Ma, Dali, Rhee, Mooweon, Yang, Daegyu. Power source mismatch and the effectiveness of interorganizational relations: The case of venture capital syndication [J]. Academy of Management Journal, 2013, 56 (3).

[277] Madichie N O, Yamoah F A. Revisiting the European Horsemeat Scandal: The Role of Power Asymmetry in the Food Supply Chain Crisis [J]. Thunderbird International Business Review, 2017, 59 (6).

[278] Magee M, Marcus A D. Social hierarchy: The self-reinforcing nature of power and status [J]. The Academy of Management Annals, 2008, 2 (1).

[279] María J N, Lluis S. The importance of diverse collaborative networks

for the novelty of product innovation [J]. Technovation, 2007, 27 (6 – 7).

[280] Martins D M, Faria A C, Prearo L C, Arruda A G S. The level of influence of trust, commitment, cooperation, and power in the interorganizational relationships of Brazilian credit cooperatives [J]. Management Journal, 2017, 52 (1).

[281] Martin R. Institutional approaches in economic geography [A]. Sheppard E, Barnes T (eds.). A Companion to Economic Geography [C]. Blackwell Publishing, 2000.

[282] Matanda M J, Ndubisi N O, Jie F. Effects of relational capabilities and power asymmetry on innovativeness and flexibility of Sub-Sahara Africa small exporting firms [J]. Journal of Small Business Management, 2016, 54 (1).

[283] Matheus T et al. Multiple dimensions of power influencing knowledge integration in supply chains [J]. R&D Management, 2017, 47 (5).

[284] Mcevily B, Zaheer A. Bridging ties: A source of firm heterogeneity in competitive capabilities [J]. Strategic Management Journal, 2015, 20 (12).

[285] Meagher K, Rogers M. Network density and R&D spillovers [J]. Journal of Economic Behavior & Organization, 2004 (2).

[286] Mitchell. Inward technology transfer and competitiveness: The Role of national systems of innovation [J]. Cambridge Journal of Economies, 1969 (1).

[287] Mitchell. The concept and use of social networks: Social networks in Urban situations, analysis of personal relationships in central African towns [M]. Manchester University Press, Manchester, 1969.

[288] Miller D, Shamsie J. The resource based view of the firm in two environments: The Hollywood film studios1936 – 1965 [J]. Academy of Management Journal, 1996 (36).

[289] Morgan, Todd, Nokhin, Sergey. Entrepreneurial orientation, firm market power and opportunism in networks [J]. Journal of Business & Industrial Marketing, 2016, 31 (1).

[290] Mu J, Di Benedetto A. Networking capability and new product development [J]. IEEE Transactions on Engineering Management, 2012, 59 (1).

[291] Mudambi R, Pedersen T, Andersson U. How subsidiaries gain power in multinational corporations [J]. Journal of World Business, 2014, 49 (1).

［292］Munoz-Erickson, Tischa A, Bethany B Cutts. Structural dimensions of knowledge-action networks for dveloping and Agribusiness in desustainability ［J］. Current Opinion in Environmental Sustainability, 2016, 18 (6).

［293］Nambisan S, Lyytinen K, Majchrzak A, Song M. Digital innovation management: Reinventing innovation management research in a digital world ［J］. Mis Quarterly, 2017, 41 (1).

［294］Nelson R R, Winter S. An evolutionary theory of economic change ［M］. London: Belknao Press of Harvard University, 1982.

［295］Nguyen T, Janssens M. Knowledge, emotion, and power in social partnership: A turn to partner' context ［J］. Organization Study, 2018 (1).

［296］Nicholls A, Huybrechts B. Sustaining interorganizational relationships across institutional logics and power asymmetries: The case of fair trade ［J］. Journal of Businees Ethics, 2014, 135 (8).

［297］Odongo, Walter, et al. Role of power in supply chain performance: Evidence from agribusiness SMEs in Uganda ［J］. Journal of Agribusinees in Developing and Emerging Economics, 2017, 7 (3).

［298］Ozen S et al. Seemingly embedded but obviously exploitative relations: Organizational contingencies of mutual dependence, power imbalance and embedded relations ［J］. European Management Review, 2016 (13).

［299］Parkhe A. Building trust in international alliances ［J］. Journal of World Business, 1998 (33).

［300］Parida V, Ortqvist D. Interactive effects of network capability, ICT capability and financial slack on technology-based small firm innovation performance ［J］. Journal of Small Business Management, 2015 (53).

［301］Parsons, Michael D. Power and powerlessness in industry: An analysis of the social relations of production ［J］. Labor Studies Journal, 1988, 13 (3).

［302］Peng M W. Institutional transitions and strategic choices ［J］. Academy of Management Review, 2003, 28 (2).

［303］Peng M W, Luo Y. Managerial ties and firm performance in a transition economy: The nature of a micro-macro link ［J］. Academy of Management Journal, 2000, 43 (3).

［304］Pettigrew A M. Information control as a power resource ［J］. Sociology, 1972, 6 (2).

［305］Plermo, Giulio. Economic power and the firm in new institutional economics: Two conflicting problems ［J］. Journal of Economic Issues, 2000, 34 (1).

［306］Pfeffer J. The external control of organizations ［M］. New York: Harper and Row, 1978.

［307］Pfeffer, Jeffrey. Power in organizations ［M］. Pitman Publishing Inc. , 1981.

［308］Pulles N, Veldman J, Schiele H, Sierksma H. Pressure or pamper? The effects of power and trust dimensions on supplier resource allocation ［J］. Journal of Supply Chain Management, 2014, 50 (3).

［309］Poppo L, Zenger T. Do formal contracts and relational governance function as substitutes or complements? ［J］. Strategic Management Journal, 2002, 23 (8).

［310］Powell W W, White D R, Koput K W, et al. Network dynamics and field evolution-interorganizational collaboration in the life science ［J］. American Journal of Sociology, 2005, 110 (4).

［311］Powell W W. Neither market nor hierarchy: Network forms of organization ［A］. Staw B M, Cumings L L (eds.), Research in organizational behavior ［C］. JAI Press: Greenwich, CT: 1990.

［312］Polsby N W. Community power and political theory ［M］. Yale University Press, 1963.

［313］Ram Mudambi, Torben Pedersen, Ulf Andersson. How subsidiaries gain power in multinational corporations ［J］. Journal of World Business, 2014 (49).

［314］Rami H, James F K. A measure of an individual's power in a group ［J］. Management Science, 1972, 19 (1).

［315］Ray R, Evily Bill. Network structure and knowledge transfer: The effects of cohesion and range ［J］. Administrative Science Quarerly, 2003, 148 (2).

［316］Reagans R E, Zuckerman E W. Why knowledge does not equal power: The network redundancy trade-off [J]. Industrial and Corporate Change, 2008, 17 (5).

[317] Rindt J, Mouzas S. Exercising power in asymmetric relationships: The use of private rules [J]. Industrial Marketing Management, 2015 (48).

[318] Ritter T, Gemünden H G. Network competence: Its impact on innovation success and its antecedents [J]. Journal of Business Research, 2003, 56 (14).

[319] Rolf Sternberg. Innovation networks and regional development-evidence from the European regional innovation survey (ERIS): Theoretical concepts, methodological approach, empirical basis and introduction to the theme issue [J]. European Planning Studies, 2000 (8).

[320] Robertson P L, Langl R N. Innovation, networks and vertical integration [J]. Research Policy, 1995 (24).

[321] Rothwell R. Towards the fifth-generation innovation process [J]. International Marketing Review, 1994, 11 (1).

[322] Roper S, Love J H, Bonner K. Firms' knowledge search and local knowledge externalities in innovation performance [J]. Research Policy, 2017, 46 (1).

[323] Rousseau D M, Sitkin S B, Burt R S, Camerer C. Not so different after all: A cross-discipline view of trust [J]. Academy of Management Review, 1998 (23).

[324] Rosenkopf L, Nerkar A. Beyond local search: Boundary-spanning, exploration, and impact in the optical disk industry [J]. Strategic Management Journal, 2001, 22 (4).

[325] Ruef M. Strong Ties, Weak Ties and Tslands: Structural and Cultural Predictors of Organizational Innovation [J]. Industrial & Corporate Change, 2002, 11 (3).

[326] Safavi M, Omidvar O. Resist or comply: The power dynamics of organizational routines during mergers [J]. British Journal of Management, 2016 (27).

[327] Schilke O. On the contingent value of dynamic capabilities for competitive advantage: The nonlinear moderating effect of environmental dynamism [J].

Strategic Management Journal, 2014, 35 (2).

［328］Seiford L M, Zhu J. Profitability and marketability of the top 55 U. S. commercial banks ［J］. Management Science, 1999 (45).

［329］Sidhu J, Commandeur H, Volberda H. The multifaceted nature of exploration and exploitation: Value of supply, demand and spatial search for innovation ［J］. Organization Science, 2007, 18 (1).

［330］Shane S, Cable D. Network ties, reputation, and the financing of new ventures ［J］. Management Science, 2002, 48 (3).

［331］Shestalova V. Sequential malmquist indices of productivity growth: An application to OECD industrial activities ［J］. Journal of Productivity Analysis, 2003, 19 (2).

［332］Smith A. Power relations, industrial clusters, and regional transformations: Pan-European integration and outward processing in the Slovak clothing industry ［J］. Economic Geography, 2003, 79 (1).

［333］Sofka W, Grimpe C. Specialized search and innovation performance: Evidence across Europe ［J］. R&D Management, 2010, 40 (3).

［334］Soh P H. Network patterns and competitive advantage before the emergence of a dominant design ［J］. Strategic Management Joural, 2010, 31 (4).

［335］Sozen H, Cenk. Social networks and power in organizations: A research on the roles and positions of the junior level secretaries in an organizational network ［J］. Personnel Review, 2012, 41 (4).

［336］Stam W, Arzlanian S, Elfring T. Social capital of entrepreneurs and small firm performance: A meta-analysis of contextual and methodological moderators ［J］. Journal of Business Venturing, 2014, 29 (1).

［337］Stevenson W B, Greenberg D. Agency and social networks: Strategies of action in a social structure of position, opposition, and opportunity ［J］. Administrative Science Quarterly, 2000, 45 (4).

［338］Su C, Yang Z, Zhuang G, et al. Interpersonal Influence as an Alternative Channel Communication Behavior in Emerging Markets: The Case of China ［J］. Journal of International Business Studies, 2009, 40 (4).

［339］Teece D J. Competition, cooperation and innovation: Organizational arrangements for regimes of rap and technological progress ［J］. Journal of Economics Behavior and Organization, 1992, 18 (1).

［340］Terpend R, Ashenbaum B. The intersection of power, trust and supplier network size: Implications for supplier performance ［J］. Journal of Supply Chain Management, 2012, 48 (3).

［341］Theodoraki C, Messeghem K, Rice M P. A social capital approach to the development of sustainable entrepreneurial ecosystems: An explorative study ［J］. Small Business Economics, 2018, 51 (1).

［342］Thomas M, Mark N K S, Suranjan C. Multiple dimensions of power influencing knowledge integration in supply chains ［J］. R&D Management, 2017, 47 (5).

［343］Touboulic A, Chicksand D, Walker H. Managing imbalance supply chain relationships for sustainability: A power perspective ［J］. Decision Sciences, 2014, 45 (4).

［344］Turker, Duygu. Analyzing relational sources of power at the interorganizational communication system ［J］. European Management Journal, 2014, 32 (3).

［345］Tsai W, Ghoshal S. Social capital and valueereation: The role of intrafirm network ［J］. Academy of Management Journal, 1998, 41 (4).

［346］Tsai W. Knowledge transfer in intraorganizational networks: Effects of network position and absorptive capacity on business unit innovation and performance ［J］. Academy of Management Journal, 2001, 44 (5).

［347］Uzzi B. The sources and consequences of embeddedness for the economic performance of organizations: The network effect ［J］. American Sociological Review, 1996, 61 (4).

［348］Walter A, Auer M, Ritter T. The impact of network capabilities and entrepreneurial orientation on university spin-off performance ［J］. Journal of Business Venturing, 2006, 21 (4).

［349］Wang C L, Ahmed P K. Dynamic capabilities: A review and research agenda ［J］. International Journal of Management Reviews, 2010, 9 (1).

［350］Whittington K B, Owen-Smith J, Powell W W. Networks, propinquity, and innovation in knowledge-intensive industries ［J］. Administrative Science Quarterly, 2009, 54 (1).

[351] Xia J, Wang Y G, Lin Y, Yang H B, Li S L. Alliance formation in the midst of market and network: Insights from resource dependence and network perspectives [J]. Journal of Management, 2016, 20 (10).

[352] Yang C, Huang Q, Li Z, et al. Big data and cloud computing: Innovation opportunities and challenges [J]. International Journal of Digital Earth, 2017, 10 (1).

[353] Yang Haibin, Dess G G, Robins J A. Does entrepreneurial orientation always pay off? The role of resource mobilization within and across organizations [J]. Asia Pacific Journal of Management, 2018, 36 (6).

[354] Yamagishi T, Gillmore M R, Cook K S. Network connections and the distribution of power in exchange networks [J]. American Journal of Sociology, 1988 (93).

[355] Yao Chen, Wade D Cook, Ning Li, Joe Zhu. Additive efficiency decomposition in two-stage DEA [J]. European Journal of Operational Research, 2009 (196).

[356] Yenkey C B. Fraud and market participation: Social relations as a moderator of organizational misconduct [J]. Administrative Science Quarterly, 2018, 63 (1).

[357] Yoo Y, Henfridsson O, Lyytinen K. Research commentary-the new organizing logic of digital innovation: An agenda for information systems research [J]. Information Systems Research, 2010, 21 (4).

[358] Zaheer A, Bell G G. Benefiting from network position: Firm capabilities, structural holes, and performance [J]. Strategic Management Journal, 2005, 26 (9).

[359] Zaheer A, Gözübüyük R, Milanov H. It's the connections: The network perspective in interorganizational research [J]. The Academy of Management Perspectives, 2010, 24 (1).

[360] Zaheer A, Mcevily B, Perrone V. Does trust matter? exploring the effects of inter-organizational and interpersonal trust on performance [J]. Organization Science, 1998 (9).

[361] Zhang Y, Li H Y. Innovation search of new ventures in a technology cluster: The role of ties with service intermediaries [J]. Strategic Management

Journal, 2010, 31 (1).

［362］ Zimmerman M A, Zeitz G J. Beyond survival: Achieving new venture growth by building legitimacy ［J］. Academy of Management Review, 2002, 27 (3).

［363］ Zhuang G, Xi Y, Tsang A S L. Power, conflict, and cooperation: The impact of guanxi in Chinese marketing channels ［J］. Industrial Marketing Management, 2010, 39 (1).